甕棺と弥生時代年代論

橋口達也 著
Hashiguchi Tatsuya

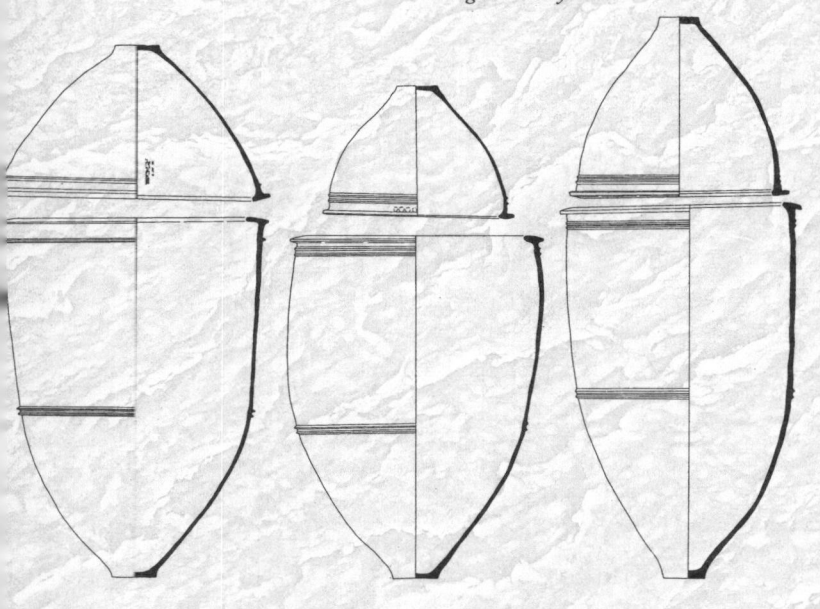

雄山閣

甕棺と弥生時代年代論

目　次

I　はじめに …………………………………………………………… 1

II　甕棺をめぐる諸問題
　1　支石墓と大形甕棺の登場 ………………………………………… 3
　　1）　縄文後・晩期の埋葬　3
　　2）　弥生早・前期の埋葬　5
　　3）　弥生文化成立の担い手　8
　2　大形棺成立以前の甕棺の編年 ……………………………………11
　　1）　はじめに　11
　　2）　大形棺成立以前の甕棺の編年　11
　　3）　まとめ　26
　3　甕棺の編年的研究 …………………………………………………34
　　1）　研究略史　34
　　2）　甕棺の型式分類　40
　　3）　甕棺型式と日常容器編年との関係　71
　　4）　甕棺副葬品からみた弥生時代年代論　96
　4　甕棺埋葬の傾斜角について ……………………………………116
　5　甕棺―製作技術を中心としてみた諸問題― ………………120
　　1）　はじめに　120
　　2）　大形甕棺の発生と甕棺の編年　121
　　3）　各型式ごとにみた甕棺の地域差　122
　　4）　まとめ　135
　6　甕棺のタタキ痕 …………………………………………………143
　　1）　はじめに　143
　　2）　タタキ痕の実例　143
　　3）　タタキ痕を通してみた甕棺の地域差　149
　7　小児骨に伴ったゴホウラ製貝輪 ………………………………152
　　　―福岡市金隈146号甕棺の調査―
　　1）　発見と調査の経過　152
　　2）　出土状態　152

3) 甕棺，人骨，貝輪　153
4) 考　察　161
8　甘木朝倉地方甕棺についての若干の所見 …………165
　　　──とくに栗山遺跡出土甕棺を中心にして──
1) はじめに　165
2) 形　態　165
3) 成形・調整手法　167
4) まとめ　172
9　南筑後における甕棺の編年 …………………………175
1) はじめに　175
2) 甕棺の編年　175
3) まとめ　185
10　永岡遺跡出土の甕棺および甕棺墓 …………………188
1) はじめに　188
2) 甕棺の分類　188
3) 墓地の変遷　194
4) 弥生時代における戦闘を示す好資料　205
　　──銅剣嵌入人骨、外傷例など──

Ⅲ　弥生時代年代論 ……………………………………209
1　弥生文化開始期における東アジアの動向 …………209
1) はじめに　209
2) 日本へのコメの伝播ルート　210
3) 青銅器　211
4) 鉄　器　215
2　弥生時代の年代論──甕棺と副葬品── ……………217
1) はじめに　217
2) 甕棺の編年　217
3) 甕棺副葬品からみた弥生時代の年代論　219
4) おわりに　221
3　炭素14年代測定法による弥生時代の年代論に関連して…224
1) はじめに　224
2) 国立歴史民俗博物館が提起した年代論の問題点などについて　225
3) まとめ　247

あとがき ……………………………………………………255

I　は　じ　め　に

　弥生時代の北部九州においては土器を埋葬用の棺として用いる甕棺葬が盛行した。甕棺は土器であることから日常用の土器と同様形態分類が可能であり，棺そのものが細かく編年できるという特徴を持っている。また前期末頃から首長層は副葬品を持つことが多く，前期末から中期中頃には朝鮮半島系の細形銅剣・矛・戈などの青銅製武器や銅鉇および多鈕細文鏡，中期後半以後は前漢鏡・後漢鏡などの中国系の文物が甕棺内から見いだされることがある。このことから甕棺の相対的編年に中国などで製作年代の明らかな遺物などから絶対年代を推定できるという有利な条件を備えている。著者も含めて北部九州の考古学者は，弥生時代の年代論については基本的には以上の観点から考古学的手法を用いて研究してきた。

　しかるに2003年5月，国立歴史民俗博物館の春成・今村・藤尾らのグループは，AMS法（加速器質量分析法）による高精度炭素14年代測定法によれば弥生時代の開始は紀元前1000年，前期初頭の年代は紀元前800年，前期と中期の境は紀元前400年頃にあると推定し，弥生時代の始まる頃の東アジア情勢を殷（商）の滅亡，西周の成立の頃に，前期の始まりも西周の滅亡，春秋の初めの頃となり，認識を根本的に改めねばならない。また前期と中期の境についても仮に紀元前400年頃にあるとすれば，戦国時代のこととなり，朝鮮半島から流入する青銅器についてもこれまでの説明とはちがってくるだろうという問題提起を行なった[1]。その後も国立歴史民俗博物館は組織をあげてこの問題に取り組んでいる。マスコミも大きく取り上げ国民にも大きな興味を抱かせるところとなっているが，考古学者の中には積極的に賛意を表する者も一部にあり，また北部九州の研究者は従来の考古学的方法から反対意見をもつものが多く，著者もその一人でありすでに反対意見を表明した[2]。しかし大部分の考古学者は成り行きを見守っている様に窺える。

　このような中，多くの甕棺の調査を行ない製作技術の検討や編年などを行な

い弥生時代の年代論に取り組んできた著者は，これらの問題の参考にしたいと考えて，いままで論じてきた甕棺や年代論に関連した拙稿をとりまとめてみることにした。弥生時代年代論を討論する上で少しでも参考となれば幸いである。

註
(1) 国立歴史民俗博物館『14C 年代測定と考古学』2003 年
(2) 橋口達也「炭素 14 年代測定法による弥生時代の年代論に関連して」日本考古学協会『日本考古学』16，2003 年

Ⅱ 甕棺をめぐる諸問題

1 支石墓と大形甕棺の登場

　弥生文化開始期における北部九州の墓制としては，支石墓・木棺墓などがあり，ややおくれて成人を埋葬する大形甕棺が成立する。支石墓は外来の墓制であり，大形甕棺は縄文後期後半以後にみられる甕棺からの発展と考えるが，支石墓にも縄文からの伝統との融合がみられたり，甕棺も複雑な要素がからみあって成立するものと考えられる。したがってここでは縄文後期中頃から大形甕棺の成立する頃までの北部九州の墓制について概観してみることにしたい。

1) 縄文後・晩期の埋葬

　　a. 縄文後期の埋葬――山鹿貝塚例を中心にして

　福岡県山鹿貝塚の埋葬人骨は，鐘崎式を主体とし北久根山式までのもので縄文後期中頃に位置づけられている。山鹿貝塚においてはシャーマン的な特殊な地位を占めるものと考えられる2号，3号人骨の場合は，2号人骨がサメ歯耳飾・貝輪・緑色大珠・鹿角叉状垂飾品を着装した20歳そこそこの成年女性，3号人骨が笄・貝輪などを着装した成年女性で

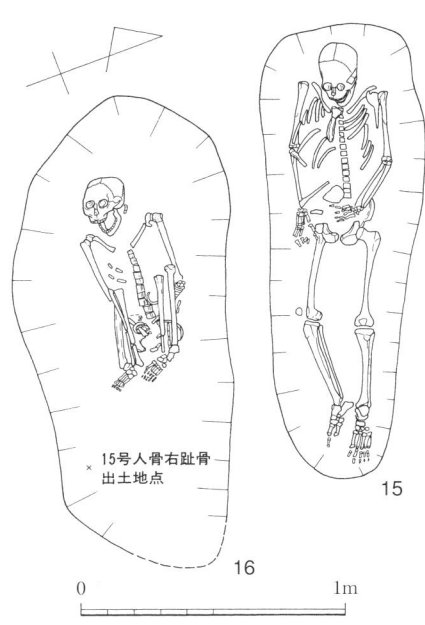

図1　山鹿貝塚15・16号人骨出土状態
　　　15号：成年男性，16号：成年女性

あり，両者が相並んで葬られ，その間におそらくは2号人骨に付属して乳児（4号人骨）が埋葬されていた。2号，3号人骨はともに鎖骨・胸骨・肋骨などが抜き取られた様な異常な埋葬法であるが，他の人骨は土壙墓内に伸展葬・屈葬の両者があり，多くは足首，膝などを緊縛して葬られた様子がうかがえる以外は通常の埋葬法といってよい。伸展葬の中には股，膝関節を軽度に屈した程度のもの，屈葬の中には強屈した下肢を身体ごと緊縛した強度の屈葬も存在した。着装品には男女差がみられ，女性は貝輪・耳飾・笄などの装飾品があり，男性は猪牙製耳飾（7号人骨）・ワシ趾骨製耳飾（13号人骨）はみられたが，貝輪着装例はなかった。耳飾には猪牙・サメ歯・ワシ趾骨というように陸・海・空の猛々しい獣・魚・禽類の歯牙・爪などが用いられており，耳飾が単に装飾品というだけではなく，邪を祓う要素も併せ持っていたことをうかがわせる。推定身長は男性で最大値が163.2cm，最小値が152.8cm，平均157.6cm，女性の最大値は152.1cm，最小値は145.9cm，平均149.1cmである。風習的抜歯がみられない点は岡山県太田貝塚などと同様である。全体として縄文人の特徴は明瞭であるが，弥生人的な趣のある人骨もあり注目される。山鹿貝塚においては乳幼児3体が出土したが，これらはすべて母子合葬であり，まだ乳幼児であっても土器に遺体を納めるという観念が北部九州では生じていなかったことを示している。

b．西平式以後の甕棺葬

九州では西平式土器すなわち縄文後期後半に甕棺葬が始まることは現在までの調査成果から確実といえる。縄文後・晩期の甕棺はその大きさからいって到底成人遺体を納める容量がないことから，ほとんどの研究者はその大部分が乳幼児用の甕棺と考えている。ところが甕棺葬が開始された西平式以後の埋葬においては山鹿貝塚などでみられた土壙墓はなく，晩期を通じて埋葬人骨の出土例は熊本県御領貝塚出土人骨をのぞいては皆無といってよい。近年福岡県塚崎の弥生中期前半頃の土壙墓（木棺墓）出土の2体の男性人骨は縄文人的特徴を持ち，風習的抜歯をしていた。筑後以南では弥生時代においても縄文人的な特徴を持つ例が存在する可能性が強く，御領貝塚出土人骨も全体としては縄文人的特徴を持ちながら，一部には顔高が高く弥生人的特徴をもつものも存在して

おり，先述の塚崎例と同様弥生時代に属する可能性も検討していいのではないかと私自身は考えている。いずれにしても縄文後・晩期の甕棺が乳幼児棺であるならば，成人を埋葬する土壙墓などの埋葬施設が同時に存在するはずである。これらの存在が確認されていない現在，縄文後・晩期においては甕棺葬が埋葬の主体であったといえる。福岡県浄土院遺跡の縄文後期後半の甕棺からは成人女性と推定される火葬骨が出土し，従来知られていた愛知県吉胡貝塚の成人火葬骨を納めた甕棺などとともに成人遺体を収容不可能な縄文後・晩期の甕棺は火葬もしくは再葬に用いられたことを示しているといえよう。福岡県教育委員会が調査した中村・石丸遺跡出土の後期後半太郎迫式の甕棺内の土を脂肪酸分析した結果，加熱を受けた高等哺乳類の脂肪酸および焼けた骨片が検出されたとのことである。これらのことからして九州における縄文後・晩期における埋葬法は火葬が主体であった可能性が最も強いと考える。

2) 弥生早・前期の埋葬

弥生文化の開始とともに北部九州では支石墓という新たな墓制が導入される。北部九州の支石墓は碁盤形支石墓と呼ばれる形態のもので，朝鮮半島南部にその源流があることは明らかである。朝鮮半島南部における支石墓の上石は基本的には大きくて分厚く，内部主体は石室が中心で，石室内部には木棺がおかれたものと考えられるが，現在まで調査例はほとんどなかった。しかし最近では徳川里支石墓例のように木棺の痕跡を確認できた例もあり，今後類例を増すことが予想される。

北部九州の支石墓は唐津・糸島地方を中心にして地域的にはかなり限定して分布している。唐津・糸島から佐賀地方および島原半島へ波及し，佐賀方面から中九州・南九州へと一部伝わっている。唐津・糸島地方における支石墓の上石は通常の長さ200cmほど，厚さ20～30cmほどのもので，内部主体は木棺墓を中心として土壙墓・箱式石棺・甕棺などとバラエティーに富んでいるが，石室をもつものは皆無といってよい。時期的には早期～前期初頭を中心として一部前期末～中期初頭ぐらいまで残存している。須玖岡本の巨石などは墓標の巨大化したものでありよく支石墓という人もあるが，これは支石墓とはいえない。弥生早期の古い段階では石崎曲り田遺跡の小形支石墓のように縄文後・晩

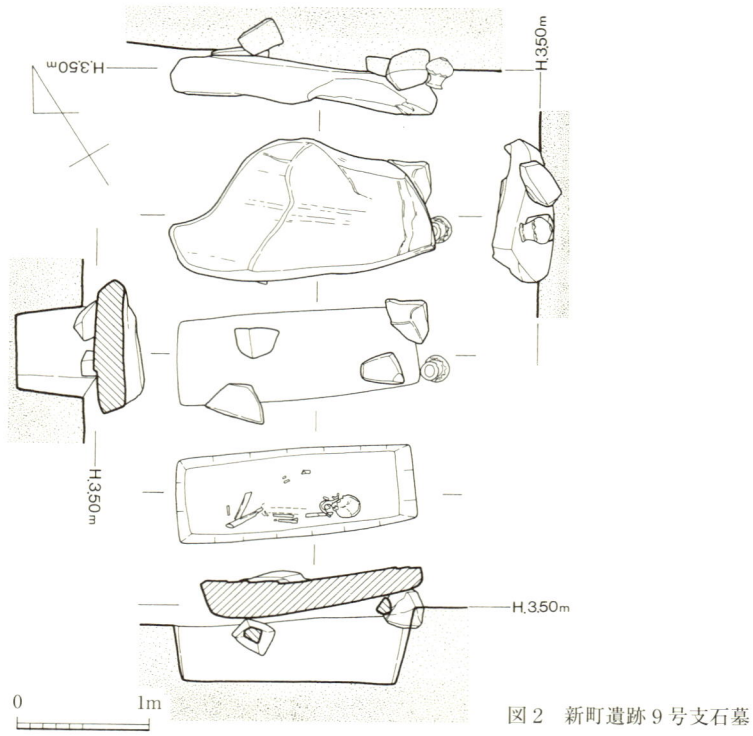

図2 新町遺跡9号支石墓

期以来の伝統を継承した火葬によるものと考えられるものも一部にはみられるが，福岡県新町遺跡の支石墓では木棺墓には成人の埋葬がなされている。同時に早期～前期初頭には大形壺を用いた甕棺があり，これらには乳幼児を埋葬している。北部九州の支石墓は導入直後には日本独自のものへと変容しているとともに，弥生早期には縄文後・晩期にみられた火葬の風習を基本的には脱却して遺体をそのまま棺に埋葬する風習が生じ，成人と乳幼児の埋葬法が分化したことを示している。

　新町遺跡，長野宮ノ前遺跡などの玄界灘に面する地域の早期の木棺墓の長さは120cm以上のもので，新町例のように成人が納められている。ところで島原半島の原山遺跡の支石墓の内部主体は石棺墓が中心で，その長さは100cm以内におさまり80～90cm台のものが最も多く，さらに小形のものも存在す

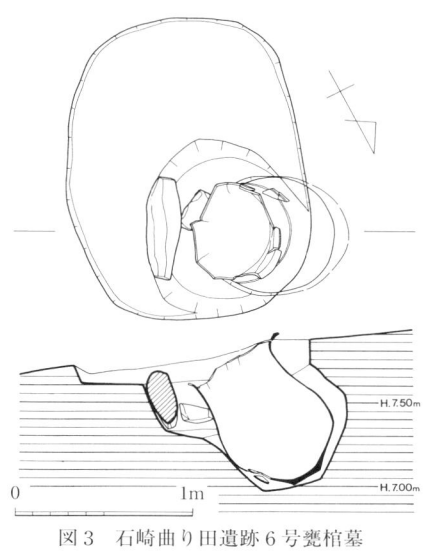

図3 石崎曲り田遺跡6号甕棺墓

る。これについては埋葬法は縄文文化にみる伝統が強烈で，縄文の伝統である極端な屈葬が守られていると考えられている。ところで先述した強屈された山鹿貝塚16号人骨（成年女性）の場合，頭から足首までの長さは90cmである。この人骨の推定身長は145.9cmと低身長であり，男性の場合山鹿貝塚7号人骨（熟年男性，推定身長163.2cm）は，頭から足首までほぼ100cmほどの長さである。したがって原山遺跡の石棺墓の大きさでは成人の埋葬は極端な屈葬の場合でも不可能ではなかったかと考えられ，原山遺跡の場合は新たな支石墓・石棺墓などを導入しているとはいえ，火葬を含め再葬などの縄文後・晩期の伝統を根強くのこした小形の内部主体であったと理解すべきであろう。ごく最近福岡県松ケ上遺跡の前期後半頃の器高70cmほどの甕棺に火葬骨が埋葬された例が調査された。甕棺葬の分布中心地の周縁部に残存した縄文晩期的遺制ととらえていいと私は考えている。

佐賀県久保泉丸山遺跡の支石墓の内部主体は，木棺墓・土壙墓・石棺・甕棺などであるが，木棺墓・土壙墓などの内法長は100cm以下のものが最も多く，次に120cm前後，110cm前後のものが多く，130cm以上は次第に減少するが，150cm以上のものも数例存在する。新町遺跡の場合，仰臥屈葬の姿勢で埋葬された9号墓，11号墓出土人骨は，頭から足首まで110〜120cmの長さであり，成人埋葬の場合は極端な屈葬でも100cm以上，強い屈肢の場合110cmほどが棺の内法として最低の線といえる。新町遺跡では9号墓で内法長158cm，11号墓で内法長133cm，15号墓（成年女性）で内法長は120cmで，いくらか余裕を持って棺が作られているといえる。以上のことから久保泉丸山遺跡の場合は，甕棺墓および内法長100cm以下の木棺墓・土壙墓は乳幼児を主として埋葬し，比較的数の多い110cm，120cm台およびそれ以上のものは主として成人を埋葬

したものと考えられる。甕棺墓と内法長 100cm 以下のものの比率はおよそ30数％程度であり，弥生中期の甕棺墓群の乳幼児棺と成人棺の比率と同程度といってよい。内部主体は新町遺跡，長野宮ノ前遺跡などと比較するとやや小形のものが多いとはいえ，原山遺跡とは異なり玄界灘沿岸部の様相に近いといえる。

　弥生早期から前期初頭の板付Ⅰ式土器の段階までは，器高 60cm 前後の大形壺を用いた甕棺が乳幼児棺として使われてきた。ところが板付Ⅰ式に直結する板付Ⅱ（古）式の段階で器高 80cm 以上の大形棺が成立し，成人埋葬専用の甕棺へと発展している。そして前期後半から中期前半へかけては，一部木棺墓と共存しつつ次第に木棺墓を凌駕していき，中期には甕棺葬の盛行をむかえる。

　ではなぜ板付Ⅱ（古）式の段階で乳幼児用から成人埋葬専用へと質的発展をとげたのであろうか。弥生文化開始後 170 〜 180 年ほどの長年の経験の中で，木棺墓と対比して甕棺に埋葬すれば乳幼児であっても人骨の残りが良いことが認識され，死後の再生を願う観念とも結びつき大形甕棺製作へと進んだものと考えられる。そこにはまたタタキ技法という技術的背景も存在していたことを指摘しておこう。そして大形甕棺の発生過程については外的影響であるとか，内部的発展によるものであるとかの議論がなされているが，以上のことから結論を述べれば，大形甕棺の発生は，現在のところ外的要因によるものではなく縄文後・晩期の系譜の中にその源流を求められる可能性が最も高い。

3）弥生文化成立の担い手

　弥生文化の開始にあたって水稲耕作，大陸系磨製石器，金属器など，朝鮮半島からの先進的文化の流入があり，外的な影響には大なるものがあった。前期初頭の板付Ⅰ式の前後には松菊里型の住居跡の影響などの文化的波及があり，前期末から中期初頭には細形銅剣・銅矛・銅戈などの青銅製武器，銅鉇・多鈕細文鏡，円形粘土帯土器などの無文土器の流入など，やや大きな文化的波及があった。これらのことから弥生文化の開始にあたっては渡来人が大きな役割を果たした，もしくは弥生文化の成立は渡来人によるものであったというような外的要因を第一義的に考える研究者が多い。はたしてこれらの文化波及と渡来人との関係はいかなるものであっただろうか。

　韓国における支石墓からの人骨の出土例はわずかであって，その後も人骨の

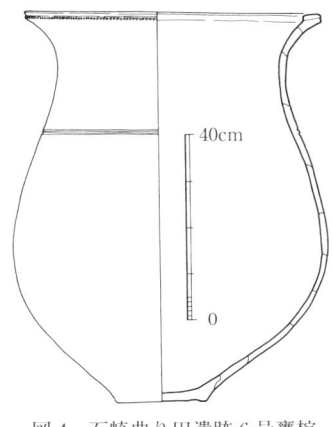

図4　石崎曲り田遺跡6号甕棺

出土は礼安里遺跡の例までは良好な資料は少ない。北部九州においても最近まで大形甕棺の成立する前期後半以前の人骨の出土は皆無に等しかったが，福岡県新町遺跡で支石墓に埋葬された人骨を発掘し，弥生文化成立期の人々の形質を調査する機会に恵まれた。新町遺跡の地理的位置，支石墓内人骨ということで弥生人（いわゆる渡来人）的特徴を持った人骨の出土を期待した人が多かったが，出土人骨はきわめて縄文人に近い特徴をもち風習的抜歯も認められた。まだ量的にはわずかであり今後の調査・収集に心がけ検討を重ねるべきであるが，この資料が提起する問題は大きい。私自身は弥生文化成立当初の人々の形質は縄文人的特徴を示すものが主体を占める，すなわち弥生文化の成立を主体的に担った人々は在来人であったと考えている。もちろん渡来人の存在は否定するものではなく，弥生文化の成立に果たした外的影響の大きなことも当然否定できない。しかし渡来人の数的問題についていえば，土器などに示される比率程度のものではなかったかと思う。例えば石崎曲り田遺跡の場合，口縁・底部など，特徴ある部分すべてを抽出した土器2192点中，確実に無文土器といえるもの10点以内，可能性のあるものも含めて20点ほどであり，全体の1％弱にすぎない。大陸系磨製石器についても各種石器に未製品があり，持ち込まれたというよりは現地製作されている。縄文後・晩期の段階で，萌芽的・原始的ではあっても農耕がかなり発展していたことによって，水稲耕作という体系化された先進的農耕を受け入れる条件が醸成されていたと考えられる。と同時に，朝鮮半島南海岸・島嶼地域の新石器時代の遺跡で土器・石匙・貝輪などの日本的遺物が少量ながらみられ，縄文時代以来彼地と北部九州との相互の交流が活発に行なわれていたことも見逃すわけにはいかない。

また新町遺跡出土人骨に関して，海浜部出土の人骨は上腕・前腕の発達がよく漁民の特徴であるとの指摘がある。大形甕棺のない弥生文化成立期の人骨は

砂丘遺跡でしか出土が望めないのでこの点の解決は困難な面があるが，前期末から中期初頭の山口県土井ケ浜遺跡出土人骨は同じく海浜部にあって弥生人的特徴を持つ代表例としてよく知られている。新町遺跡も後背部に水田が存在するものと思われ，土井ケ浜と地理的条件は変わらない。したがって海浜部出土の人骨ということよりも時期差を表わしている可能性が最も大きい。現在出土している弥生人骨のほとんどは大形甕棺成立以後，とくに前期末以後主として中期の人骨で議論されている。弥生文化成立以後前期末までは，私の編年観では200年以上経過している。この間の変化はいかなるものか，また縄文後・晩期における地域性はいままでいわれているようにほとんど無視していいのか，今後の検討を要する課題である。

2 大形棺成立以前の甕棺の編年

1) はじめに

　北部九州の弥生時代に盛行した甕棺葬は，通常，器高80cm以上の棺専用の大形甕を用いた特殊な埋葬法である。分布も地域的に限定され，時期的にも前期後半頃から後期前半頃までとくに中期に盛行している。そして甕棺は木棺・箱式石棺・土壙墓などと異なり，副葬品・供献土器などを伴わなくとも棺自体が編年可能であるという有利な条件を持つとともに，中国・朝鮮などで製作・使用された実年代が知られている銅鏡などの舶載品を副葬したものも存在し，これらの舶載品の示す年代から甕棺の相対的年代に絶対年代を与えうるという好条件をも具備している。

　これらの問題についてはすでに「甕棺の編年的研究」と題して私見を論じたところであり[1]，また甕棺葬の盛行した周縁部における地域性の問題[2]および甕棺葬終焉後にさらに地域を限定して残存する後期後半以後の甕棺の編年[3]，などについても若干の見解を述べてきた。これらの問題はまだ多岐にわたっており，以上のことですべてを論じたわけではなく，今後さらに追求すべき点については機会を見て言及したいと考えている。

　ところで大形甕棺の発生過程については外的影響であるとか，内部的発展によるものであるとかの議論はなされているとはいえ，いまだ確たる説が提示されているとは考えられない。しかしながら九州においては縄文後期に甕棺葬が発生し，それが縄文晩期，弥生早・前期へと継続していることはまちがいない。そこで大形甕棺の発生の問題に迫れるか否かは別として，本節では大形甕棺成立の前段階とくに弥生早・前期の甕棺に焦点を絞って編年的考察を行なってみたい。

2) 大形棺成立以前の甕棺の編年

a．縄文後・晩期の甕棺

　九州では縄文後期後半に甕棺葬が始まることは現在までの調査結果からほぼ

確実といえる。縄文後・晩期の甕棺はその大きさからいって到底成人遺体を納める容量がないことから多くの論者はその大部分が乳幼児用の甕棺と認識しているといっても過言ではない。しかしながら福岡県京都郡苅田町浄土院遺跡の縄文後期後半の甕棺から成人女性と推定される火葬骨が出土し[4]，従来知られていた愛知県吉胡貝塚の成人火葬骨を納めた甕棺[5]などとともに，洗骨・再葬などの存在をも考慮すれば，縄文後・晩期の甕棺が必ずしも乳幼児用のものばかりではないことを示した。

福岡県遠賀郡芦屋町山鹿貝塚の埋葬人骨は鐘崎式・北久根山式に属するものと考えられ[6]，九州における甕棺葬開始直前にあたる縄文後期中頃に位置づけられている。山鹿貝塚においてはシャーマン的な特殊な地位を占めるものと考えられる2・3号人骨の場合は，2号人骨が耳飾・貝輪・緑色大珠・鹿角製叉状垂飾品を着装した20歳そこそこの成年女性，3号人骨が笄・貝輪などを着装した成年女性であり，両者が相並んで葬られ，その間におそらくは2号人骨に付属して乳児（4号人骨）が埋葬されていた。多くの着装品をつけ特殊な地位を占めると考えられる2・3号人骨はともに鎖骨・胸骨・肋骨などが抜き取られたような異常な埋葬法を示していたが，他の人骨の埋葬は土壙墓内に伸展葬・屈葬の両者があり多くは足首・膝などを緊縛して葬られた様子がうかがえる以外は通常の埋葬法といってよい。そして山鹿貝塚の場合は乳幼児3体の出土をみたがこれらすべては母子合葬であって，未だ乳幼児であっても土器に遺体を納めるという観念が北部九州では生じていなかったことを示すものとして特記できる。

ところが甕棺葬が開始された西平式以後の縄文後期後半以後の埋葬においては山鹿貝塚でみられた土壙墓はなく，晩期を通じて埋葬人骨の出土例は晩期と考えられている熊本県御領貝塚出土人骨[7]をのぞいては皆無といってよい。甕棺が乳幼児棺であるならば，成人を埋葬する土壙墓などの埋葬施設が同時に存在するはずである。このことからいっても甕棺葬が開始された縄文後期後半から晩期にかけては甕棺葬が埋葬の主体であったといえる。そして成人遺体を収納不可能な小形の甕棺が埋葬の主体であるということは再葬なり火葬の存在を考えねばならないが，現在のところ九州においてはこの時期の葬法の中心は浄土院遺跡などで確認されている火葬であった可能性が最も強い。火葬すること

によって甕棺を初めとして小形化した棺が晩期の埋葬法として九州一円に流布し，一部には福岡県糸島郡二丈町石崎曲り田遺跡の小形支石墓[8]などのように，弥生早期へと伝統的に継承されている。

　弥生早期になると支石墓という墓制が導入され，内部主体は木棺墓を中心として土壙墓・箱式石棺・甕棺などとバラエティに富んでいる。福岡県糸島郡志摩町新町遺跡ではこの時点で木棺墓には成人の埋葬がなされ，火葬からは基本的に脱却していることを示しているが[9]，一部では先述した曲り田例のようにおそらくは火葬によるものと思われる伝統的な小形のものも存続している。木棺墓などが成立し，火葬から脱却した弥生早期の段階では同じく新町遺跡18号墓の甕棺（夜臼式）内からは1～2歳の幼児[9]，前期のⅡ－05トレンチ1号甕棺墓（板付Ⅰ式）では6～7ヵ月の乳児，2号甕棺墓（板付Ⅰ式）では乳児と推定される乳歯などが出土し[10]，弥生早期以後～大形甕棺成立に至るまでの間の甕棺はその大きさにふさわしく乳幼児埋葬を中心として行なわれたものと考えられる。

　大形甕棺成立前の弥生早・前期の甕棺は丹塗り磨研の大形壺を用いたものが主体であり，この壺がさらに大形化し発展して棺専用の大形甕棺が成立することはいうまでもない。では大形甕棺成立以前の甕棺の変遷過程を次に述べることにしよう。

b．大形甕棺成立以前の甕棺の編年

　著者は石崎曲り田遺跡の調査を総括した中で，それまで縄文晩期後半～終末と位置づけられていた刻目・凸帯文土器の時期になると，水稲耕作だけでなく土器には壺・高坏が新たに出現して壺・甕・高坏などの組み合わせが確立し，石器には大陸系磨製石器群が出そろい晩期の段階と石器組成が変わること，晩期にみられる大形紡錘車がこの時期に小形化・定形化し晩期の組織痕文土器にみられる布目とこの時期以後の布目とに差が認められることから紡織技術に画期があったこと，支石墓が導入され，鉄器などの出現等々弥生文化を構成する諸要素は整っており，この時点で弥生文化が成立したものと認識し，この段階を弥生早期と設定した[11]。そしてこの段階の土器を曲り田（古）式・曲り田（新）式・夜臼式に分類し，曲り田（古）式は著者が晩期Ⅵ式としたものに直結

すること，夜臼式は弥生前期の板付Ⅰ式に連続し，板付Ⅰ式もおもに高坏を取り上げて古・新の両者に分けられることを論じた。いまこの分類に準拠しつつ，代表例をあげ大形棺成立前の甕棺の分類を行ない，関連するいくらかの問題に言及したい。

　曲り田（古）式の大形壺は頸が短くかつ直立し肩の張りが強く，または頸が短く肩・胴へと連なり長胴形で，底部は丸底を呈するもので，そのほとんどは丹塗り磨研が施されている。長崎県原山1号支石墓下の壺[12]（図8－1）は上記の特徴を示しておりこの壺自体は曲り田（古）式としてよいが，この壺を囲っていた2個の甕は曲り田（古）式とするには躊躇せざるを得ない。この支石墓の年代は曲り田（新）式以後のものと考えるのが妥当である。佐賀県久保泉丸山遺跡SA001支石墓の甕棺に用いられた丹塗り磨研大形壺[13]，佐賀県礫石A遺跡SJ42号甕棺・SJ44号甕棺の下甕に用いられた丹塗り磨研の大形壺[14]は曲り田（古）式の壺の特徴をもっている。ただし礫石A遺跡の両者は上甕に用いられた甕からして原山遺跡の場合と同様，甕棺墓としては曲り田（新）式以後に年代を下げて考えざるを得ない。以前にも指摘したことはあるが[11]，この地域では確実に板付Ⅰ式土器を伴う刻目・凸帯文土器がなく板付Ⅱ式へと直結している。土器には古い手法を残しているとはいえ，玄界灘沿岸地域との細かい併行関係は未だ検討課題といえる。したがって本章では玄界灘沿岸地域を主として取り上げて論述している。以上のことからここでは原山・丸山・礫石などは関連資料として提示するにとどめた。

　聚落遺跡出土のものから曲り田（古）式の大形壺の類例をあげるとするならば石崎曲り田遺跡17号住居跡の2，W－3の3，W－4の129・130などがある[15]。甕棺に使用されたものは玄界灘沿岸部では未だ好資料はない。

　曲り田（新）式になると甕棺に使用された大形甕棺の例も増えてくる。曲り田（新）式の大形壺の特徴は曲り田（古）式に比して頸はやや長めになり，頸の内傾度が強く，肩は強く張り長胴をなし，底部は平底を呈している。そのほとんどは丹塗り磨研が施されている。いまここでは福岡県前原市長野宮ノ前遺跡1号墓甕棺，同39号墓支石墓下の甕棺[16]，新町遺跡Ⅱ－01トレンチ1号墓甕棺を代表例として提示した（図5－1・2・3）。

　長野宮ノ前1号墓は上石を失ってはいるが，墓壙の北端の一角に支石と思わ

大形棺成立以前の甕棺の編年　15

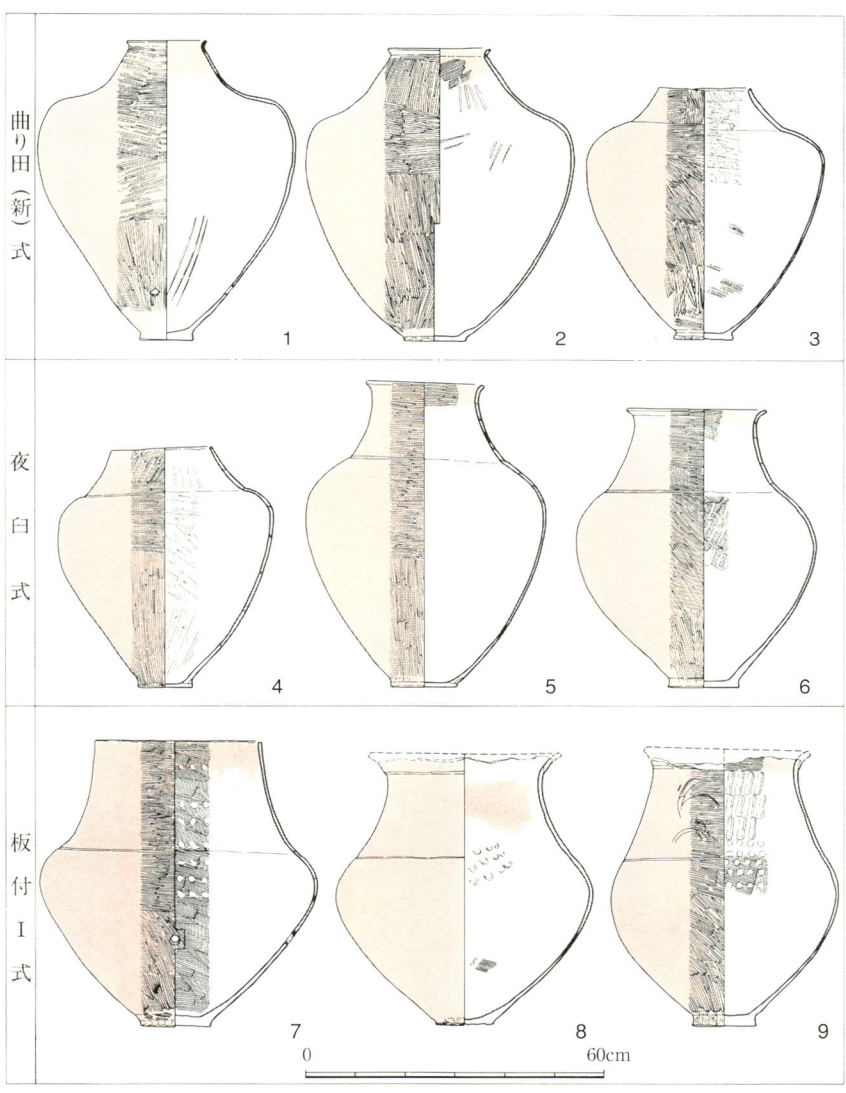

図5　大形甕棺成立以前の甕（壺）棺の変遷
1：宮ノ前1号墓　　　　　2：宮ノ前39号墓　　　　　3：新町Ⅱ-01　1号墓
4：新町25号墓下甕　　　5：新町20号墓下甕　　　　6：新町18号墓下甕
7：新町Ⅱ-05　2号甕棺　8：三雲加賀石2号甕棺下甕　9：新町Ⅱ-05　1号甕棺

れる50×35cm大ほどの花崗岩があり本来支石墓であったと考えられる。内部主体として用いられた甕棺は下甕に大形壺，上甕には直立して口縁に刻目のない甕を用い，また直立して口縁外側に刻目を施す甕が供献されていた。下甕に用いられた大形壺（図5－1）は口縁が外反し，頸部は強く内傾し，肩は強く張っている。頸・肩には段・沈線などはなく境は明瞭ではない。口・頸部内面および器面は丹塗り磨研を施している。器高62.2cm，口径20.4cm，胴部最大径54.6cm，底径10.7cmを測る。胴部最大径が肩の直下のきわめて高い位置にあり肩の張りも強く，曲り田（新）式の中では古い要素を示すが平底であることなどから曲り田（古）式とすることはできない。直立して口縁に刻目のない甕，直立して口縁外側に刻目を施す甕の上甕・供献土器の組み合わせからみても曲り田（新）式とするのが妥当と考える。

長野宮ノ前遺跡39号墓は支石墓で上石は203×176cm，厚さ50cmほどの花崗岩を用い，石囲い状の支石があり，その下部に土壙がありその内部に盗掘を受けてはいたが，丹塗り磨研の大形壺とやや小振りの丹を塗らない大形壺があり合せ口甕棺であったと考えられている。また支石墓西側に接して黒色磨研壺の口・頸部が出土しており，供献土器と推定されている。下甕に用いられた大形壺（図5－2）は口縁が外反し，頸の内傾度は強く，長胴形をなし，底部は平底を呈する。口・頸部内面および器面は丹塗り磨研を施している。器高61.5cm，口径20.4cm，胴部最大径は52.8cmを測る。胴部最大径は肩に近い高い位置にあり，肩の張りも強いが1号墓甕棺ほどではない。

新町Ⅱ－01の1号墓は上面の削平を受けており，上部構造は定かではない。甕棺に用いられた大形壺（図5－3）は口縁は打ち欠かれている。頸の内傾度は強く，頸・肩の境には明瞭な段をつくる。肩は強く張り，胴部最大径も肩に近く高い位置にある。現存高は52.5cm，現存の口径は17cm，肩部の径は30.8cm，胴部最大径は48.0cm，底径は12.1cmを測る。復原器高は56〜57cmほどのものと考えられる。

夜臼式になると甕棺に使用された大形壺の類例はさらに増えてくる。夜臼式の大形壺の特徴は口縁は外反し，頸の内傾度は弱くなり，頸と肩の境には段・沈線をつくる。胴部最大径は上半にあるが，肩の張りもやや弱くなり次第になで肩を呈してくるといえよう。長胴であるが口・頸部の発達にしたがって次第

に胴高は低くなる傾向にある。底部は平底を呈する。そのほとんどは丹塗り磨研が施されている。いまここでは新町遺跡25号墓甕棺，同20号墓甕棺，同18号墓甕棺を代表例として提示し（図5－4・5・6）説明を加えたい。

新町25号墓は下甕に口縁を打ち欠いた大形壺を用い，上甕にはやや小振りの大形壺の上半部を打ち欠いたものを覆口の形で被せ，打ち欠いた上半部の一部も用いていた。甕棺の上面が割れて内部には副葬小壺片，高坏脚部などが落ち込んでいた。

下甕に用いられた大形壺（図5－4）は口縁を打ち欠かれている。頸部の内傾度はやや強く，肩は張り，胴部最大径もやや高い位置にあり，夜臼式としては古い要素をもつといえる。頸と肩の境には沈線状の段をつくっている。現存器高50cm，現存する口縁打ち欠き部の内径19.2cm，肩部径33.7cm，胴部最大径43.3cm，底部径11.2cmを測る。器面は丹塗り磨研を施している。

上甕に用いられた大形壺（図8－2）は口縁が外反し，頸の内傾度は弱く，頸・肩の境には沈線上の段をつくる。肩の張りは下甕に比べると弱く，胴部最大径は上半のやや高い位置にあり20号墓，18号墓の甕棺よりは古い要素を示すとはいえなで肩を呈しつつある。復原器高は43.5cmほどのもので，復原肩部径24.4cm，復原胴部最大径38.2cm，復原底径13cmを測る。口・頸部内面および器面には丹塗り磨研が施されている。

副葬小壺は丹塗り磨研壺の胴部片のみで夜臼式と判断できる程度のものである。高坏（図7－1）は坏部を欠く。坏・脚部の境には凸帯を貼付し，ヘラによる刻目を施している。脚高は11.5cmを測り，やや大きめの高坏である。明らかに夜臼式に属する。

新町20号墓は下甕には大形壺を，上甕には口縁を打ち欠いた甕を用いた覆口式の合せ口甕棺である。上甕の北側にミニチュアの小壺を副葬していた。

下甕に用いた大形壺（図5－5）は口縁が外反し，頸の内傾度は弱い。頸と肩の境には沈線状の段を有する。胴部最大径は上半にあるが肩の張りは弱くなりなで肩といえる。長胴形を呈し，底部は平底である。口・頸部内面および器面は丹塗り磨研を施す。器高63.7cm，口径23.6cm，肩部径32cm，胴部最大径48.4cm，底部径13.5cmを測る。

上甕に用いられた甕（図8－4）は肩で屈曲し刻目を施す甕の口縁を打ち欠い

たもので，内面の頸部および胴下半，器面の調整にハケ目を用いている。内外ともに黒塗りの痕跡が認められた。現存器高35.3cm，現存の打ち欠き部の内径32.5cm，肩部径34.6cm，底径11.0cmを測る。

副葬小壺（図7－2）はミニチュア壺で底部を欠いている。口縁はわずかに外反し，肩に上下各1条の沈線をめぐらし，その間に単線山形文を施している。口縁下に径2mmほどの小孔が貫通しその下に径1mmほどの未通の穴2個がみられる。復原器高6.5cmほど，復原口径5.0cm，復原胴部最大径6.6cmを測る。いびつなミニチュア壺であるがあらゆる点で夜臼式の特徴をそなえており，甕棺に使用された大形壺・甕と対応している。

新町18号墓は下甕には大形壺を用い，上甕にはそれよりひときわ大きな壺の上半を打ち欠いたものを被せた覆口式の甕棺である。

下甕に用いられた大形壺（図5－6）の口縁は外反し，頸の内傾度は弱い。頸と肩の境には沈線状の段をつくる。胴部最大径は上半にあるが肩の張りは弱くなで肩を呈している。胴は長胴形で，底部は平底である。口縁内面および器面には丹塗り磨研が施されている。器高は58cm，口径27.7cm，肩部の径36.2cm，胴部最大径48.6cm，底径14.4cmを測る。

上甕に用いられた大形壺は肩から上を打ち欠かれている。現存高42cm，胴部最大径55cm，底径13.2cmを測る。丹塗り磨研壺である。胴部内面の調整にはハケ目も認められる。また上甕であるが底部から24cmほどのところに外から内に向けて穿孔した孔が認められた。

板付Ⅰ式になると早期の段階に比してそれほど分布が拡大したとはいえないが，甕棺に用いられた大形壺の類例は増加し，群をなす例も出現してくる。板付Ⅰ式の大形壺の特徴は口・頸部が発達し，肩の位置が下がりかつ肩の張りもほとんどなくなり完全になで肩になっている。胴部はやや扁球形を呈する。胴部最大径は肩に近いほど古く，下位にあるほど新しい傾向と考える。口・頸部の発達に伴い口径も大きくなっている。口縁は外反し，外側に粘土帯を貼付するなどして肥厚させ，口縁下には段をつくる。頸と肩の段は明瞭ではなくなるが，肩には沈線を施して肩の位置を明示している。胴部の高さは低くなり，底部は平底を呈する。多くは丹塗り磨研を施している。新町遺跡Ⅱ－05トレンチ2号甕棺[17]，福岡県前原市三雲加賀石2号甕棺[18]，新町Ⅱ－5トレンチ1

号甕棺[17]を代表例として提示した（図5－7・8・9）。

新町Ⅱ－05トレンチ2号甕棺は口縁を打ち欠いた壺を被せた覆口式の甕棺である。下甕に用いられた大形壺（図5－7）は口縁部を欠くが，口・頸部の発達は著しい。肩には1条の沈線をめぐらし，胴部最大径は肩の直下にあり，肩の張りも認められる。頸部内面および器面は丹塗り磨研を施す。内面はハケ目が認められ，器面はタタキ→擦過・ハケ目→ミガキの順で調整している。また胴下半に外から内へと穿孔した径20mm前後の小孔が認められる。上甕に用いられた大形壺の底部近くにも外から内へと穿孔した径8mmほどの小孔が認められた。上・下ともに穿孔したり，上甕に穿孔が認められたりすることからこれらの小孔が普通いわれるところの水ぬき孔ではないことを示している。現存器高59.2cm，打ち欠かれた部分の頸部内径32.3cm，肩部径49.2cm，胴部最大径55.8cm，底部径14.2cmを測る。

三雲加賀石2号甕棺は口縁を打ち欠いた大形壺に，口・頸部を打ち欠いた大形壺を被せた覆口式の甕棺である。

下甕に用いられた大形壺（図5－8）は，外反する口縁下に段をつくり，肩部には1条の沈線をめぐらしている。肩はなで肩を呈し，胴部はやや扁球形で，胴部最大径は肩に近い位置にある。口・頸部内面および器面は丹塗り磨研を施す。現存器高54.5cm，打ち欠かれた部分での口縁内径32cm，肩部径42.7cm，胴部最大径は50.2cm，底径は11.3cmを測る。

上甕に用いられた大形壺（図8－3）は削平によって胴下半を欠失しているので，胴部最大径を49.4cmに復原できるのみで他の数値は示せない。胴部上半に上下各3条の沈線をめぐらし，その間に単位8条の端整なヘラ描き山形文を施している。山形文は夜臼式に始まり板付Ⅰ式では古い部類に施された文様であることをつけ加えておきたい。器面調整はヘラによる研磨を施している。

同様の特徴を示す三雲加賀石1号甕棺を図8－6に示した。三雲加賀石1号甕棺は口縁部を打ち欠いた大形壺に丹塗り磨研の深鉢を被せた覆口式の甕棺である。

下甕に用いられた大形壺の特徴は2号甕棺下甕とほぼ同様といえるが丹塗りが施されていない。また胴部の中位付近に内から外へ穿孔した径12cmほどの小孔が認められる。現存器高は48.5cm，打ち欠かれた部分での頸部内径は

30cm ほど，肩部の径 38.1cm，胴部最大径は 45.5cm，底径は 12.6cm を測る。

上甕に用いられた丹塗り磨研の深鉢は如意形口縁を呈し，口縁下の肩の部分に 1 条の三角凸帯を作り出しているが，凸帯部の接合法には夜臼式にみられる古い要素を残している。本来この器種は晩期初頭以来の精製深鉢の系譜を引くもので晩期 V・VI 式以後には量的にはきわめて少なくなるが，曲り田（古）式以後板付 I 式まで丹塗り磨研深鉢としてみられるものである。福岡県津屋崎町今川遺跡では板付 II （古）式まで残存している[19]。器高 25.4cm，口径 35.4cm を測る。

新町 II － 05 トレンチ 1 号甕棺は下甕に丹塗り磨研の大形壺，上甕には内面を黒色磨研した深鉢を用いている。

下甕に用いられた大形壺（図 5 － 9）は口縁を若干打ち欠いているが，口縁は外反し外側に粘土を貼付して肥厚部をつくり，口縁下には段を形成している。頸から肩へはなだらかに移行し，肩には 1 条の沈線をめぐらしている。前二者と異なりやや長胴を呈し，胴部最大径は上半にあるとはいえ前二者よりもやや下位に位置するといえよう。以上の特徴は新しい要素といえる。頸部には一方に草葉文らしき線刻があり，ほぼその裏面には三列の不連続縦沈線がみられる。口縁内面および器面は丹塗り磨研が施されている。現存器高 55.8cm，打ち欠かれた部分での口縁内径は 28.8cm，肩部径 40.6cm，胴部最大径 45.8cm，底径 13cm を測る。

上甕に用いられた深鉢（図 8 － 5）は三雲加賀石 1 号甕棺上甕と同様，晩期以来の系譜をひくものである。口縁は外反し板付 I 式の壺にみられるように外側には粘土帯を貼付して肥厚部をつくる。肩部は屈曲し，底部はわずかに上げ底気味である。内外ともにミガキを施しているが内面および口縁端は黒色に仕上げている。器高 25.2cm，口径 33.2cm，肩部径 32.8cm，底径 9.9cm を測る。

以上甕棺に用いられた大形壺の特徴と形態変遷を述べてきた。しかし曲り田（新）式とした新町 II － 01 の 1 号墓甕棺と夜臼式とした新町 25 号墓甕棺との間はそうたいした差異がないのではないかという疑問が出されるかもしれない。図示した限りではたしかにそうたいした差はないように見受けられるが実際に並べて観察すると，頸の内傾度・肩の張り・胴部最大径の位置などは明瞭に異なっている。したがって読者の理解を深めるために多色刷りで図を重ねて示し

図6 各甕棺の形状比較

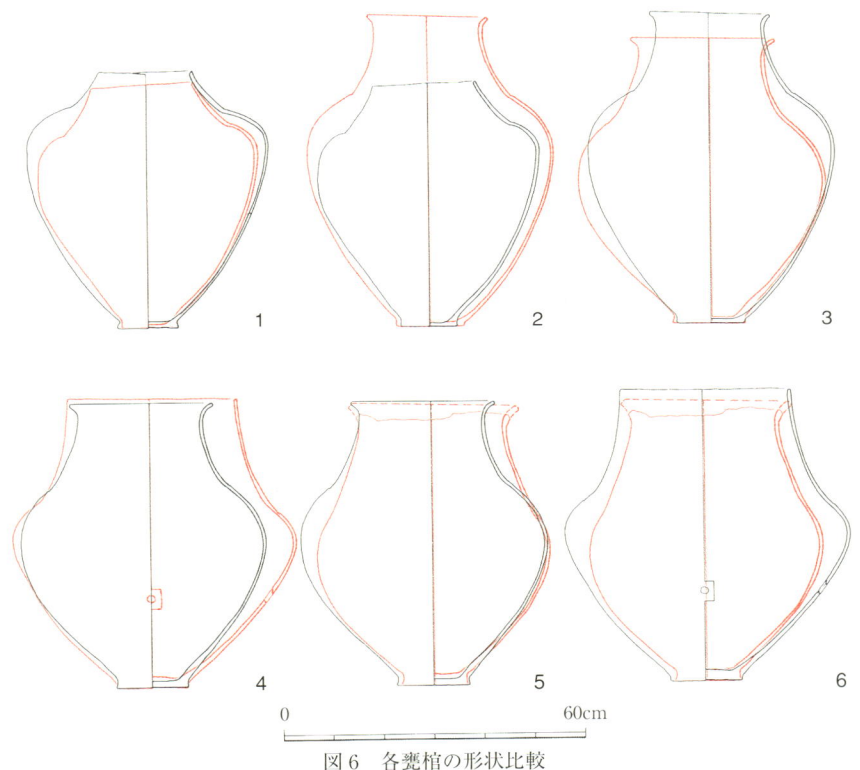

1：新町Ⅱ－01 1号墓・新町25号墓　　2：新町25号墓・新町20号墓　　3：新町20号墓・新町18号墓
4：新町18号墓・新町Ⅱ－05 2号甕棺　5：新町18号墓・新町Ⅱ－05 1号甕棺
6：新町Ⅱ－05 2号甕棺・新町Ⅱ－05 1号甕棺

　形状を比較することとした。あわせて夜臼式の中での古・新の要素，夜臼式と板付Ⅰ式の比較，板付Ⅰ式の中での古・新の要素を同様にして比較し，説明を加えよう。
　まず曲り田（新）式の新町Ⅱ－01の1号墓甕棺（黒色）と夜臼式とした新町25号墓甕棺（朱色）とを比較してみよう（図6－1）。新町25号墓甕棺は新町Ⅱ－01の1号墓甕棺よりも少し小振りの壺であるのに肩部径は33.7cmを測り，Ⅱ－01の1号墓甕棺の肩部径30.8cmをしのいでいる。さらに胴部最大径は25号墓甕棺が43.3cmを測るがⅡ－01の1号墓甕棺は48.0cmを測る。した

がって胴部最大径の位置・肩の張りはⅡ－01の1号墓甕棺が勝っている。頸の内傾度についても25号墓甕棺の断面を図示した部分など一部強いところもあるが，明らかにⅡ－01の1号墓甕棺よりは弱い。したがってこの両者はⅡ－01の1号墓甕棺が25号墓甕棺より古い要素をもつといえる。

　次に新町25号墓甕棺（黒色）と新町20号墓甕棺（朱色）を比較してみよう（図6－2）。25号墓甕棺に対して20号墓甕棺が胴部最大径がやや下位に位置し肩の張りが弱くなりなで肩を呈していることが明らかである。したがってこの両者は25号墓甕棺が20号墓甕棺より古い要素をもつと指摘できる。

　次に新町20号墓甕棺（黒色）と新町18号墓甕棺（朱色）を比較してみよう（図6－3）。18号墓甕棺の口・頸部が発達し，胴部最大径は20号墓甕棺よりさらに下位に位置し，肩はなだらかでなで肩を呈している。また長胴を呈してはいるが胴の高さが低くなっていることも指摘できる。したがってこの両者は20号墓甕棺が18号墓甕棺よりも古い要素をもつといえる。また18号墓甕棺は夜臼式大形壺のなかでは最も新しい要素をもち夜臼式の最終末の形態として位置づけられる。

　次に夜臼式の新町18号墓甕棺（黒色）と板付Ⅰ式の新町Ⅱ－05の2号甕棺（朱色）とを比較してみよう（図6－4）。Ⅱ－05の2号甕棺は18号墓甕棺に比し大きいにもかかわらず肩の位置が下がり，口・頸部が大いに発達していることを指摘できる。口・頸部の発達にしたがって夜臼式最終末の18号墓甕棺よりもさらに胴高が低くなり胴部は全体として扁球形を呈しているといえる。形態変遷の過程からいえば明らかにⅡ－05の2号甕棺が新しい。

　次に夜臼式の18号墓甕棺（黒色）と板付Ⅰ式のⅡ－05の1号甕棺（朱色）を比較してみよう（図6－5）。ほぼ同大の器高であるが，18号墓甕棺に対してⅡ－05の1号甕棺は口・頸部が発達し，肩の位置が低く胴部最大径はさらに下位に位置することがわかる。そして肩の張りはなく頸から肩・胴へ

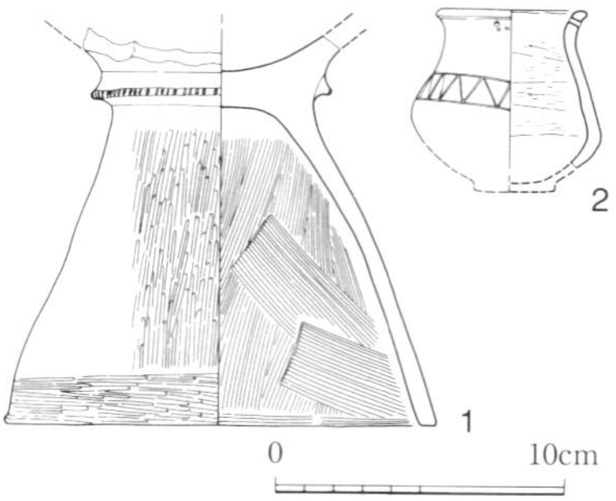

図7　甕棺の共伴遺物
1：新町25号墓甕棺内出土の高坏
2：新町20号墓副葬小壺

となだらかに連なる。以上の形態的特徴は明らかに18号墓甕棺よりⅡ－05の1号甕棺が後出するものであることを示している。

　最後に新町Ⅱ－05の2号甕棺（黒色）とⅡ－05の1号甕棺（朱色）を比較してみよう（図6－6）。口・頸部の発達の度合い，肩の位置などについてはほぼ変わりはないが，胴部最大径の位置が2号甕棺より1号甕棺が下位にあり，1号甕棺の肩の張りはほとんどなく次の甕棺専用の大形甕棺KⅠa式へと自然と連続する形態を示すことから，板付Ⅰ式のなかでは1号甕棺が新しい要素を示すものであると指摘できる。

　図8－7・8にKⅠa式の福岡県筑紫野市剣塚7号甕棺[20]と石崎曲り田6号甕棺[21]を図示した。剣塚7号甕棺はこの時期のものとしては比較的小形のもので，上甕には口縁と口縁下凸帯に刻目を施したいわゆる亀の甲型の鉢を用いている。下甕は外反する口縁内側に粘土帯を貼付し，口縁端の上下に刻目を施す。頸は新町Ⅱ－05の1号甕棺と同程度にすぼまり，肩には1条の沈線をめぐらしている。長胴形を呈し，胴部最大径は胴部上半にある。胴の中程に径3cmほどの穿孔が認められる。上・下甕ともにヘラミガキが施されているが，丹塗りは認められない。下甕の器高52cm，口径35cm，肩部径35.3cm，胴部最大径41.8cm，底径10.8cmを測る。

　曲り田6号甕棺は単棺で埋葬の傾斜角は59度とかなり急である。墓壙壁には60×30cm，厚さ15cmの支石墓の支石の一部と思われる砂岩がおかれ，この石と甕棺との間には25×18cm，厚さ10cmほどの花崗岩角礫がおかれていた。甕棺内からは底部に落ち込んだ状態の保存不良の人骨が出土した。性別は不明，年齢は成年と推定されるが，臼歯の咬耗の度合いが弱く若年の可能性もある。甕棺は大きく外反する口縁内側に粘土帯を貼付し，口縁下端に刻目を施す。頸部は強くすぼまり，肩には2条の沈線をめぐらしている。長胴を呈するが，胴部最大径は中程にあり，胴部は大きく張り出している。器面調整はヘラミガキを施すが，丹塗りは認められない。器高84.3cm，口径61cm，頸部最小径46.8cm，胴部最大径は64.6cm，底径18.4cmを測る。大形甕棺である。

　KⅠa式の大小の甕棺を図示し，板付Ⅰ式の新しいものと比較したが，口縁内側に粘土帯を貼付すること，口縁端に刻目を施すことなどを除けばよく類似することがわかる。曲り田6号甕棺のように85cmほどの大形のものになると

器壁も当然厚くなり，その重みなどから製作過程で少々器形がくずれ，下ぶくれになってはいるが基本形は一緒といってよい。したがってＫⅠa式の甕棺は板付Ⅰ（新）式に直結することは疑いなく，著者がかねがね主張しているように板付Ⅱ式の古い段階すなわち板付Ⅱ（古）式に比定できることはいうまでもない。

　さてここまで大形甕棺成立以前の甕棺の変遷を中心にしてみてきた。ここで甕棺の編年に直接関連するものではないが，埋葬法のなかで早期と板付Ⅰ式との間に顕著な差が認められる石の用い方について述べ論拠の補強を行なってみ

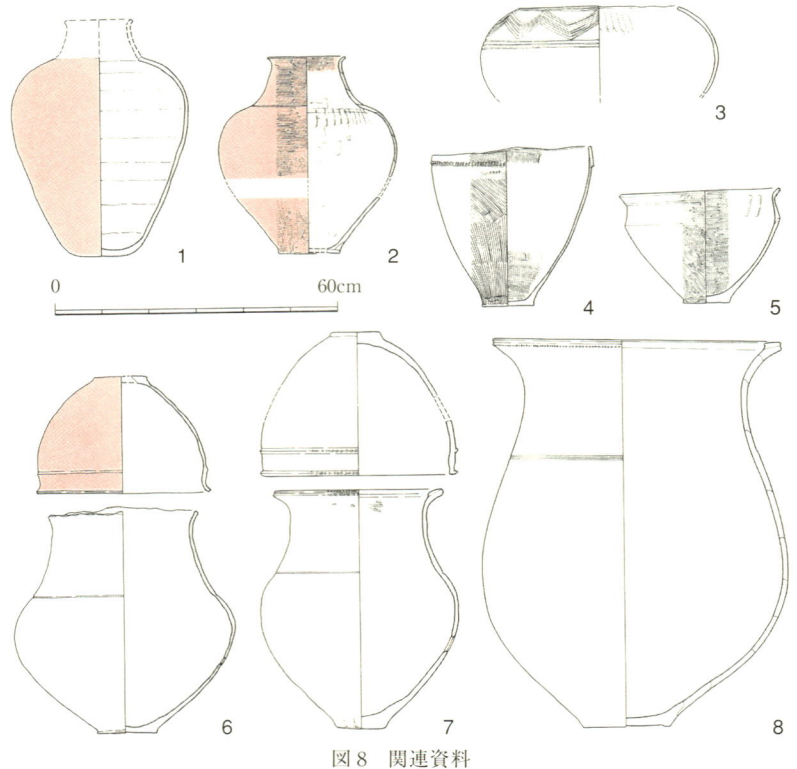

図8　関連資料
1：原山1号支石墓下の壺　2：新町25号墓上甕　3：三雲加賀石2号甕棺上甕
4：新町20号墓上甕　5：新町Ⅱ－05　1号甕棺上甕　6：三雲加賀石1号甕棺
7：剣塚7号甕棺　8：曲り田6号甕棺

たい。

　曲り田（新）式の新町Ⅱ-01の1号墓甕棺は65×68cmほどの円形墓壙の中に甕棺を安定させるために15cm大の花崗岩礫を2個置き，甕棺を51度ほどの急な傾斜角で据えている。甕棺の口にも25×13×9cmの花崗岩小礫があったが，この甕棺上面は攪乱を受けた際に削平を受けていたが，その状況からは口縁・頸部付近にさらにいくらかの小礫が使用されていたことがうかがえた[22]。

　夜臼式の新町18号墓甕棺は90×100cmの墓壙内に大形壺を35度の傾斜角で据えているが，この甕棺を底部，胴部の両側から3個の花崗岩礫で固定していた[23]。

　夜臼式の新町20号墓甕棺は135×115cmほどの長円形墓壙内に25度以上の傾斜角で大形壺・甕を据えていたが，8個の花崗岩礫を用いて上・下甕棺を丁寧に固定していた[23]。

　夜臼式の新町25号墓甕棺は96×79cmの長円形墓壙内に40度強の傾斜角で大形壺を据えているが，それを4個の花崗岩板石を組んで固定する丁寧な作業を行なっている[23]。

　曲り田（新）式の長野宮ノ前1号墓甕棺は145×123cmの墓壙内に大形壺を45度ほどの傾斜角で据えているが，甕棺の底面には拳大の河原石を環状にならべ，上甕下にも人頭大の花崗岩を敷き，固定している[24]。

　曲り田（新）式の宮ノ前39号墓は支石墓であるが，上石下は石囲い状の支石で東西壁面では大きな花崗岩を配しその間には小礫を詰めていた。内部主体は盗掘を受けているが現存長154cm，幅109cm，深さ33cmの土壙があり，その底面に木棺状の二次墓壙があり大形壺2個を用いた合せ口甕棺が盗掘で破砕された状態で出土し，木棺内に甕棺を埋納した可能性が指摘されている[24]。この破砕された甕棺にも小礫数個が混在し，石が用いられていたことを示している。

　板付Ⅰ式になると新町Ⅱ-05の1・2号甕棺ともに甕棺を固定したこれらの石はみられない[22]。三雲加賀石の9基の甕棺にもこの種の石は見られない[25]。このように大部分は石を用いなくなるが，ただ曲り田遺跡を含む石崎地区遺跡群の中の板付Ⅰ式およびKⅠa式の甕棺には頸部や合せ口を固定した石も認められる。しかし早期のもののように底部・胴部などを固定したものはなく石の

使用が一部に限定されていることを指摘できる。唐津地方・糸島西部地域の甕棺には直立・倒立または傾斜の強いものが多い。ＫⅠa式の石崎曲り田6・7号墓に用いられた石は棺を固定した役割の石もあるが，やや大きめのものは支石墓の支石と考えられるものである[26]。上部構造としての支石墓上石を適当な大きさに保つため必然的に墓壙を小さくし，内部主体の甕棺を直立・倒立・傾斜角を大きくするなどの埋葬法がこの地域で採用されたものと考えている。

甕棺の固定などのために石を用いることが弥生早期と前期では顕著に異なることを述べたが，木棺墓の場合でも新町遺跡・長野宮ノ前遺跡などの早期のものは木棺の棺台あるいは裏込などに石を多用しているが，板付Ⅰ式以後の木棺は新町などの砂丘遺跡をも含めて棺台・裏込などに基本的には石を用いる例はなく，甕棺と同様のことが指摘できる。

3) ま と め

大形棺成立以前の甕棺の編年を弥生早期から板付Ⅰ式および一部は大形甕棺として成立したＫⅠa式まで含めて論じてきた。ではこれら弥生早期から成立初期の甕棺の分布はいかなる状況かまず最初にみてみたい。

弥生早期の段階では前段階の縄文後・晩期の甕棺分布状況に類似しかなり広範囲にわたっている。佐賀県唐津市周辺，福岡県糸島郡，福岡市早良地区などの玄界灘沿岸部に分布することはもちろん，長崎県は北松浦郡，島原半島，佐賀県では脊振山系の南麓部，熊本県では水の山遺跡などの阿蘇山麓におよんでいる。以上の分布は縄文後・晩期からの甕棺葬の風習を伝統的に継承した結果であるといえる。

板付Ⅰ式になると，唐津地方，糸島地方，福岡市の早良平野を中心に分布し，一部福岡県小郡市付近にも存在するが[27]，分布範囲はかなり限定されている。福岡市および春日市を中心とする旧那珂郡，筑紫郡地区は今のところ空白となっている。支石墓の分布も空白の地域であり，今後の発掘調査の進展により支石墓・板付Ⅰ式の甕棺が発見されるものか現状のままなのか興味深いところである。

大形甕棺が成立するＫⅠa式およびＫⅠb式の分布をみると板付Ⅰ式の段階で空白であった旧那珂郡・筑紫郡はもちろんのこと，この時期には佐賀県呼

子町大友遺跡[28]などのように唐津市の西方にも分布が拡大し一部五島列島にも及んでいる[29]。東は福岡県宗像郡玄海町鐘崎遺跡[30]，福岡県飯塚市立岩遺跡[30]にも拡大し，板付Ⅰ式の分布圏外であった佐賀県の脊振山系南麓部まで拡大している。ところが大形甕棺がほぼ定着する弥生前期末のKⅠc式の段階で甕棺分布圏の大勢は基本的に形成されたといえる。一部の例外を除き，基本的には北は福岡市の多々良川まで，東は八木山，米の山，冷水などの峠に妨げられて遠賀川流域には至らず，南は久留米市北部まで，脊振南麓では佐賀市嘉瀬川流域までを西限とする地域にほぼおさまるといえる。この基本的な甕棺分布圏の枠を超えて福岡県古賀市鹿部皇石神社[31]，福岡県飯塚市立岩遺跡[32]，佐賀県武雄市釈迦寺遺跡[33]，長崎県大村市富の原遺跡[34]などがあるが，これらの甕棺墓群は青銅器・鉄器などの副葬品をもつものが存在しその地域における首長層一族の墳墓とみられ，基本的甕棺分布圏の大部分の甕棺墓群とは様相を異にするものと考える。

次に弥生早期から板付Ⅰ式の大形壺を用いた甕棺内からの人骨出土例はきわめて少ないが，実例をあげてこの時期の甕棺がいかなる年齢階梯の埋葬に用いられたかをみてみたい。

夜臼式の新町18号墓甕棺内から下顎歯が若干出土した。歯牙の萌出状況から1〜2歳の幼児骨と鑑定されている[35]。

板付Ⅰ式のⅡ-05トレンチ1号甕棺内からは乳歯10本および岩様部錐体が出土し，6ヵ月〜7ヵ月の乳児骨と鑑定されている[36]。

同じく板付Ⅰ式のⅡ-05トレンチ2号甕棺内からは乳歯の破片若干が出土し，被葬者は乳児の可能性が大きいと鑑定されている[36]。

夜臼式の唐津市菜畑の大形壺を用いた甕棺墓からは頭蓋と大腿骨の一部が出土しているが，乳歯の萌出状況などから生後数ヵ月，少なくとも6ヵ月未満の乳児と鑑定されている[37]。

一方，新町遺跡では9号墓支石墓下の木棺内（板付Ⅰ式）から熟年の男性人骨が，11号墓支石墓下の土壙墓内（板付Ⅰ式）からは成年の男性人骨が，木棺墓と考えられる12号墓内（板付Ⅰ式）からは性別不明の成人人骨が，15号墓支石墓（板付Ⅰ式）の内部主体は木棺墓と考えられるが成年の女性人骨が，上石を失った16号墓支石墓（夜臼式）の内部主体は木棺墓と考えられるが成年・女

性の人骨が出土し，曲り田（新）式の木棺墓と考えられる19号墓からは熟年・男性，成年・男性2体の人骨が，上石を失った支石墓と考えられる22号墓（板付Ⅰ式）の内部主体は木棺墓と考えられるが，性別不明の成人と推定される頭骨・歯が，夜臼式の24号墓からは左大腿骨頸部に磨製石鏃の嵌入した熟年の男性人骨とその足下の小穴からは少年から若年へかけての上顎切歯片などが出土し，敵の首級が納められていた可能性が強い。上石を失った支石墓と考えられる38号墓（夜臼式）の内部主体は木棺墓と推定され，棺台と思われる壙底の石の間からは性別不明の成人人骨が，木棺墓と考えられる52号墓（夜臼式）からは成年の男性人骨が仰臥屈葬の姿勢で，夜臼式の53号墓からは歯が出土し性別は不明であるが歯の咬耗度から被葬者の年齢は成年と推定されている[38]。

　大形甕棺として成立したＫⅠa式の甕棺の場合を石崎曲り田遺跡を例にとってみてみよう。2号甕棺は倒立の甕棺で，下肢骨が出土し大腿骨の大きさなどからみて成人男性人骨と推定された。人体に刺突・射込まれたものと考えられる磨製石剣切先，磨製石鏃1，打製石鏃1が出土した。甕棺は底部を若干欠くが復原器高90.3cmの大形甕棺である。4号甕棺は覆口式の合せ口甕棺で，左右大腿骨・歯などが検出された。性別不明の成人人骨である。4号甕棺の口縁は打ち欠かれているが復原器高80cmほどの大形甕棺である。6号甕棺は埋葬の傾斜角の強い単棺で底部に落ち込んだ状態で人骨が出土した。性別は不明，成年の人骨と推定されるが上顎左小臼歯・左大臼歯の咬耗度から若年の可能性も考えられる。しかし若年といっても20歳に近いものである。器高84.3cmの大形甕棺である。7号甕棺は覆口式の合せ口甕棺で保存状態不良の人骨が出土した。性別不明の成人人骨である。下甕の器高64.8cm，上甕の器高66.1cmのやや小振りの甕棺であるが，頸部最小径が下甕で37.4cm，上甕で44.3cmと弥生早期から板付Ⅰ式の大形壺よりはるかに大きくなっており成人の埋葬を可能なものにしている。10号甕棺は埋葬傾斜角の強い覆口式の合せ口甕棺で，底部に落ち込んだ状態で人骨が出土した。性別不明の成人人骨である。10号甕棺の下甕は器高92cmの大形甕棺，上甕は復原器高82cmほどの大形甕棺である。11号甕棺は倒立の甕棺で，保存状態の悪い性別不明の成人人骨が出土した。甕棺は器高89.4cmの大形甕棺である[39]。

以上を総括すると，未だ弥生早期から大形甕棺成立時までの人骨出土例は数少ないが，大形壺を用いた早期から板付Ⅰ式までの甕棺には乳幼児が埋葬され，成人は木棺墓あるいは石棺墓などに埋葬されていることがわかる。これは前時代の縄文後・晩期にみられた火葬の風習を脱却して遺体をそのまま棺に埋葬する風習が生じ，成人と乳幼児の埋葬法が分化したことを示している。小児もしくは若年の人骨出土例はないが，弥生早期から板付Ⅰ式の大形壺の大きさ，特に頸部内径からは小児・若年の埋葬は無理であり，小児・若年は成人とほぼ同様のあつかいを受けたものと考えられる。例えば人骨の残りの良好な中期の甕棺などの例からすると，若年は成人と同様の扱いを受けすべて大形甕棺に，小児は一部は80cm以下のやや小形の甕棺と80cm以上の大形甕棺の両者に埋葬されている[40]。以上のことからも小児・若年は成人とほぼ同様のあつかいを受けたものと指摘できる。

　弥生文化の開始とともに支石墓が導入され，新たに木棺墓・箱式石棺などの内部主体が採用され埋葬法も一変したかに見える。ところが石崎曲り田遺跡の支石墓は上石が40×32cm，厚さ17cmのきわめて小形のもので，内部主体は径48cmほどの円形土壙で曲り田（古）式の小壺を副葬していた。主体部内には炭片がみられ，特に下位になるほど多くなり，また焼骨片も出土した。骨はあまりにも小片であって人骨か否かの確定はできなかったが火葬骨である可能性はきわめて高いものであった[41]。このように弥生早期の古い段階にあっては玄界灘沿岸部においても火葬骨と思われる小形の埋葬施設がわずかではあるが残存しており，縄文後・晩期の伝統を一部には未だ継承していたといえる。しかし玄界灘沿岸部では急速にこういう状態を脱却していったものと考えられる。

　長崎県原山遺跡の支石墓群は内部主体は石棺墓が多く，その長さはほぼ100cm以内におさまり80～90cm台のものが最も多く，さらに小形のものも存在する。この小形の内部主体については「支石墓の墓壙は縄文の伝統である極端な屈葬が守られている」と考えられている[42]。両腕を自然に腹上に置き，その上に強度に折り曲げた下肢を骨盤近くに来るまでに緊縛したかのような極端な屈葬を行なった山鹿貝塚16号人骨（成人・女性）の場合，頭から足首までの長さは90cmほどである[43]。この人骨の推定身長は145.9cmと低身長であり，

男性の場合はこのような極端な屈葬の場合でももう少し長さが必要と考えられる。強度に膝を曲げて仰臥屈葬された熟年・男性の山鹿貝塚7号人骨は頭から足首までの長さがほぼ100cmほどである。この人骨の推定身長は163.2cmである[43]。これを石棺の対角線を利用して埋葬すれば内法90cmほどでも無理して埋葬できないことはないかもしれないが，原山遺跡の石棺墓の大きさでは成人の埋葬は極端な屈葬の場合でも不可能ではなかったかと考えられる。また新町遺跡で強い屈葬が行なわれている19号墓・24号墓の場合でも頭から足首までほぼ100cmほどの長さである[44]。以上のことから原山遺跡の場合は新たな支石墓・石棺などを導入しているとはいえ，火葬墓を含めた再葬など縄文後・晩期の伝統を根強く残した小形の内部主体であったと理解すべきであろう。そして人骨出土例が皆無であることからも，その多くは火葬されたものと考えるのが妥当である。

　佐賀県久保泉丸山遺跡の支石墓群は土壙墓・石棺・甕棺および棺底に棺台と思われる石を置いたものがあり木棺墓も存在すると思われる。土壙墓などの数値は外法で報告されているが，内法からみると100cm以下のものが最も多く，次に120cm前後，110cm前後のものが多く，130cm以上は次第に減少するが150cm以上のものも数例存在する[45]。新町遺跡の仰臥屈葬の姿勢で埋葬された9号墓および11号墓の場合頭から足首まで110〜120cmの長さであり[44]，成人埋葬の場合強い屈葬でも100cm以上，強い屈肢の場合110cmほどが棺の内法として最低の線といえる。新町遺跡では9号墓で内法長158cm，11号墓で内法長133cm，15号墓（成年・女性）で内法長は120cmを測り[44]，いくらか余裕を持って棺がつくられているといえる。以上のことから久保泉丸山遺跡の場合は甕棺墓および内法長100cm以下の土壙墓は乳幼児を主として埋葬し，比較的数の多い110cm，120cm台およびそれ以上のものは主として成人を埋葬したものと考えられる。甕棺墓と内法長100cm以下のものの比率はおよそ30数％程度であり，弥生中期の甕棺墓群の乳幼児棺と成人棺の示す一般的な比率と同程度といってよい。内部主体は新町遺跡・長野宮ノ前遺跡などと比較しやや小形のものが多いとはいえ，原山遺跡とは異なり玄界灘沿岸部の様相に近いものといえる。

　ところで板付Ⅰ式までは大形壺を用いた甕棺は乳幼児の埋葬に用いられてい

たものが何故板付Ⅰ式に直結するKⅠa式の段階で大形棺が成立し成人埋葬専用の甕棺へと発展するのであろうか。最も考えられることは，乳幼児であっても甕棺に埋葬すれば人骨の残りがよいことが長年の経験の中から認識され大形甕棺製作へと進んでいったのであろう。そこには死後の再生を願う観念なども働いたものと考えられる。

　以上のことを結論的に述べれば，甕棺の発生過程は現在のところ外的要因によるものではなく，縄文後・晩期の系譜の中に源流を求められる可能性が最も高い。そして曲り田（古）式の段階で支石墓の内部主体としての木棺墓・石棺墓などが新たに導入され，縄文後・晩期にみられた火葬という埋葬法を脱却し，木棺墓・石棺墓などは主として成人の埋葬，甕棺は乳幼児の埋葬へと分化していき，この乳幼児の埋葬に用いられた大形壺が成人埋葬専用の大形甕棺へと発展していった。前期後半から中期前半にかけては木棺墓と共存しながら，おそらくは人骨の保存状態が良好という理由で次第に甕棺が木棺を凌駕していき，北部九州の弥生時代の埋葬習俗は甕棺葬であると一般にもよく知られているように弥生中期を中心として盛行することとなった。

註
(1)　橋口達也「甕棺の編年的研究」福岡県教育委員会『九州縦貫自動車道関係埋蔵文化財調査報告』ⅩⅩⅩⅠ―中巻―，1979年
(2)　橋口達也「甘木・朝倉地方甕棺についての若干の所見―とくに栗山遺跡出土甕棺を中心にして―」甘木市教育委員会『栗山遺跡』甘木市文化財調査報告12, 1982年
　　橋口達也「甕棺のタタキ痕」森貞次郎博士古稀記念『古文化論集』1982年
　　橋口達也「南筑後における甕棺の編年」瀬高町教育委員会『権現塚北遺跡』瀬高町文化財調査報告書3, 1985年
(3)　橋口達也「甕棺の編年的研究」1979年
　　橋口達也「南筑後における甕棺の編年」1985年
(4)　浄土院遺跡調査団『福岡県京都郡苅田町　浄土院遺跡調査概報』1972年
(5)　清野謙次『古代人骨の研究に基づく日本人種論』1949年
　　清野謙次『日本貝塚の研究』1969年
(6)　芦屋町教育委員会『山鹿貝塚』1972年
(7)　金関丈夫・原田忠昭・浅川清隆「熊本県下益城郡豊田村御領貝塚発掘の人骨について」『人類学研究』2-1, 1955年

坪井清足「熊本県御領貝塚」『石器時代』8，1967年
(8) 福岡県教育委員会『石崎曲り田遺跡』Ⅰ　今宿バイパス関係埋蔵文化財調査報告8，1983年
(9) 志摩町教育委員会『新町遺跡』志摩町文化財調査報告書7，1987年
(10) 志摩町教育委員会『新町遺跡』Ⅱ　志摩町文化財調査報告書8，1988年
(11) 橋口達也「日本における稲作の開始と発展」福岡県教育委員会『石崎曲り田遺跡』Ⅲ　今宿バイパス関係埋蔵文化財調査報告11，1985年
(12) 日本考古学協会西北九州綜合調査特別委員会『島原半島（礫石原・百花台・小ガ倉・小浜・原山）の考古学的調査第二次概報』1961年
(13) 佐賀県教育委員会『久保泉丸山遺跡』九州横断道関係埋蔵文化財発掘調査報告書5，1986年
(14) 佐賀県教育委員会『礫石遺跡』九州横断道関係埋蔵文化財発掘調査報告書9，1989年
(15) 福岡県教育委員会『石崎曲り田遺跡』Ⅱ　今宿バイパス関係埋蔵文化財調査報告9，1984年
(16) 前原町教育委員会『長野川流域の遺跡群』Ⅰ　前原町文化財調査報告書31，1989年
(17) 志摩町教育委員会『新町遺跡』Ⅱ，1988年
(18) 福岡県教育委員会『三雲遺跡』Ⅰ　福岡県文化財調査報告書58，1980年
(19) 津屋崎町教育委員会『今川遺跡』津屋崎町文化財調査報告書4，1981年
(20) 福岡県教育委員会『九州縦貫自動車道関係埋蔵文化財調査報告』ⅩⅩⅣ—下巻—，1978年
(21) 福岡県教育委員会『石崎曲り田遺跡』Ⅰ，1983年
(22) 志摩町教育委員会『新町遺跡』Ⅱ，1988年
(23) 志摩町教育委員会『新町遺跡』1987年
(24) 前原町教育委員会『長野川流域の遺跡群』Ⅰ，1989年
(25) 福岡県教育委員会『三雲遺跡』Ⅰ，1980年
(26) 福岡県教育委員会『石崎曲り田遺跡』Ⅰ，1983年
(27) 小郡市教育委員会『三国の鼻遺跡』Ⅱ　小郡市文化財調査報告書31，1986年
(28) 呼子町教育委員会『大友遺跡』呼子町文化財調査報告書1，1981年
(29) 長崎県教育委員会『宇久松原遺跡』長崎県埋蔵文化財調査集報Ⅵ　長崎県報66，1983年
(30) 鏡山　猛「甕棺累考（二）」九州史学会『史淵』55，1953年
(31) 日本住宅公団『鹿部山遺跡』1973年
(32) 福岡県飯塚市立岩遺蹟調査委員会『立岩遺蹟』1977年
(33) 武雄市教育委員会『釈迦寺遺跡』武雄市文化財調査報告書24，1990年
(34) 大村市教育委員会『富の原』大村市文化財調査報告書12，1987年
(35) 志摩町教育委員会『新町遺跡』1987年

(36)　志摩町教育委員会『新町遺跡』Ⅱ, 1988 年
(37)　唐津市教育委員会『菜畑』唐津市文化財調査報告 5, 1982 年
(38)　志摩町教育委員会『新町遺跡』1987 年
(39)　福岡県教育委員会『石崎曲り田遺跡』Ⅰ, 1983 年
(40)　橋口達也「永岡遺跡出土の甕棺および甕棺墓」筑紫野市教育委員会『永岡遺跡』Ⅱ　筑紫野市文化財調査報告書 26, 1990 年
(41)　福岡県教育委員会『石崎曲り田遺跡』Ⅰ, 1983 年
(42)　日本考古学協会西北九州綜合調査特別委員会『島原半島（原山・山の寺・礫石原）及び唐津市（女山）の考古学的調査』1960 年
(43)　芦屋町教育委員会『山鹿貝塚』1972 年
(44)　志摩町教育委員会『新町遺跡』1987 年
(45)　佐賀県教育委員会『久保泉丸山遺跡』1986 年

3 甕棺の編年的研究

1) 研究略史

　弥生時代の北部九州には，大形甕を棺として用いた特殊な埋葬法が発達した。これは木棺・箱式石棺・土壙墓などと異なり，棺自体が編年可能であるという有利な条件をもつとともに，中国・朝鮮などで製作・使用された実年代が知られている青銅器などの舶載品を副葬したものも存在し，これらの舶載品の示す年代から甕棺の相対的年代にある程度絶対年代を与えうるという好条件をも具備している。

　古墳発生などの諸問題の解明にとって，弥生時代の占める歴史的位置はきわめて重要なものである。近年これらの問題を目的意識的に追求する試みも多くなりつつある。しかるに弥生時代の二大中心地といわれる畿内と北部九州の研究者の間に，きわめて大きな年代観のずれがあって，共通の土台の上に立った討論を行なうには一定の困難な状況が存在している。このような状況を打ち破るためには，隣接諸地域の併行関係を確定していく全国的な共同研究を行なう必要がある。しかしこれは長期にわたることは必至であり，今後の課題とせざるを得ない。

　まずここ近年の甕棺編年の研究史を概略的にみて問題点を整理し，本論に入りたい。

　森貞次郎は1966年の段階で甕棺墓とその年代にふれ[1]，「前述のように南鮮の支石墓社会層が木棺墓社会に接触してその水準がこれにちかくたかめられたときをもって弥生前期末中期初頭と考えるならば，中期中ごろの須玖式土器の甕棺に前漢鏡が伴うことから，中期初頭の弥生文化は紀元前108年の真番郡設置のころ，中期中ごろの弥生文化は北部九州人が直接楽浪に接触した真番郡廃止よりのちの前1世紀中葉から後半にあたるとみられはしない

伯玄式	———	前期後半
金海式	———	前期末
城の越式	———	中期初頭
汲田式	———	中期前半
須玖式	———	中期中頃
立岩式	———	中期後半
桜馬場式	———	後期初頭
三津式	———	後期中頃
日佐原式	———	後期末

だろうか」とし，中期初頭を紀元前108年頃，中期中ごろを紀元前1世紀中葉〜後葉に位置づけている。

1968年の段階では，細形銅剣の流入を考察する中で，甕棺の編年を体系づけ，前頁のように分類した[2]。

この中で年代論にもふれ，「かりに古式の細形銅剣によって象徴される舶載文化を第1期細形銅剣文化，新式の細形銅剣によって象徴される舶載文化を第2期細形銅剣文化とよぶと，後者が西暦前108年の楽浪郡設置の時を遡るものではないことが推定される。第1期細形銅剣の上限については一応間接であるが，西暦前222年の秦始皇25年銘の銅戈の時期よりあまり遡ることはないとみられる。わが国への舶載の時期については，朝鮮半島で製作—舶載—副葬の段階が各型式の序列の如く混乱なく行なわれ，しかもその間にあまり永い時間を要しなかったとすれば，朝鮮半島の事物で示された上限年代からあまり引き下げなくてもよいわけである。かりにこれを半世紀とやや大幅にとってみると，わが国における第1期文化の開始は西暦前170年代，その第2期文化の開始は西暦前50年代ということになる」。これは森の土器形式にあてはめると，前期末が紀元前170年代，中期中頃が，紀元前50年代に開始されるということになる。

以上の森貞次郎の研究を継承しつつ，その後の甕棺編年は行なわれているといえる。

折尾学は金隈遺跡の報告の中で次のような編年観を示した[3]。

```
金隈Ⅰa式                              K103
   Ⅰb式      （金 海 式，前期末）     K102
   Ⅱa式      （城ノ越式）              K30
   Ⅱb式      （汲 田 式，中期前葉）   K29, K43, K83, K89
   Ⅲa式      （須 玖 式，中期中葉）   K23, K61, K74
   Ⅲb式      （須 玖 式，中期中葉）   K13, K32
   Ⅲc式      （須 玖 式，中期中葉）   K125, K127
   Ⅳ式       （立 岩 式，中期後葉）   K12, K35
   Ⅴ式       （桜馬場式，後期初頭）   K96, K135
```

このなかで，Ⅲa式はⅡb式と一見したところあまり変化はなく，口縁下に凸帯が出現し，胴部には三角凸帯2条が付され，Ⅲc式では胴部にコ字の凸帯2条が付されるとし，a，b，cの形態が新旧を示す形態として把握されるものかは大いに考察の余地を残すとしている。1971年の段階で，甕棺墓群の体系的な報告がなされたのはこの金隈遺跡のみであったといえる。一部Ⅳ式（立岩式）としたものは，著者の編年によるKⅡb式，KⅡc式の丸味をもつ甕棺いわゆる中期前半のものを持ってきたという誤ちがあるとはいえ，この段階で最も優れた考察の一つであり，現在でも分類の大綱はⅣ式をのぞきほぼ同意できる。

岡崎敬は同じく1971年に，表1のような編年案を提示した[4]。

そして次のような年代観を展開する。「三雲・須玖・立岩にみるように前漢鏡を多数副葬し方格規矩四神鏡のごとき王莽代から後漢初期にかけての鏡を共伴していないことは，この鏡が前漢代に渡来して後漢の初め以前に埋納されていたと考えるのが自然であろう。前漢代といっても，楽浪郡が現在の北鮮，平

表1　岡崎編年案

西暦	時代区分	弥生土器編年		土師器編年	主なる墳墓	主なる共伴遺物
0 100 200	弥生時代	板付Ⅰ式 板付Ⅱ式 板付Ⅲ式	（伯玄式） （金海式）		五反田 伯玄 板付	銅剣，矛
		城ノ越式 須玖Ⅰ式 〃Ⅱ式 〃Ⅲ式	（汲田式） （須玖式） （立岩式）		宇木汲田 三雲，須玖 立岩	多鈕細文鏡 前漢鏡 〃
		原ノ辻上層 弥永原 狐塚Ⅰ式 〃Ⅱ式	（桜馬場式） （三津式） （神在式）		桜馬場，井原 三津永田 日佐原 宮ノ前	方格規矩四神鏡 内行花文鏡 弥生仿製鏡
300			→	狐塚Ⅲ式		

壌市の近郊におかれたのが，武帝の元封2年（前109）のことであり，これを上限とし，この3遺跡の年代は，前1世紀，おそくとも後1世紀の前半を遠く下らぬであろう」とする。次に桜馬場と井原ヤリミゾを「同時期のものとすることが可能」であり「流雲文縁方格規矩四神鏡は王莽代より後漢代初期に盛行したもので，ここでは長宜子孫内行花文鏡がないことを注意すべき」であるとして，建武中元2年に光武帝が倭の奴国に与えた金印が，志賀島発見の「漢委奴国王」印であるとして，この「金印にともなって鏡がおくられたことを想像し」，「この時期の鏡は当然方格規矩四神鏡であり，桜馬場，井原ヤリミゾ両遺跡の方格規矩四神鏡埋納の上限を紀元57年におき，1世紀後半，おそくとも2世紀前半を遠く下らないであろう」とする[5]。また「狐塚I・II式の時期は2世紀前半より3世紀前半にあてることも可能であろう。これにひきつづく土師器の狐塚III式も3世紀にあてることができよう」としている。

　さらに岡崎は1977年に，立岩の鏡の年代にふれて[6]，「立岩の鏡は洛陽焼溝漢墓第2期，中国でいう昭明鏡・日光鏡が主体であり，これは宣帝代（前74～49）・元帝代（前49～33）のものである。立岩の鏡の埋葬の上限はここにおかれる。また立岩の鏡にはその次の段階である変形四螭鏡や王莽新代の規矩鏡を一面もまじえていないことも注意される。おそらく少なくとも方格規矩鏡が入る直前までに埋葬されたとする見方が成立する。そうすれば前1世紀後半から紀元1世紀前半にその埋葬を考えるのは妥当と考えるのである」とし，また三雲1号棺，須玖岡本との関係にふれ，「鏡よりいえばこの埋葬および副葬の時代は時代的には三者さほどことなるところがない」と見解を示している。

　小田富士雄は1973年に甕棺の編年にふれているが[7]，小田独自の見解の展開はなく，それまでの編年を概観したものといえる。しかしこの中で若干年代論にふれて「いずれにせよ，わが国における朝鮮製青銅利器登場の契機は漢の楽浪郡設置（紀元前108年）に求められるであろうから，前期末から中期に移行する実年代をほぼ知ることができよう」とし，また編年論にもふれて「金海式から三津式におよぶ甕棺編年は，朝鮮系青銅利器・中国鏡・国産青銅器の組み合わせや形式分類が，編年的序列を違えることなく順を追うて副葬されているという事実が主となり，これに甕棺の形式観が加えられてきたものであった。したがって，墳墓以外の遺跡から発見される土器の組合せを主としてつくられ

た土器編年よりも細分される傾向があることは否定できないところである」とする。

高島忠平は1977年に,「前・中・後期といった時期区分は弥生時代の文化の推移・発展の認識を目的としたものであって弥生土器の様式・編年を目的としたものではないということである。またこの3期区分は,あくまで土器様式が基準になっていることである。したがって弥生研究における前・中・後期の枠組は,土器様式によってなされる筋合いのものである」と述べ,「しかし,今日ではそうした3期区分の研究史過程が看過され,文化要素や文化論が逆に土器様式決定の基準となるような傾向が一部にある。学史的論証過程を無視した文化論のみの"ひとりあるき"である」と一部にある傾向を批判し,「土器論の立場から甕棺の型式変化の動因を概括」している。高島の編年は森貞次郎の業績をふまえつつ,Ⅰ～Ⅹ式に分類している。

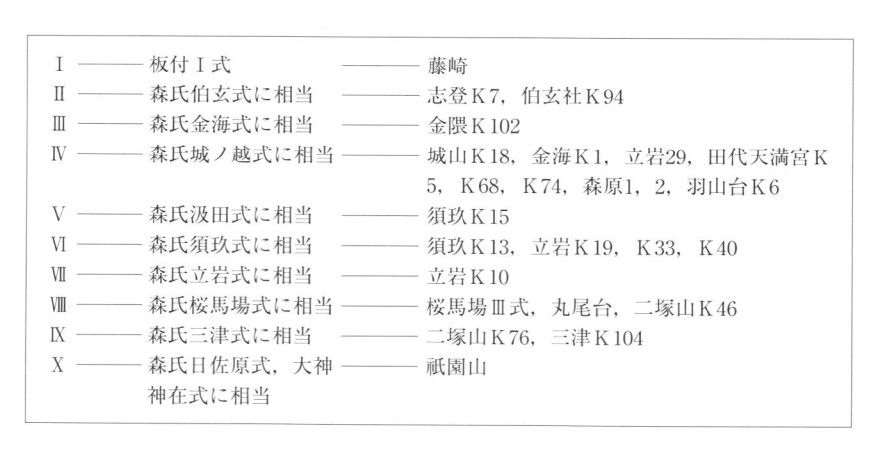

Ⅰ	板付Ⅰ式	藤崎
Ⅱ	森氏伯玄式に相当	志登K7,伯玄社K94
Ⅲ	森氏金海式に相当	金隈K102
Ⅳ	森氏城ノ越式に相当	城山K18,金海K1,立岩29,田代天満宮K5,K68,K74,森原1,2,羽山台K6
Ⅴ	森氏汲田式に相当	須玖K15
Ⅵ	森氏須玖式に相当	須玖K13,立岩K19,K33,K40
Ⅶ	森氏立岩式に相当	立岩K10
Ⅷ	森氏桜馬場式に相当	桜馬場Ⅲ式,丸尾台,二塚山K46
Ⅸ	森氏三津式に相当	二塚山K76,三津K104
Ⅹ	森氏日佐原式,大神神在式に相当	祇園山

この中で,とくにⅢ,Ⅳ式の問題で「これまで,金海出土の甕棺を一括して前期末の標式的なものとして,一般にとらえてきているが,新旧の区別が必要であろう」とし,新式のものはⅣ式へ下げて考える見解を示している。また,Ⅹ式については「いわゆる西神町式の技法と一致する。画文帯神獣鏡を副葬した福岡県祇園山の甕棺が代表例で,西神町式というべきであろうが,Ⅹ式のあるものは,あるいは古墳時代のもので,土師器の可能性もある」としているところが注目される[8]。

高倉洋彰は1978年に，大形甕棺編年の方法的問題に言及している[9]。高倉の編年論は必ずしも土器論ではなく，きわめてユニークな見解を展開しているので，主要な点を紹介する。高倉は森と折尾の編年観を対比しつつ，おもに城之越式の問題を取り上げ，金隈を例にして，「城ノ越の大形棺が金隈遺跡ではほとんどみられないことは，換言すれば，城ノ越式に一定の時間を与えた場合，連続性をもって展開するこの墓地に，中期初頭の段階で断絶が生じるという問題がそこにある」。また，宇木汲田を取り上げ，「この遺跡においても城ノ越式は小児棺にのみみられた。やはり城ノ越式は形態変化のプロセスとしては存在するものの，大形甕棺の編年から除かれるべきであろう」とする。次に「折尾編年を将来にわたって普遍性，有効性を有する編年案として評価したい」として折尾編年と森編年との対応から次のような編年案を提示している。

金隈式（前期後半）	伯玄式，金海式＝金隈Ⅰ式に相当
汲田式（須玖Ⅰ式，中期前半）	須玖K15を標識とする
須玖式（須玖Ⅱ式，中期中頃）	須玖K13を標識とする
立岩式（須玖Ⅲ式，中期後半）	須玖K10を標識とする
桜馬場式（一ノ谷式，後期後半）	桜馬場式，三津式に相当

　そして，結論的には「型式分類として，森編年は正しいと考える。そこに他の概念，この場合は時間，を持ち込むことにむしろためらいを感じる。しかし編年である以上そこには当然時間の概念が必要である。したがって，前項での型式設定は，汲田式・須玖式云々とするよりもむしろ時間の尺度のメルク・マールとしての汲田期・須玖期云々と表現した方が適切かもしれない」として「……（中略），土器の編年がタイム・テーブルの役割を果たす以上，前期・中期の区分には，できれば社会的背景を求めたい。社会に土器を規制させようと考えるのである」と高倉独自の見解を展開している。
　以上，甕棺の全期間にわたって論じたここ十数年の編年論をとりあげた。ここには，土器論としての編年論，副葬品を中心に年代論を展開した編年論，また社会に土器を規制させようとする見解などの諸傾向がある。しかしながらいずれにしても，森貞次郎の先駆的業績をふまえ，またはさけては編年論を論じられないことを示している。

いま個々の問題点については必要に応じて言及することとして，問題点を整理してみよう。

大形甕棺は冒頭でも述べたように，埋葬専用として北部九州を中心にして特殊に展開した土器である。しかしながら土器である以上は，棺専用の特殊な要素に加えて，生活用としての日常容器と対応する普遍性が認められるものと考える。したがって埋葬用甕としての甕棺のみが「墳墓以外の遺跡から発見される土器の組合せを主としてつくられた土器編年よりも細分される傾向がある」という点は，今まではそういう傾向があったとしても納得できない。日常容器の分類がおくれているという反省にたつべきであろう。土器の細分にも異論があるようであるが，いたずらな細分を行ない混乱するような傾向には反対するが，一定の細分は必要であると考える。

このような観点から，今までの成果をふまえつつ，第一に甕棺の形態論を中心にして，切合い，セット関係なども考慮しつつ甕棺の型式分類を行なう。次に，分類した甕棺と対応するつまり併行関係にある日常容器を甕棺に転用された小形棺および甕棺墓地の供献土器，甕棺の副葬小壺などを中心にしながら抽出し，編年を日常容器にも及ぼしたい。

本来は，このようにして編年された日常容器から隣接諸地域，つまり玄界灘沿岸部，佐賀地方を中心としたいわゆる須玖文化圏と，遠賀川流域，豊前地方との併行関係，豊前と周防との関係という形で追求し，西日本全域での併行関係を論じるべきであるが，この問題は割愛したい。

最後に分類した甕棺と副葬品との関係を論じ，相対年代に絶対年代を付与する作業を行なう。

2) 甕棺の型式分類

まず大形甕棺の型式をKⅠ～KⅤ期の5期に大別する(Kは甕棺を示す略記号として使用)。前期をKⅠ期とし，中期を口縁下に凸帯のない時期と，口縁下凸帯出現以後の時期に二分し，前者をKⅡ期，後者をKⅢ期とする。明瞭な稜を有するく字口縁の出現から基本的に甕棺が終焉するまでの時期（後期前半）をKⅣ期，基本的に甕棺葬が終焉した後，残存する甕棺と，糸島地方に特殊に展開する後期後半以後の甕棺をKⅤ期とする。

5期に大別した甕棺を，さらにＫⅠ期をa～c，ＫⅡ期をa～c，ＫⅢ期をa～c，ＫⅣ期をa～c，ＫⅤ期をa～fに細分し，計18形式を設定する。

ＫⅠ期の甕棺
ＫⅠa式の甕棺(図9)

壺が大形化したものであるが，まだ80cmをこえるものはほとんどなく，60～70cm台のものが多い。壺の形態を残すというよりもそのものである。口縁は外反し内側には粘土帯を貼付する。口縁端の上下，または下端のみに刻目を施す。口縁下は段を形成し，古い要素をもつ。肩部は段をつくるか，または沈線を付す。頸部は大きくすぼまり，前期壺に通有の内側に彎曲する曲線をもつ。胴部は上位に最大径があり，底部は大きく分厚いものが多い。器壁も分厚い。

器面調整はハケ目の後ヘラミガキを行なう。焼成はやや軟質で，灰黄色を呈するものが多い。図示したうち，剣塚K7は，報告者は剣塚の甕棺をⅠ期（板付Ⅱa式），Ⅱ期（板付Ⅱb式）に分け，板付Ⅱa式の小壺を副葬した木棺墓を切っていること，また上甕が亀ノ甲タイプの鉢であるということからⅡ期に下げ，次のＫⅠb式と同型式と考えている[10]。いわゆる亀ノ甲式または亀ノ甲タイプとよばれる土器が，どの時点で出現するかはきわめて興味のある問題であるが，今は報告のとおり，この剣塚K7を甕棺墓としては次のＫⅠb式に下がるとしても，下甕に使用された大形壺はここで分類したＫⅠa式の諸特徴を示している。

この型式の甕棺は，福岡県筑紫野市剣塚，前原市志登[11]，筑紫郡那珂川町瀬戸口などにみられるが，現段階では未だ類例は少ない。

ＫⅠb式の甕棺(図10)

壺から発達した形態的特徴をよく示している。まだ60～70cm台のものが多いが，90cmをこすような大形品も出現し，次第に甕棺として定着していく傾向が見られる。

口縁は外反し，口縁内側には粘土帯を貼付し，口縁端の上下両端に刻目を施す。口縁下は段を形成せず，2～3条の沈線を施すものが多い。肩部も2～3条の沈線が施されるのが多くなるが，金隈K103，中・寺尾K4，K24上[12]などのように三角凸帯を貼付し，刻目を施すものもある。ＫⅠa式との最も大き

42　Ⅱ　甕棺をめぐる諸問題

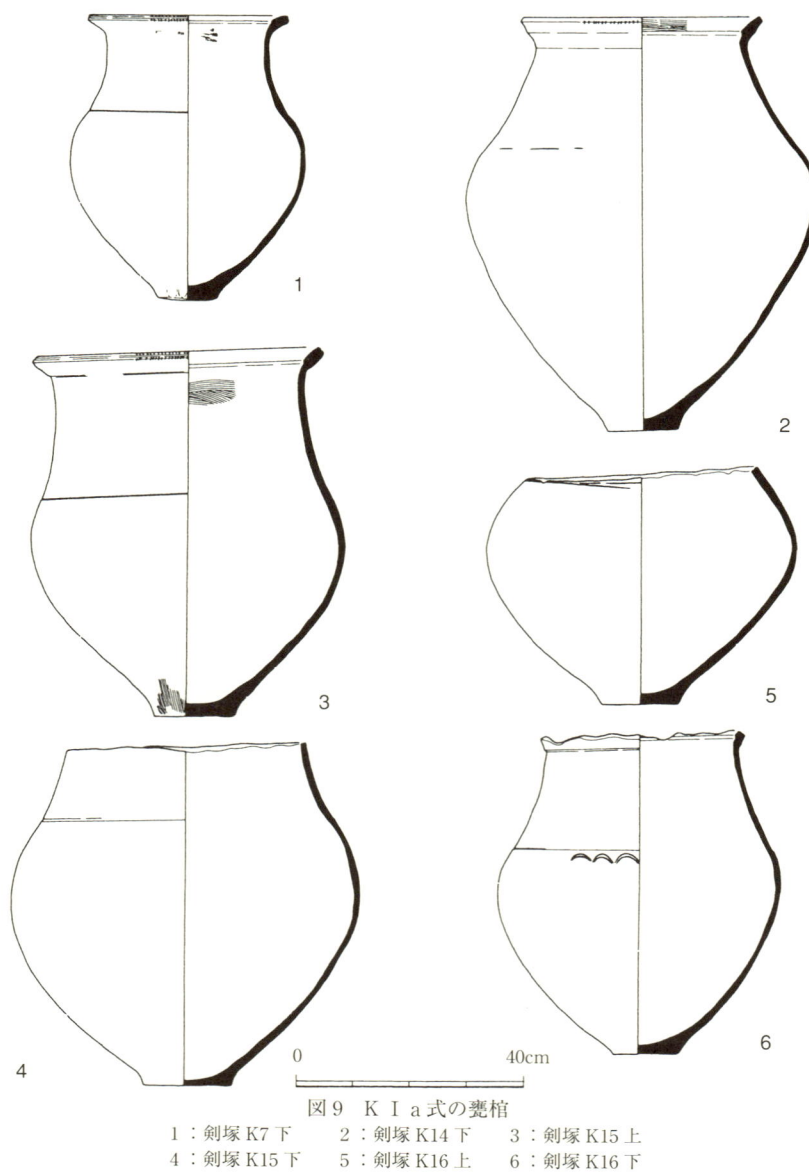

図9　KⅠa式の甕棺
1：剣塚K7下　　2：剣塚K14下　　3：剣塚K15上
4：剣塚K15下　5：剣塚K16上　6：剣塚K16下

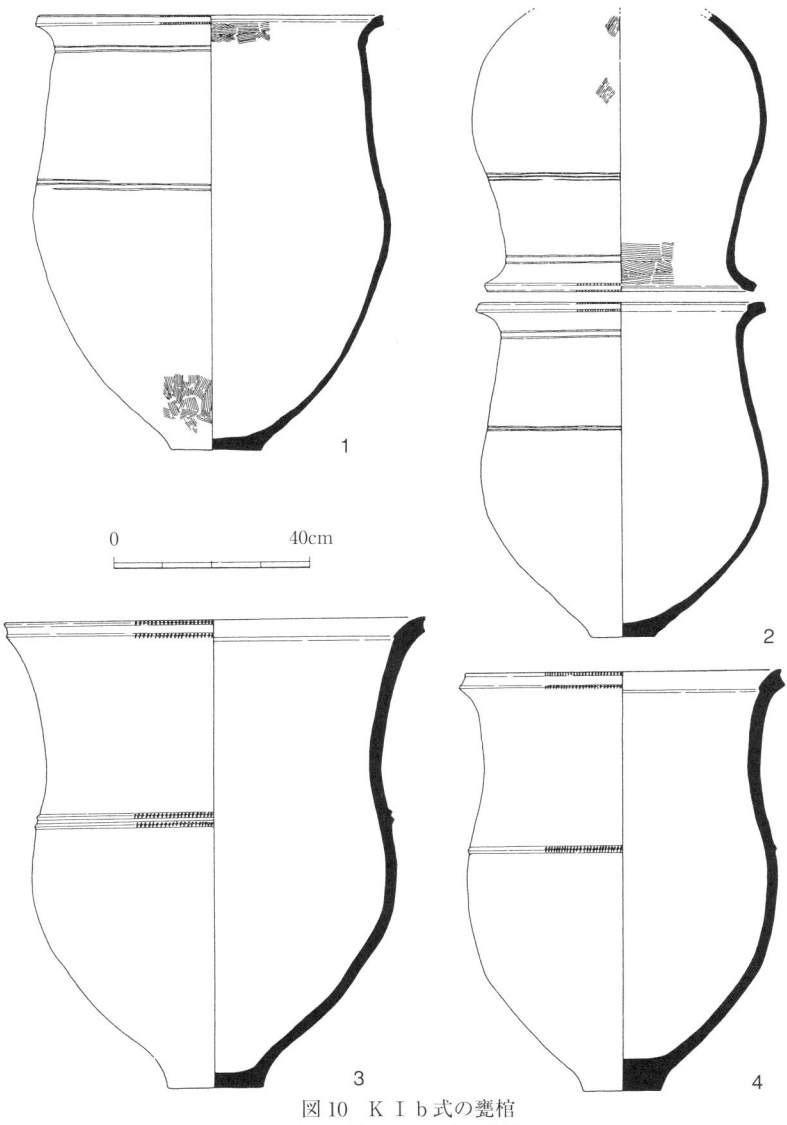

図10 ＫⅠｂ式の甕棺
1：中・寺尾 K2　2：中・寺尾 K17
3：金隈 K103下　4：金隈 K103上

な違いは頸部のすぼまりが小さいこと，つまり頸部の径を大きくし甕棺として より合理的になってきたといえる。しかし頸部の曲線は未だ内側に彎曲してお り，次のＫⅠｃ式と異なる。胴部最大径は上位にあり，底部は大きく，器壁は 分厚い。

器面調整はハケ目，ヘラミガキ，ナデの順で行なわれる。焼成は軟質で色調 も灰黄色を呈するものが多い。

この型式に属するものは図示したもの以外に，春日市伯玄社[13]，宗像郡玄海 町鐘崎[14]，唐津市中原[14]，同柏崎[14]出土の甕棺があげられる。

ＫⅠｃ式の甕棺(図11)

いわゆる金海式甕棺と呼称されてきたものである。壺から発達した形態的特 徴を残しているが，甕としたほうが適切であり，甕棺として定着したものとい える。まだ60〜70cm台のものもあるが，80cm台をこえるものが多くなる。

口縁はやや内に低く傾斜し，内側というよりも上端に粘土帯を貼付し，口縁 外側の上下には刻目を施す。口縁下は大きくすぼまるが，ＫⅠａ，ＫⅠｂ式で みられた頸部にあたる胴上半部は外側に張り出す曲線を示し，より甕棺として 合理的になったといえる。したがって胴部最大径は胴部の中位またはやや上位 にある。口縁下および前二者の肩にあたる部分に２〜３条の沈線をめぐらし， またその間に縦沈線２〜３条を数カ所施すものもある。底部は大きく，器壁は 分厚い。

器面の調整はハケ目，ヘラミガキ，ナデが併用されている。焼成はやや軟質 で，色調は灰黄色を呈するものが多い。

高島はこの型式(高島編年Ⅲ式)を新旧の二者に分け，新式を中期に下げて考 える見解を示している[15]。しかし甕棺の形態変遷は継起的，漸次的であって， 同一型式の中で古い要素を示すものから新しい要素を示すものがあるのは当然 であり，新しい要素をもつものが次の型式のものとセットになる例は多い。こ こで図示した有田Ｋ8も上甕はＫⅡａ式である。このような現象は住居跡など でもいえることであり，何ら矛盾はない。次の城之越式の甕棺が少ないという 認識から出た見解であろうと思われる。しかし後で述べるがＫⅡａ式の段階で， 主として筑前，筑後，肥前三国境の小郡付近から佐賀にかけてこの，いわゆる 〝金海くずれ〟ともいうべき，古い要素を残す中期の甕棺が存在しているのは

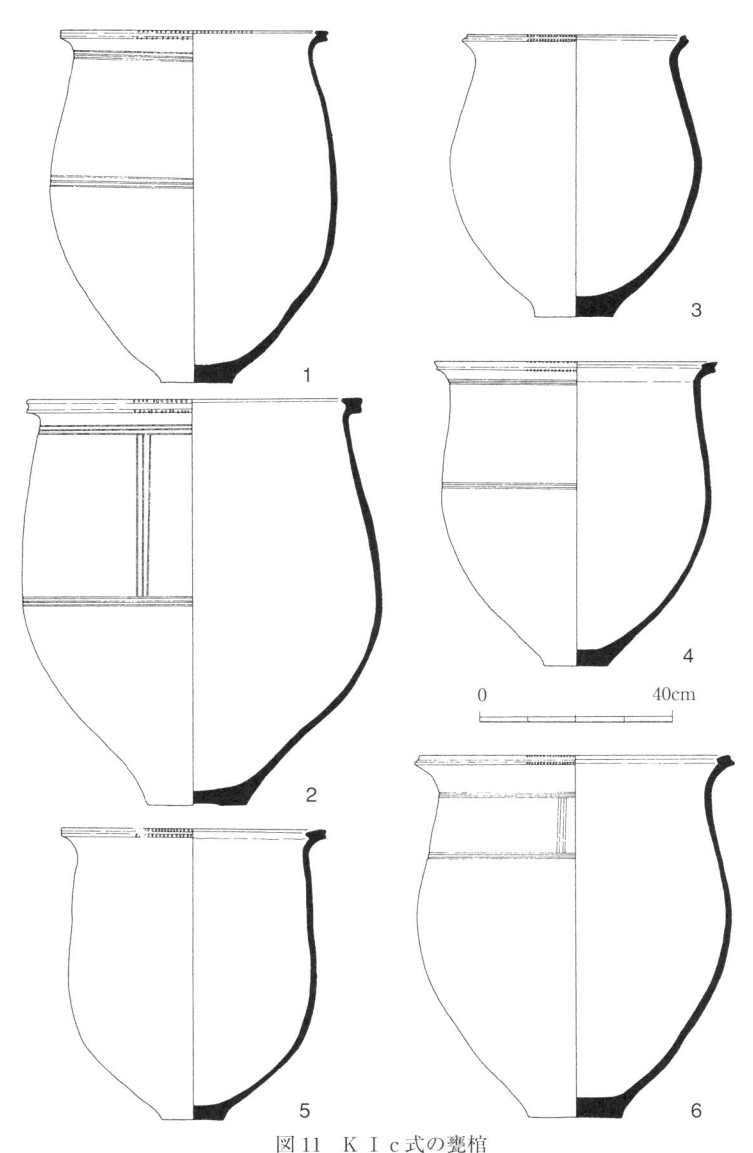

図11　KⅠc式の甕棺
1：福岡市飯倉　2：有田K8下　3：金隈K95下
4：金隈K123下　5：金隈K102上　6：金隈K102下

確かである。これらに比べるとＫⅠc式とした，いわゆる金海式甕棺は明らかに古い要素を持っており，前期末として位置づけていいと考える。このＫⅠc式は甕棺分布圏のほぼ全域にみられる。

ＫⅠ期の甕棺について述べてきたが，ＫⅠa～ＫⅠc式に共通していえることは，それが壺が大形化し，壺から発展した特徴をよく示し，残しているということである。次に，このことから器面調整に壺と共通する手法，主にはヘラミガキがされるということである。しかしここで，どのような工具による器面調整であるかは現段階では決め難いが，一見ミガキにみえるがヘラミガキではない手法が存在していることを付記しておく。次に器壁が分厚く，底部が大きいということ，さらには焼成が軟質で，色調は灰黄色を呈するものが多いということである。

ＫⅡ期の甕棺
ＫⅡa式の甕棺(図12, 13)

この型式はいわゆる城之越式甕棺と呼ばれるもので，型式としてはあるがこの型式だけでは一時期を設定できず，金海式とセットとなり一時期をなすという見解や，時期的には短いという見解には根強いものがある。これはこの型式の甕棺の例が少ないこと，またこの型式の甕棺を分離できていないということに問題があるようである。また前期を中心にして盛行する土壙墓・木棺墓(とくに木棺墓)が，中期前半まで存在することは確実であって，土壙墓・木棺墓と甕棺で墳墓を形成するときは，甕棺が常に後出するということも明らかとなっている。このようにみるならば，このＫⅡa式いわゆる城之越式の段階で甕棺の絶対量が少ないということは，土壙墓・木棺墓が未だ主体を占めている場合が多いということも考慮せねばならない。著者は以上のことからこの型式の甕棺も一時期をなすものとして，市民権を与えるべきであると考えている。そのために図も多く使用し，強調したい。

口縁は内に低く傾斜し，外側への張り出しはきわめて小さい。逆Ｌ字状を呈するものが大部分であるが，内側にわずかに張り出すものもある。口縁上端に粘土帯を貼付するものが多く，ＫⅠ期の手法を引き継いでいるといえる。胴上半はすぼまり，この点でもＫⅠc式と継起的な関係にあることがうかがえる。

甕棺の編年的研究　47

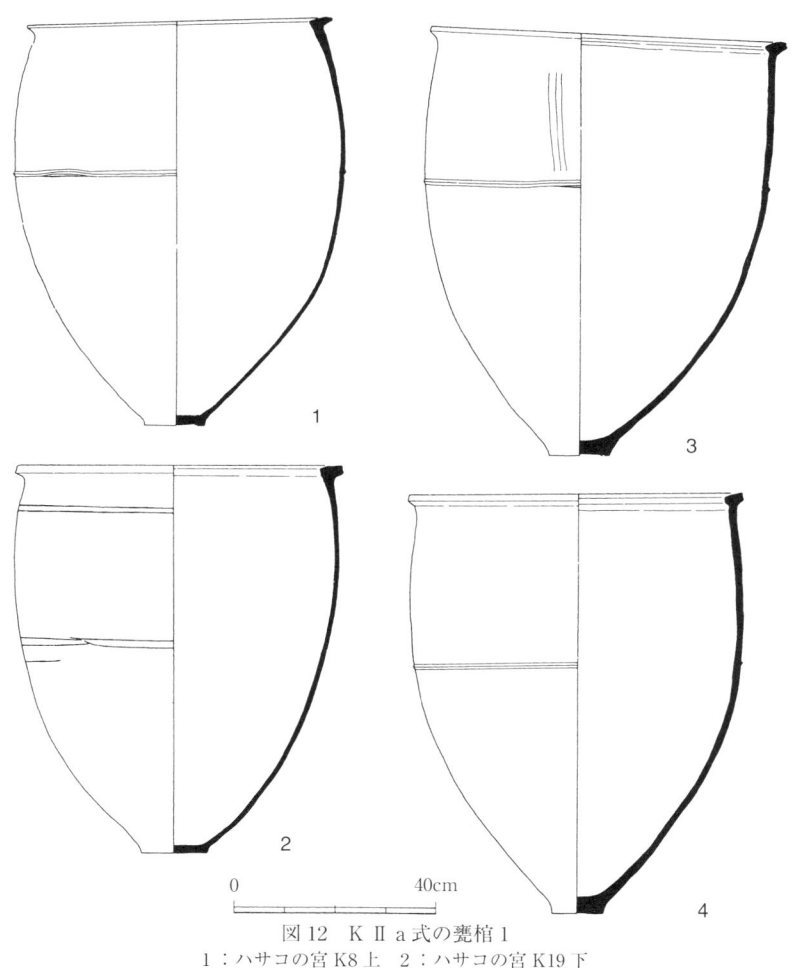

図12　KⅡa式の甕棺1
1：ハサコの宮K8上　2：ハサコの宮K19下
3：正原K2下　4：正原K6上

胴部最大径は上位にあり，胴部凸帯は細かいシャープな三角凸帯で，ほぼ胴部最大径を示す部位つまり胴部上位にあり，KⅠ期の肩の段，沈線の位置に凸帯が貼付されたことを示している。また，凸帯下に設計線とおぼしき沈線が施されているものもある。また凸帯を貼付せず，口縁下と胴部に沈線2～3条を施すもの，痕跡的にKⅠc式にみられた縦沈線を残すものなども存在する。この

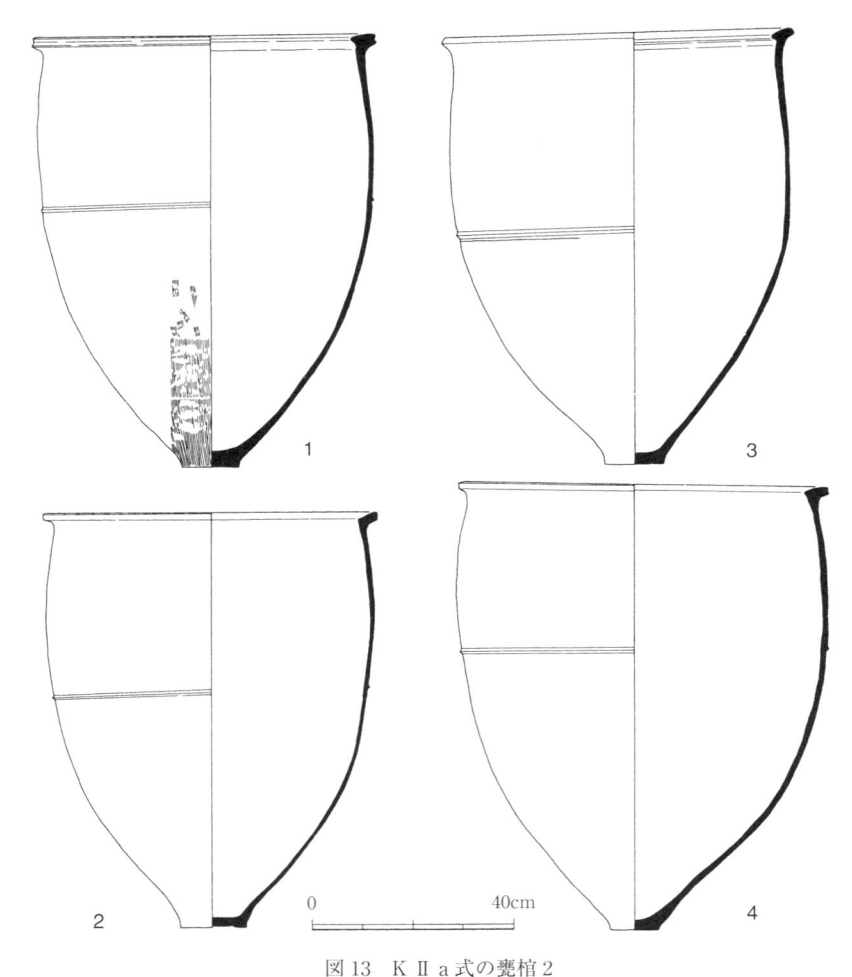

図13　KⅡa式の甕棺2
1：北牟田 K35下　2：ハサコの宮 K21下　3：ハサコの宮 K22下　4：正原 K4下

点からもKⅠc式にひきつづく型式であることは明瞭である。器高は80cmを
こえるようになり，甕棺の通常の大きさを示すが，器壁はきわめて薄く5〜
8mmほどで，底部はかなり小さくスマートになる。この型式で製作技術が一
段と進んだことがわかる。

　器面調整はハケ目の後，全面をナデてハケ目をナデ消す。部分的に底部近く

のみハケ目が残存するものがある。この器面調整の手法は，K Ⅳ期まで基本的に引き継がれる。焼成は硬質となり，色調はやや赤みを帯びた黄褐色，赤褐色を呈するものが多くなる。

　板付第Ⅰ区K41[16]，飯氏馬場K3，K4[17]，唐津市萬籠・寺ノ下K35[18]などがこの型式に属するもので，今後類例を増してくると考える。

KⅡa式の地方色ある甕棺(図14，15)

　KⅡa式の段階では筑後，肥後北部，肥前(佐賀地方)を中心にして地方色ある甕棺が存在する。まず第一は筑前，筑後，肥前の三国境つまり三沢丘陵付近から肥後北部(玉名付近)にかけて分布する甕が大形化したような観をうける甕棺である(図14)。この甕棺は亀の甲型甕の口縁外側に粘土帯を貼付し三角口縁を呈するものと口縁部の製作技法が一致する。しかし全形はKⅡa式の典型的甕棺にほぼ共通する。胴部の凸帯は見かけは2条の三角凸帯にみえるが，実際の造りは1条のものである(例外もあるが)。器壁は8～9mmとKⅠ期のものに比べると薄く，KⅡa式の典型的な甕棺に比べるとやや厚い。底部は大きなものが多く，KⅠ期の伝統を残しているといえる。器面調整にもヘラミガキなどの手法を残すものもあり，この点にも古い要素を残しているといえる。

　次に分布圏はかなり狭く，小郡周辺を中心に分布する甕棺がある(図15－1)。これは外反する口縁の内側に細かいシャープな三角凸帯を貼付するが，その変化したタイプもある(図15－2)。胴上半はすぼまり，壺の形態的特徴を残している。胴部最大径は胴下位にある。壺の肩部にあたる部分の胴部のやや上位に見かけ2条造り1条の凸帯を貼付するものが多い。器壁は7～9mmとKⅡa式の典型的なものに比べてやや厚く，底部は大きい。器面の調整には前者と同様の古い要素を残している。

　次にいわゆる金海式くずれともいうべきもので，ハサコの宮K13のように口縁には刻目を施し，横沈線，縦沈線も残したりしてKⅠc式に近い特徴を持つが，全体の器形がKⅡa式の典型的なものに近く胴部凸帯を付したりするもの，または北牟田K27下のように口縁には刻目を付さず沈線，凸帯のないもの，三津永田出土甕棺(図15－3)のように口縁下に沈線を施すものなどがある。しかしこれらはいずれも，器形のうえからいっても，他の特徴からいっても，セット関係からいってもKⅠc式より後出的で，KⅡa式に併行する時期のものと

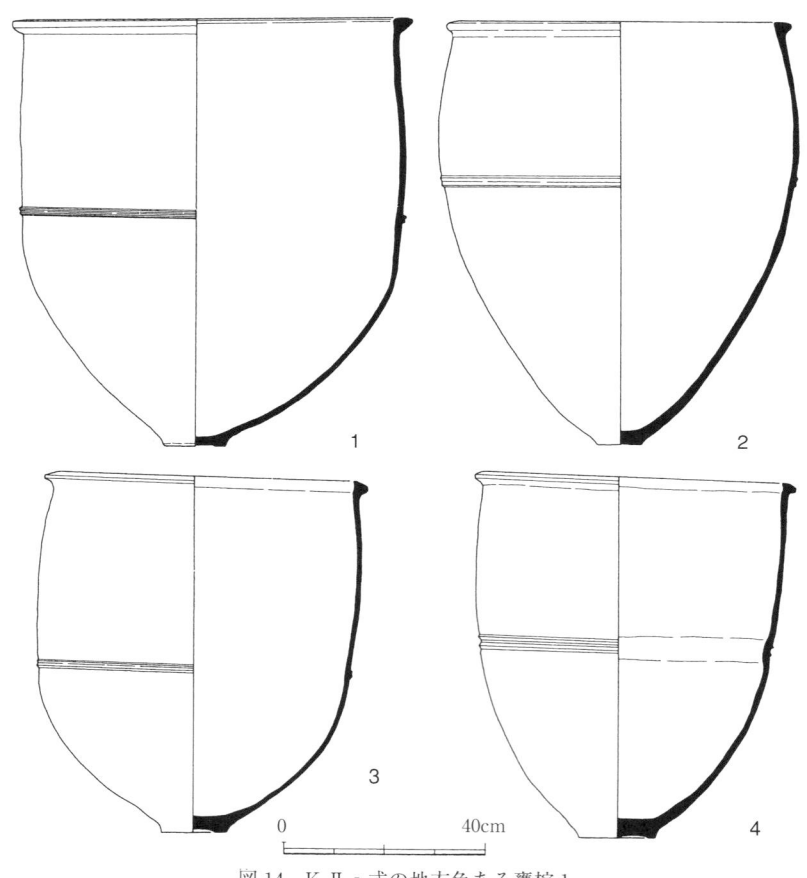

図14　KⅡa式の地方色ある甕棺1
1：ハサコの宮K16下　2：熊本県年の神　3：ハサコの宮K9下　4：北牟田K34上

　考える。
　次に筑後南部，肥後北部に分布する甕棺があげられる(図15－4)。いま羽山台支石墓下の甕棺[19]を図示したが，この口縁はやや外に低く傾斜し，外にはほとんど発達せず，内側に張り出す。口縁平坦面にはX状の連続文を，外側には刻目を施す。胴上半はすぼまり，胴部のほぼ中位に見かけ2条造り1条の凸帯を貼付する。器壁はやや薄めであるが，焼成はきわめて軟質である。

図15 KⅡa式の地方色ある甕棺2
1：ハサコの宮第2次K2下　2：北牟田K30下　3：三津永田　4：羽山台支石墓下甕

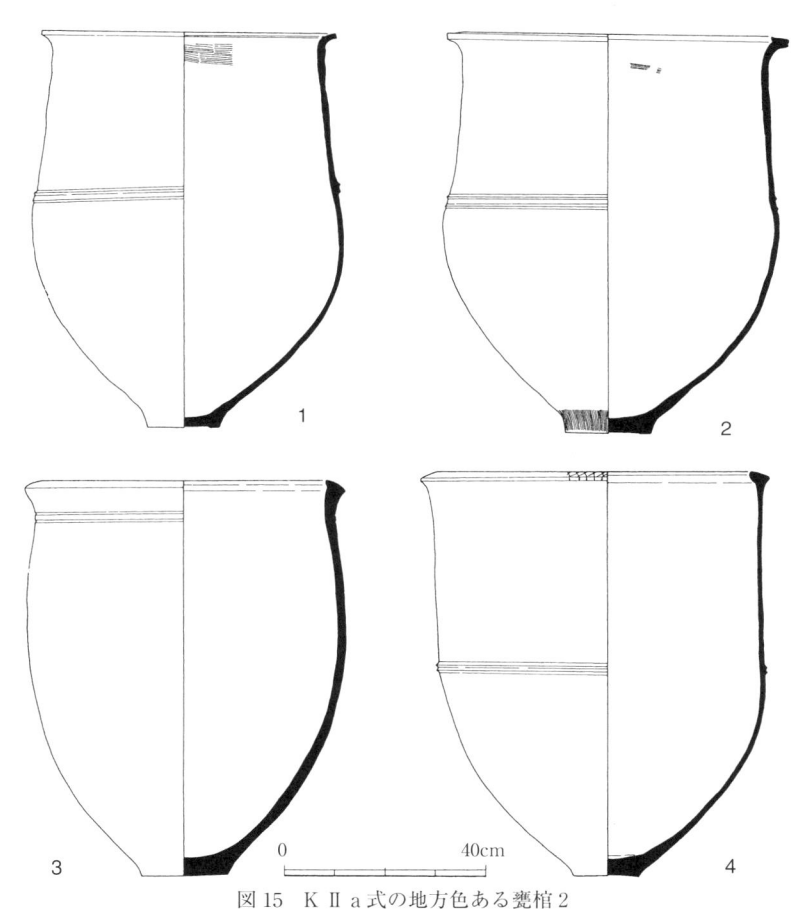

KⅡb式の甕棺(図16)

　口縁はほぼ平坦となり，外側にはまだほとんど発達しないが内側に大きく張り出す傾向が生じる。典型的なものは以上の通りであるが，一部にはまだ内に低く傾斜するものから，次第に平坦になり，また外に低く傾斜して次のKⅡc式に近いものまである。これは同一型式内での漸次的形態変遷ととらえられよう。口縁下はややすぼまりKⅡa式に近く，次のKⅡc式と区別できる。胴

52　Ⅱ　甕棺をめぐる諸問題

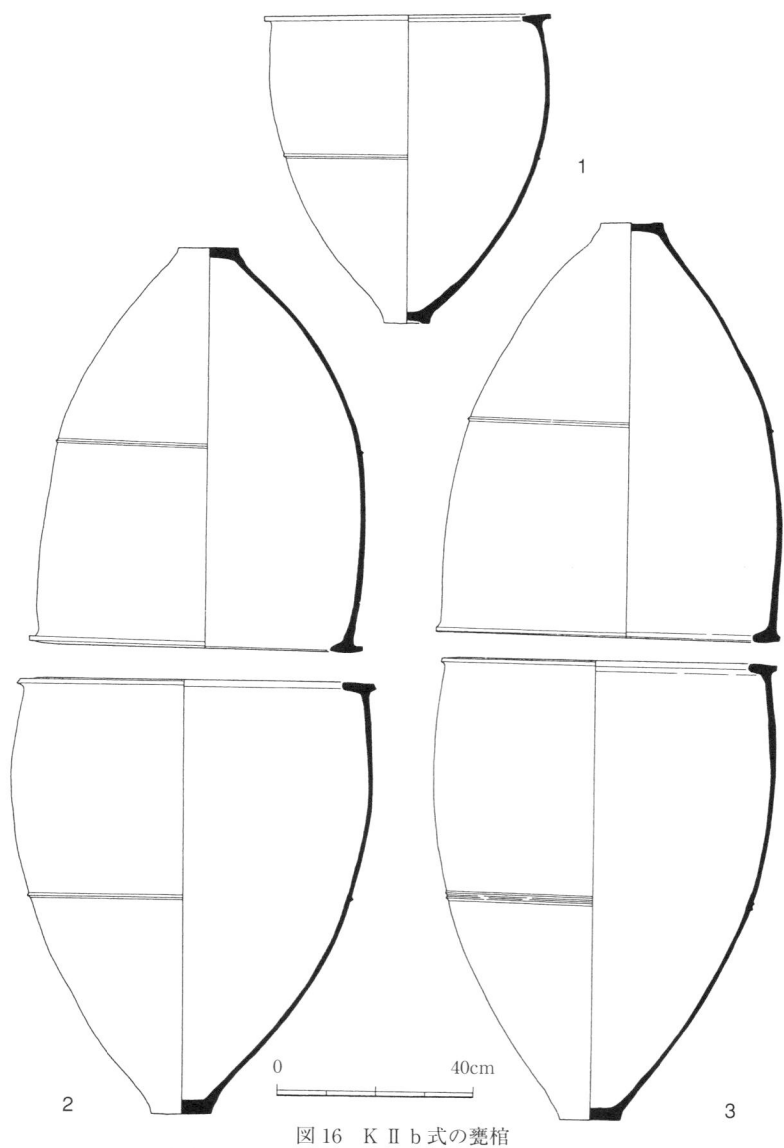

図16　KⅡb式の甕棺
1：北牟田K23上　2：ハサコの宮K11　3：ハサコの宮K17下

部には細かいシャープな三角凸帯，稀に見かけ2条造り1条の凸帯をほぼ中位に貼付する。この凸帯の位置もKⅡa式よりは下位，KⅡc式よりは上位にあり区別できる。凸帯下には設計線と考えられる沈線を付すものがある。器壁は5～8mmときわめて薄く，底部は小さくスマートである。器面の調整はハケ目の後，全面をナデてハケ目をナデ消すが，底部近くにはハケ目が残存するものもある。焼成は硬質で，色調はやや赤みを帯びた黄褐色，赤褐色を呈するものが多い。

図示したもののほか，春日市門田の甕棺の主体をなすもの[20]，春日市門田辻田A群K1[21]，佐賀県切通K4[22]などがこの型式に属する。

KⅡc式の甕棺(図17)

口縁は内側に大きく張り出し，外側への発達はまだなく，外に低く傾斜する。口縁下のすぼまりはなく，胴上半は外側に開き気味のものを典型とするが，ハサコの宮K1下のように口縁外側もやや発達し，口縁下がややすぼまり口縁下凸帯を付すと次のKⅢa式に近い形態を示すものもある(図17－3)。同一型式内の形態的変遷を示すものとしてこの型式に入れた。胴部凸帯は下位にあり，細かい三角凸帯1条，および2条を貼付する。2条のものが後出的なものと考えられる。この形式でも凸帯下に沈線がみられるものもある。器壁は前二者と同様5～8mmときわめて薄く，底部も細くスマートである。焼成は硬質で，赤みを帯びた黄褐色，赤褐色を呈するものが多いが，KⅢ期以降のものと同様黄白色・淡黄色を呈するものも出現している。筑紫野市永岡遺跡の甕棺を代表例とする[23]。

KⅡ期の甕棺について述べたが，KⅡa～KⅡc式甕棺に共通していることは，口縁下に凸帯を付さないこと(きわめて稀に例外はある)，器壁がきわめて薄く，底部が細くスマートになり，かつ器高80cm以上で甕棺の通常の大きさをもつこと，やや赤みを帯びた黄褐色，赤褐色を呈し，焼成が硬質であること，器面調整がハケ目の後ナデてハケ目をナデ消す甕棺に独特な手法が発生していることなどがあげられる。

このことからKⅡa式の段階で甕棺製作技術に一定の発展があったことがわかる。

これらのほかに，とくにKⅡb式からKⅢa式に非常に丸味を帯びた甕棺

54　Ⅱ　甕棺をめぐる諸問題

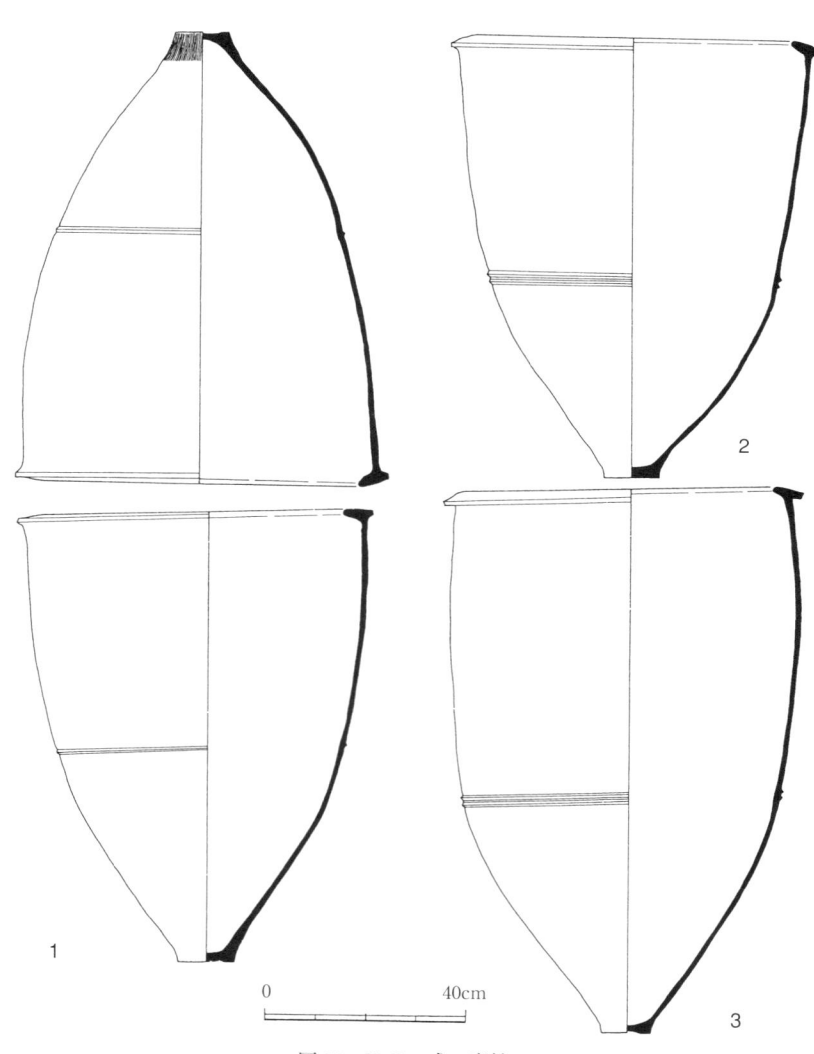

図17　KⅡc式の甕棺
1：北牟田 K26　2：ハサコの宮 K5下　3：ハサコの宮 K1下

の一系列があるが，これについては後述する．

K Ⅲ期の甕棺
K Ⅲ a 式の甕棺(図18)
K Ⅱ c 式の基本形を踏襲しながら口縁下に凸帯を付すもの，内外に口縁が発達しいわゆる T 字形を呈し外に低く傾斜する口縁を持ち口縁下がすぼまり口縁下に凸帯を付すもの，口縁は外側に発達し外に低く傾斜するもので胴上半はほぼ直立し口縁下に凸帯を付すものなどがある．口縁下凸帯は三角凸帯1条を基本とするが，2条のもの，コ字形のものなどがある．胴部凸帯はやや下位に2条を貼付する．胴部凸帯は三角凸帯が古く，コ字形凸帯が後出のものである．図示したものはこの型式の典型的なものであるが，やや古い要素をもつものといえる．これらのほかに，例えば門田 K41[24]，宝台 K8[25]，折尾分類の金隈 Ⅲ c 式にあげられた金隈 K127[26] のように胴上半部はほぼ直立するか，または口縁下がすぼまる傾向があり，口縁はほぼ平坦で，胴部凸帯がコ字形を呈し，次の K Ⅲ b 式に近い形態を示すものなどもこの型式の範疇として，同一型式内での形態変遷としてとらえたい．

甕棺は大形化したものが多く，器高100cmをこえるものも多くなる．これにつれて上甕に鉢，壺，または甕の胴上半を打ち欠いたものなどが使用される．とくに上甕に使用される鉢は，口縁が外に低く傾斜し，口縁下に三角凸帯1〜2条を付す．

この型式の甕棺は器壁がやや厚くなり10mm前後のものが多い．器面の調整はハケ目の後ナデで，ハケ目をナデ消す手法は共通している．焼成は硬質で，色調は淡黄色，黄白色を呈するものが多く[27]，この段階でさらに甕棺製作技術が進んだことを示している．

K Ⅱ b 式〜K Ⅲ a 式における丸味を帯びた甕棺の一系列(図19)
口縁の形態，凸帯の位置・形態，器面調整の手法などは各型式の典型的なものに共通する要素をもちながら，全体に非常に丸味をもつ甕棺の系列がある．板付第Ⅰ区 K5[28] は口縁が内に低く傾斜し，古い要素を示すが，永岡 K19 とほぼ同様のものであり，これらが K Ⅱ b 式のものと考える．門田 K27，K41 上，K58 下も同型式のものである．

56　Ⅱ　甕棺をめぐる諸問題

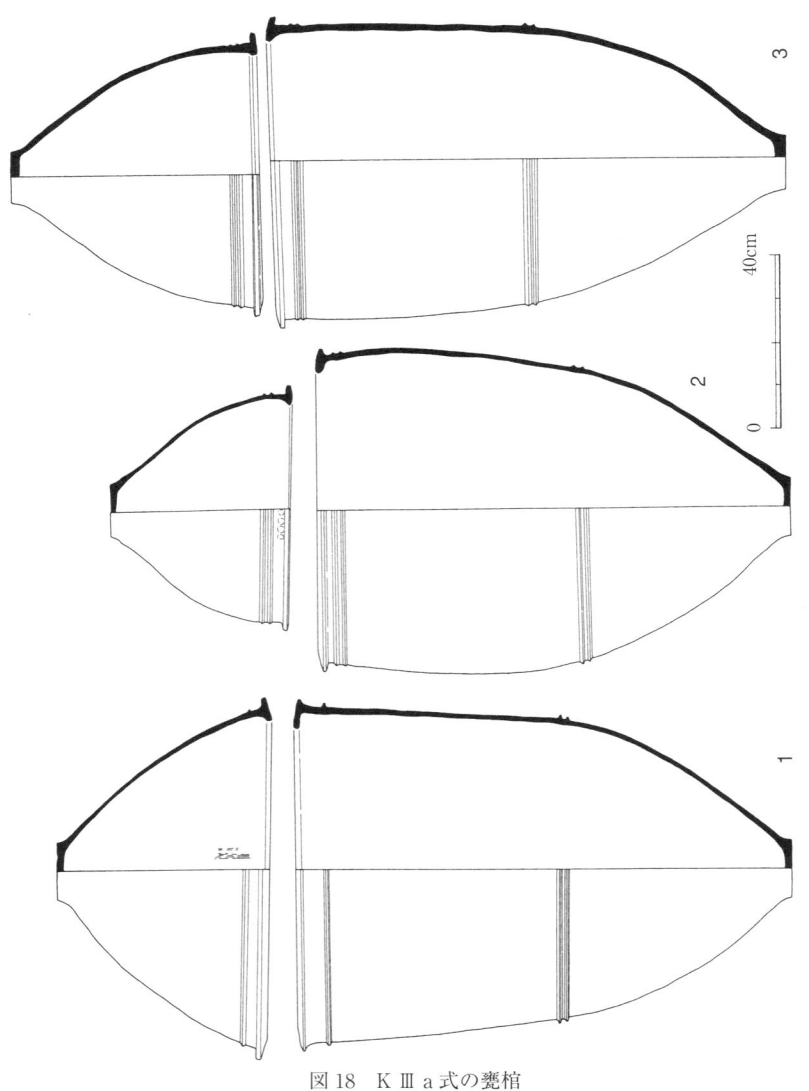

図18　KⅢa式の甕棺
1：原K10　2：北牟田K24　3：スダレK3

甕棺の編年的研究　57

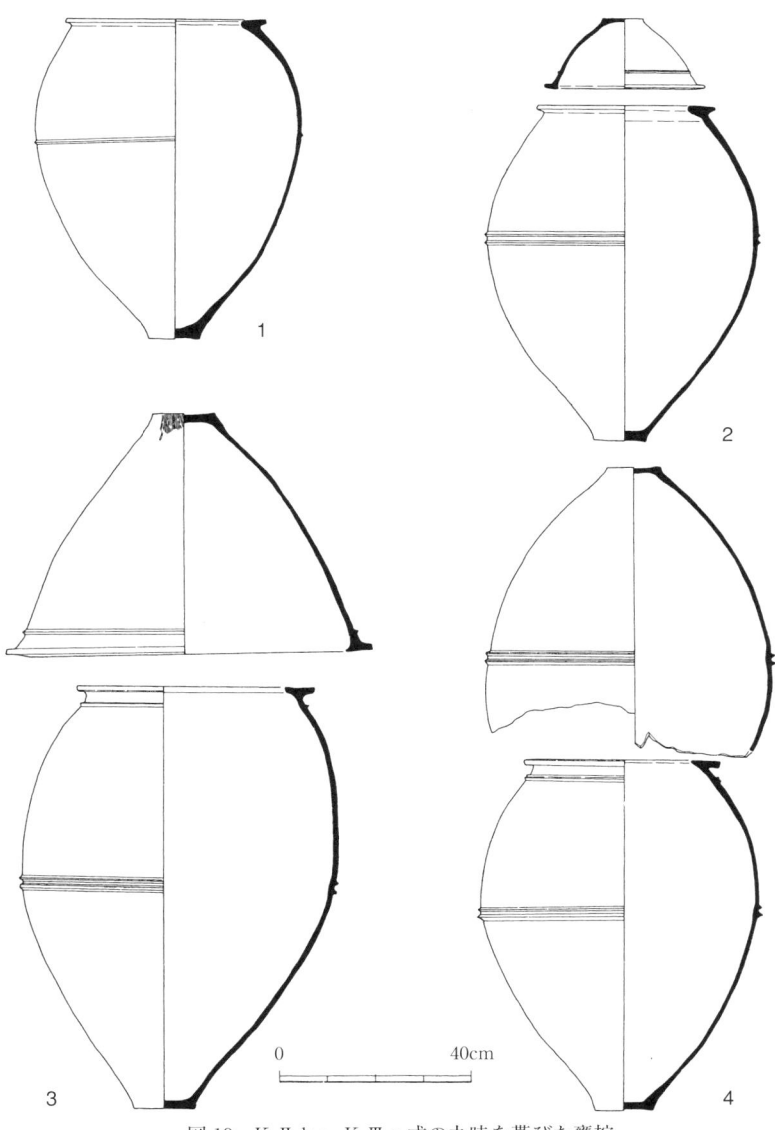

図19　KⅡb〜KⅢa式の丸味を帯びた甕棺
1：永岡K19（KⅡb式）　2：二塚山ⅡK59（KⅡc式）
3：原K134（KⅢa式）　4：原K121（KⅢa式）

二塚山 K59 のほかに，板付第Ⅰ区 K18，春日市高辻 K30[29]，常松 K7[30] などが K Ⅱ c 式の丸味を帯びた甕棺としてあげられる。

原 K121, K134 のほかに，門田 K30 が K Ⅲ a 式の丸味を帯びた甕棺である。鹿児島県高橋下小路遺跡で諸岡型のゴホウラ製貝輪2個を右腕に着装した人骨を伴った甕棺[31]もこの型式に属する。

以上，K Ⅱ b 式から K Ⅲ a 式にわたって，例数は少ないが，全体に丸味を帯びる甕棺の系列があることを述べたが，この甕棺の分布は甕棺分布圏の全域にわたっている。

K Ⅲ b 式の甕棺(図 20)

口縁はわずかに内に低く傾斜し，T字状または逆L字状を呈するが，いずれかというと逆L字状のものが多い。K Ⅲ a 式のものは胴上半がほぼ直立するのに比べ，この型式は口縁下ですぼまり，全体にやや丸味をもつようになってくる。口縁下凸帯は大部分は三角凸帯であるが，たまにコ字形のものもある。胴部凸帯はコ字形のシャープなもので，やや下方に垂れ気味の傾向が生じている。2条を貼付するのが普通である。器壁は 10mm 前後の厚さのものが多い。器面調整はハケ目の後，ナデてハケ目を消す手法は変わらない。焼成は硬質で，淡黄色，黄白色を呈するものが多い。

この型式になって，石蓋または木蓋の単棺が出現する。

K Ⅲ c 式の甕棺(図 21)

外見上の基本形は K Ⅲ b 式とそうたいして変わらない。しかし道場山遺跡の報告で分類したように[32]，①口縁が 12～13mm 以上内に低く傾斜するもの，②外に 10mm ほど低く傾斜するもの，③全体に丸味を帯び，口縁はく字状を呈するが，傾斜はまだ弱く，内部に稜をつくらないものなどがあげられる。このように K Ⅲ b 式と外観には大きな差異は認められないが，口縁部は逆L字口縁からく字口縁へと変化していく過渡的様相を示し，胴部凸帯に，K Ⅳ期に多い1条凸帯あるいはだれた三角凸帯が出現し，全体として中期から後期への過渡的様相を示す。したがって K Ⅲ b 式では K Ⅳ a 式とのセットはみられないが，K Ⅲ c 式のものは K Ⅳ a 式のものとセット関係をなすものが多い。図示したもの以外に，立岩 K10 などはこの型式の代表例であると考える[33]。

K Ⅲ 期の甕棺について述べたが，この時期が甕棺葬の最も盛行した時期とい

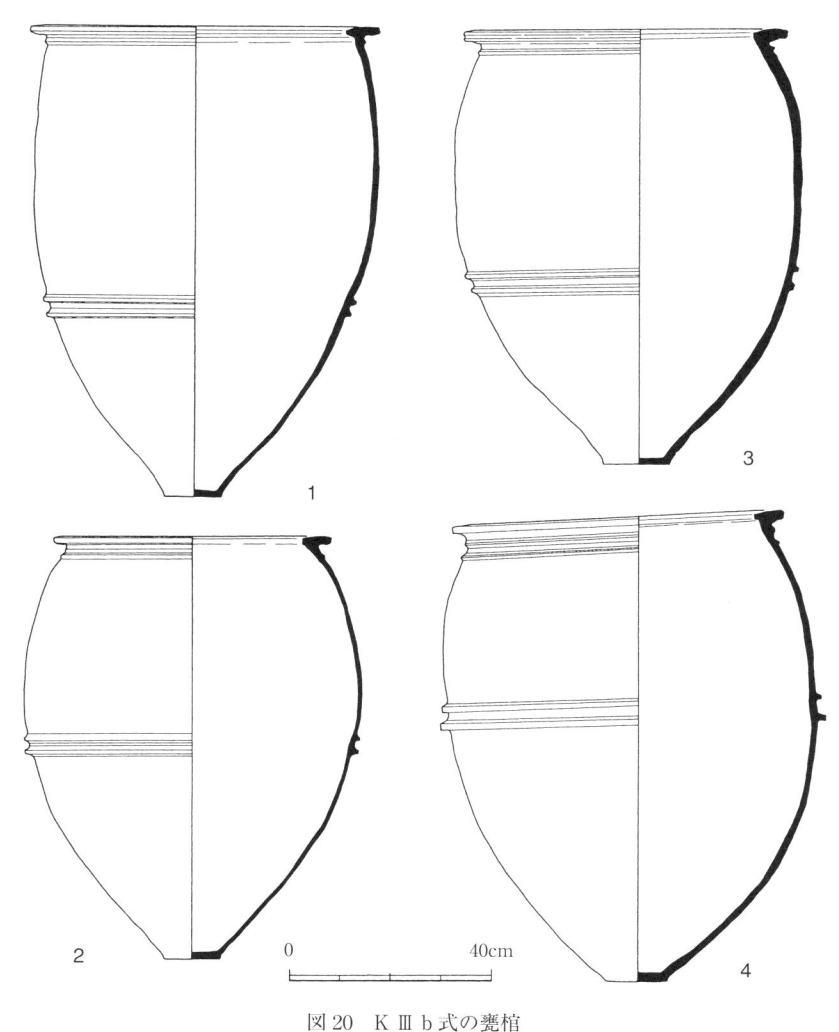

図20　KⅢb式の甕棺
1：道場山K21下　2：道場山K48下　3：道場山K60下　4：道場山K71下

える。KⅢa式で甕棺もさらに大形化し，焼成などもよくなり，甕棺製作技術にさらに一段の飛躍があったことが認められる。

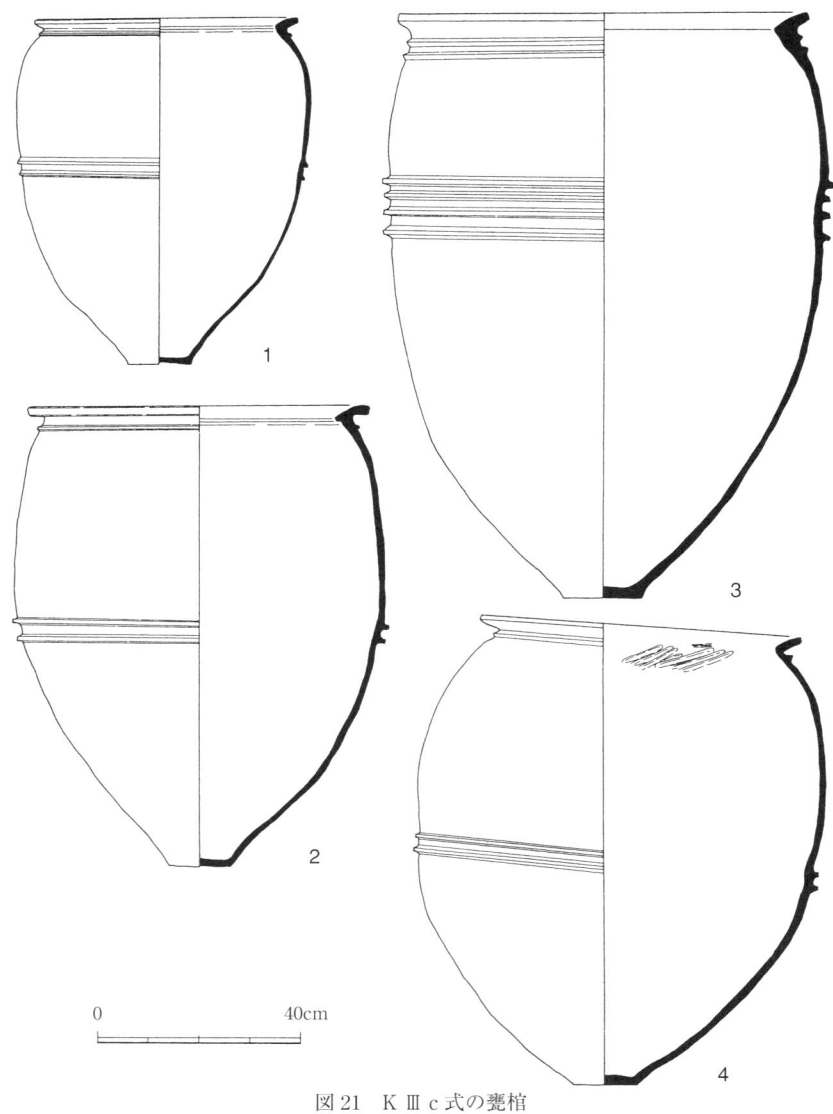

図21 KⅢc式の甕棺
1：道場山 K63下　2：道場山 K26下　3：門田 K24下　4：吉ヶ浦 K60下

K Ⅳ期の甕棺

K Ⅳ a 式の甕棺(図22)

全体として丸味を帯び，器形は卵形を呈し，頸部はしまる。口縁は外反し，く字状を呈し，口縁内部は稜をつくる。口縁下凸帯は頸部もしくは頸部近くに貼付するものが多く，胴部凸帯はまだシャープなコ字形をなすものがあるが，全体としてはだれており，または三角形に近いもの，刻目を施すものがあり，凸帯1条のものがかなり多くなる。器面調整はハケ目の後ナデてハケ目を消す手法は，これまでと同様である。

口縁形態から，①逆L字口縁の傾斜がきつくなり，く字となったもの，②やや丸味をもちながら口縁内部の稜を有するもの，③口縁が内彎するもの（図22－6）などがあるが，③は甕棺専用として製作されたものではなく，日常容器の大形甕を転用したもので，胴部凸帯をもたない。蓋として使用されることが多い。

K Ⅳ b 式の甕棺(図23)

口縁はやや丸味をもちながらく字を呈し，傾斜がきつくなり，長大化する傾向にあり，器形も丸味が強くなる。口縁下凸帯はK Ⅳ a 式同様頸部にあるかまたは頸部に近いところに位置する。胴部凸帯も前者同様である。図示したもののうち二塚山K46はこの型式ではやや古い要素をもち，道場山K46，二塚山K76が後出的である。道場山K46，二塚山K76の口縁は口縁端が肥大化する傾向が見られる。道場山K46の器面調整はK Ⅳ a 式までのものと同様であるが，二塚山の両者はハケ目調整がよく残っているようである。図示したもの以外に三津永田K102もこの型式と考える。

この時期で福岡地方では基本的に甕棺葬が終焉し，甕棺の絶対量もきわめて少ない。佐賀地方ではまだ若干のこり，次のK Ⅳ c 式で終焉するようである。

K Ⅳ c 式の甕棺(図24)

いわゆる三津式と呼ばれてきたもので三津永田K104[34]を代表例とする。口縁はやや丸味をもって外反し，傾斜はきつい。口縁下の凸帯は上向きのコ字形を呈し，胴部にはやや下位に下向きのコ字形を呈する2条の凸帯が貼付されている。底部はやや上げ底を呈するが，ややしまりがなく，K Ⅴ 期へと連なる要素が認められる。

62　Ⅱ　甕棺をめぐる諸問題

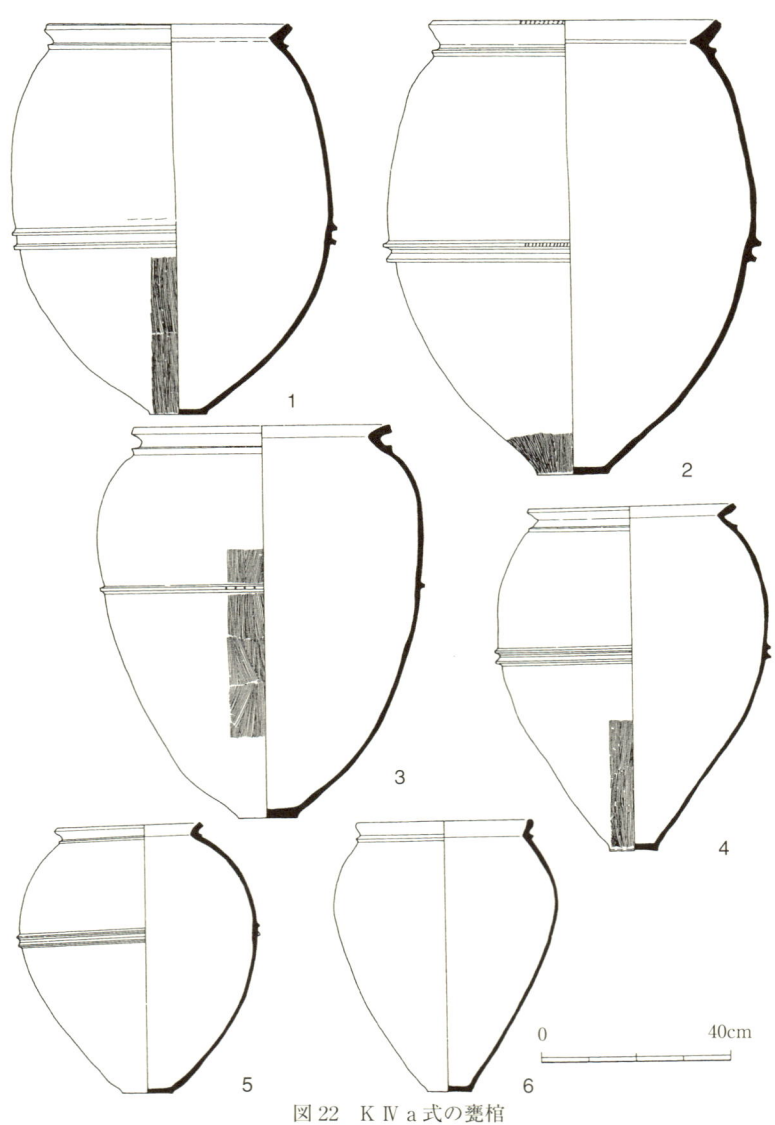

図22　KⅣa式の甕棺
1：吉ヶ浦　2：吉ヶ浦 K28下　3：道場山 K15下
4：道場山 K96下　5：道場山 K53下　6：道場山 K73下

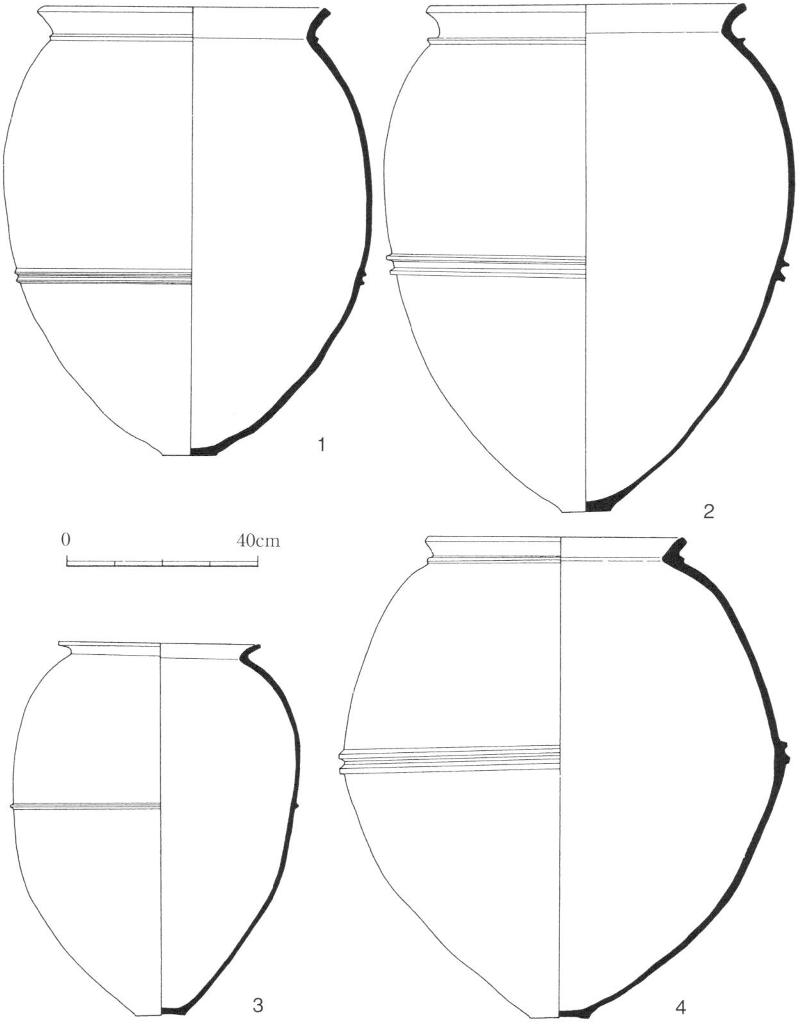

図 23　K Ⅳ b 式の甕棺
1：道場山 K46 下　2：二塚山Ⅱ K76 下　3：二塚山Ⅱ K46 上　4：二塚山Ⅱ K46 下

図24 KⅣc式の甕棺
三津永田 K104

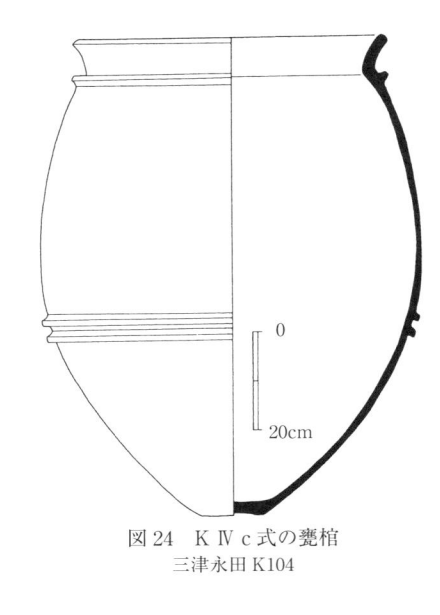

この型式の甕棺は佐賀地方でもほとんど類例がなく，佐賀地方ではこの型式で甕棺葬が基本的に終焉するといえる。

KⅣ期の甕棺について述べたが，この時期は北部九州に特殊に展開した甕棺葬が終焉する傾向が生じ，基本的に終焉する時期といえる。甕棺葬の終焉傾向はすでにKⅢc式で始まるといえる。というのは，KⅢc式になると日常容器の大形甕を転用した甕棺，またはそれを蓋つまり上甕として使用されることがにわかに増大する。この傾向はKⅣ期になって急速に進行しKⅣa式の段階ではまだ一定量の甕棺がみられるが，KⅣb，KⅣc式になるときわめて数も少なくなり，福岡地方ではKⅣb式に，佐賀地方ではKⅣc式に基本的に甕棺葬が終焉する。

KⅤ期の甕棺

甕棺が基本的に終焉したのち，残存する甕棺と，糸島地方に特殊に展開した甕棺を中心として，併行すると思われる日常容器の大甕を転用した甕棺との関係を論じ，祇園山K1の相対的編年観をも考察したい。

冒頭でもふれたように，埋葬専用に製作された甕棺も，土器である以上は日常容器と軌を一にする要素はあると考える。したがって甕棺葬が基本的に終焉したのち，糸島地方に特殊に展開した甕棺と，日常容器を転用した甕棺は基本的には祖形を同じくしながら，共通する要素をもつと同時に，埋葬専用としての独自の要素を合わせもつことは当然である。

糸島地方の後期後半以後の甕棺については，大神邦博の優れた業績があり[35]，これを参考にしつつ各型式について述べる。

KⅤa式の甕棺(図25)

　大神は糸島地方の後期甕棺を神在式と福井式に分類し，考察している。そのなかで，神在K2→神在K1→神在K5の順に形態変遷し，前後関係があるとする。そして福井式の典型は大神論文掲載図5(福井)，6(長石)，7(福井)であるとし，同4(吉井ヶ浜)は福井式に入れながら，神在式から福井式への過渡的な要素をもったものとみなしてよいとしている。

　著者の観察したところによると，これらの甕棺ではっきりと平底を呈するものは神在K1であり，他はいずれもやや丸底化の傾向が生じている。したがって大神の提示した神在K2→神在K1→神在K5の前後関係は神在K1→神在K2とし，神在K5を含めて福井式とされたものは同型式であると認定した。

　上記の理由から神在K1をKⅤ期の最古形式としてKⅤa式として設定する。

　神在K1はやや丸味をもって外反する長大なく字口縁を呈する。頸部，胴中位，胴下位に各2条の幅広の凸帯を貼付する。頸部凸帯の上位のものはM形の連続文が，下位のものにはX状の連続文が施されている。底部は先にも述べたようにしっかりした平底である。器面調整はハケ目の後，ハケ目をナデ消す甕棺に伝統的な手法が認められる。

　KⅣc式とした三津永田K104との前後関係については微妙な点があるが，神在K1は頸部凸帯に付されたM形，X状の連続文が後期後半にみられるものであることからやはり後出的なものと考える。

KⅤb式の甕棺(図26-1)

　神在K2を標式とする。口縁は長大なもので，大きく外反する。頸部はしま

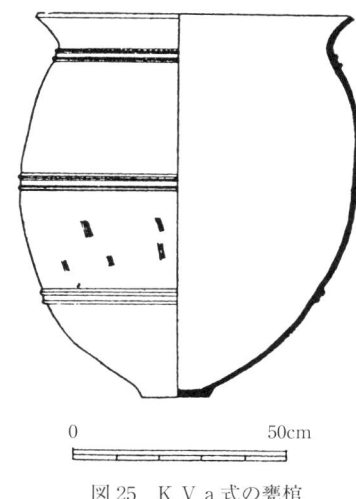

図25　KⅤa式の甕棺
神在1号（大神邦博 1968 より）

り，胴部は卵形を呈する。底部はやや丸底化の傾向が生じ，底部の稜は3mmほど底部中心より上にある。頸部に1条，胴中位に2条(1条は欠失している)の幅広のコ字形凸帯を貼付する。口縁端にはX状の刻目がヘラ施文される。器面の調整は丁寧にナデが行なわれ，ハケ目の残存は認められない。器壁はかなり分厚い。焼成は硬質で，赤褐色を呈する。

ＫⅤｃ式の甕棺(図26－2, 3)

福岡市飯氏馬場K9(飯氏馬場は旧糸島郡に属す)，前原市志登例以外に，大神の福井式としたもの，また神在K5も底部の形態からいってこの型式にはいる。

前原市志登出土の甕棺はやや丸味を帯びつつ口縁の端部にさらにやや内向きの口縁をつくる。いわゆる袋状口縁壺を意識したものといえる。頸部のやや下位，胴部中央よりやや上位，胴部下位に幅広の扁平な凸帯を各1条貼付する。胴部は丸味を帯びた卵形を呈する。底部はやや丸底化の傾向を生じており，底部の稜は4〜5mm上がっている。器壁は9〜10mm平均の厚さである。器面は10mmにつき5〜6本のハケ目で内外ともに調整するが，器表口縁下および胴中位の凸帯下位は一部ナデ調整が施される。頸部凸帯はタタキ→ナデの後，∧形の刻目をハケ目工具で施文。胴中位凸帯はタタキ→∧状の連続文がハケ目工具で，胴下位の凸帯はタタキ痕をそのまま残す。また底部にもタタキ痕が残存する(図27)。焼成は硬質で，赤褐色を呈する。

飯氏馬場K9は外反する長大なく字口縁を呈する。頸部のわずか下，胴部のほぼ中位，胴下位に幅広の扁平な凸帯を貼付する。胴部は卵形を呈し，底部はしっかりしているが，径7.4cmと小さく，やや丸底化の傾向が生じ，底部の稜は3〜4mmほど上がっている。口縁端にはX状の連続文を，頸部凸帯にはX形の刻目をハケ目工具で右→左の順で施文している。器面調整は内外ともに，同一工具でハケ目が全面に施される。ハケ目幅は10mm幅につき6〜7本。器表の胴上半のハケ目は上→下へ施されている(図27)。焼成は硬質で，赤褐色を呈する。

飯氏馬場K9，志登出土の甕棺と大神が福井式としたもの，また神在K5は凸帯の数が多いものなどがあるが，基本的特徴とくに底部の形態がほぼ同じであるので同一型式と認定した。

ＫⅤｄ式の甕棺(図26－4, 5)

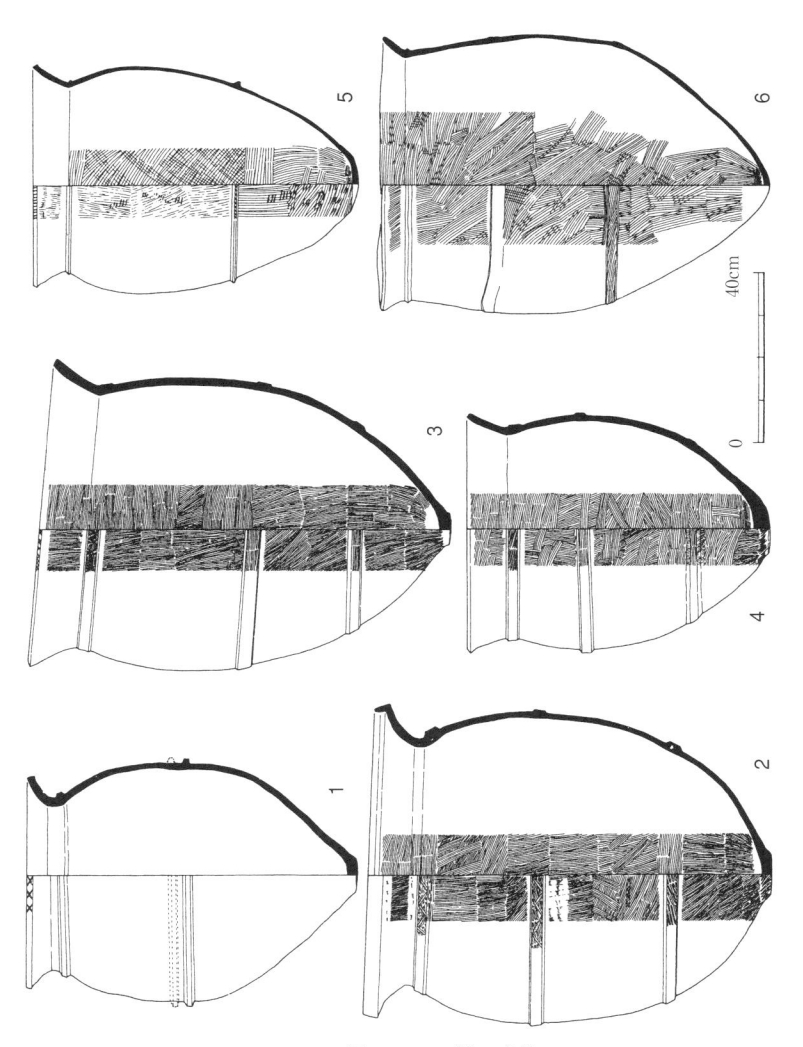

図26　KⅤ期の甕棺
1：神在K2（KVb式）　2：志登（KVc式）　3：飯氏馬場K9（KVc式）
4：三雲堺（KVd式）　5：宗石K41下（KVd式併行期）　6：祇園山K1下（KVf式）

この型式の甕棺として前原市三雲堺Ⅰ-13区K1を標式とする。

基本的特徴は上記ＫⅤc式とほぼ同一といえるが，底部の丸底化がかなり進行している。底部の稜は4〜10mmと上がっているが，まだ稜は明瞭に認められる。器壁は13〜14mmときわめて分厚い。器面調整は内外ともに同一工具でハケ目が施される。ハケ目幅は10mmにつき4〜5本。頸部凸帯はタタキ痕をそのまま残し，胴中位および下位の凸帯はタタキ→ハケ目，底部にもタタキ痕が認められる。胴上半のハケ目は上→下へ，横方向のものは左→右へ施されている(図27)。焼成は硬質で，赤褐色を呈する。

この型式と同時期と考えられる日常容器を転用した甕棺に，筑紫郡那珂川町宗石K41があげられる。口縁は長くやや丸味をもち外反し，く字状を呈する。頸部に三角凸帯を，胴中央よりやや下位にコ字形凸帯1条を貼付する。胴部は卵形を呈し，底部は丸底化の傾向が明瞭であるが，底部の稜は明瞭で，稜は13mmほど上がっている。器面調整は，器表の口縁から胴部凸帯まではタタキ→粗いハケ目(10mmにつき3本)→ナデ，胴下半はタタキ→ハケ目，底部はハケ目→ナデ。内面の調整は，口縁部をハケ目→ナデ，胴上半は斜方向のハケ目が交叉し下半は横，縦方向に整然としたハケ目が施されている。口唇部，胴部凸帯には櫛歯状工具で刺突したと思われる刻目を施文する(図27)。焼成は硬質で，黄白色を呈する。

堺の甕棺と同時期であるとした根拠は，とくに底部が丸底化の傾向が進行しながら未だ稜を明瞭に残すという，共通要素があげられることである。

ＫⅤe式の甕棺(図45)

この型式の甕棺は埋葬専用の大形棺は現在のところ不明であるが，祇園山K1とをつなぐために，将来出土することを予測して設定しておく。この型式と同一時期と考えられる日常容器を転用した甕棺には福岡市今宿(旧糸島郡に属する)出土の甕棺があげられる。

口縁は外反し，長く，口唇部で肥大する。頸部に三角凸帯および胴部下位にコ字形凸帯1条を貼付する。胴部は卵形を呈するが，胴下半のしまりがない。基本形は上記の宗石K41とほぼ同様といえるが，最も異なるところの一つは，底部の丸底化がさらに進行しほぼ丸底ともいえる形態を示しながら，不明瞭ではあるが底部の稜が認められることである。器面調整はタタキ→ハケ目を基調

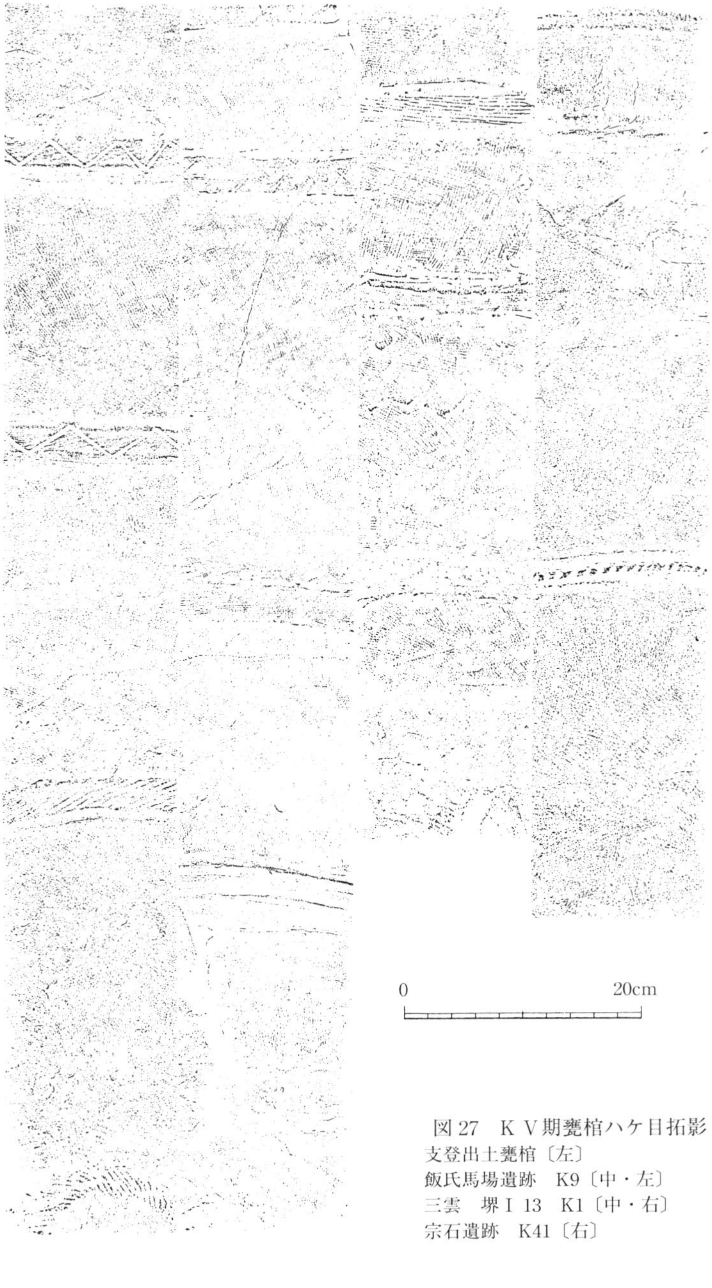

図27　KⅤ期甕棺ハケ目拓影
支登出土甕棺〔左〕
飯氏馬場遺跡　K9〔中・左〕
三雲　堺Ⅰ13　K1〔中・右〕
宗石遺跡　K41〔右〕

とし，タタキ痕の凹部が深いためにハケ目で搔き消されていない部分もある。また宗石K41と異なるもう一つの重要な点は，胴下半部の底部近くをヘラ削りしていることである。内面の調整はハケ目，ハケ目幅は10mmにつき6本。口唇部にはハケ目工具でX状の連続文を左→右へ施文し，頸部凸帯は同じくハケ目工具で刻目を，胴部凸帯は別の工具によって刻目が施文されている。焼成は硬質で，黄白色を呈する。

　この日常容器を転用した甕棺に示された特徴から今後発見されるであろう埋葬専用の甕棺は，多分底部近くをヘラ削りするということは祇園山K1からみてもなかろうが，底部の形態に特徴が現われると考える。つまり丸底化がかなり進行するが，不明瞭ながら未だ稜を認めうるような底部をもつ甕棺が予想される。

ＫⅤf式の甕棺(図26－6)

　祇園山1号墳裾部外周K1を標式とする。口縁は外反し，く字を呈するが，ＫⅤd式までのものに比較するとやや短くなっている。胴部は卵形を呈し，底部は完全な丸底を呈する。頸部に三角凸帯を，胴上位に幅広の扁平なやや痕跡的な凸帯を貼付している。上甕の凸帯は下甕に比べてややしっかりしているが，ほぼ器形は同一である。器面調整は内外ともに粗いハケ目が施される。タタキ痕は認められない。焼成は硬質で，色調は赤褐色を呈する。

　この甕棺は祇園山1号墳より新しいものであり[36]，明らかに古墳時代に属するものである。しかし形態的特徴は頸部の凸帯が三角であるという点を除けば，いままで述べてきたＫⅤc，ＫⅤd式に分類した糸島地方の大形甕棺にきわめて類似する。また器面調整の粗いハケ目，焼成，色調などもきわめて親縁関係にあることを示している。糸島地方との直接的関係があるか否かは現時点で速断はできないが，間接的にではあれ，関係があることは確実といえよう。

　また石山勲が述べるように，この後は甕棺葬は複合口縁の大形壺を使用した壺棺葬へ転化しており，この甕棺が後期後半以後残存した甕棺専用大形甕形土器の最終末の時期に位置づけられることは確実である。

　ＫⅤ期の甕棺について，主に糸島地方に特殊に展開する甕棺を中心としながら，これらの甕棺と古墳発生の時点を押さえるに好資料といえる祇園山1号墳裾外周K1との関係について，その形態，手法などが共通し，何らかの関係を

持つことを述べ祇園山 K1 と現在知られている甕棺との間には，埋葬用大形甕としては1型式存在するであろうとの予測にふれた。この問題は日常容器との関係において再度考察したい。

まとめ

甕棺の型式を K I ～ K V 期の5期に大別し，それぞれを K I ～ K IV 期についてはa～c，K V 期についてはa～fに細分し，計18型式に分類し，それぞれについてその形態的特徴についてふれてきた。いま提示した編年案に対するそれぞれの編年案との対照について若干ふれておこう（表2参照）。

森の伯玄式，高島のⅡ式（伯玄式に相当）は報告書に実測図などの掲載がなく，実体不明な点があるが，いずれも K I a 式をもいれて考えているようである。しかしながら伯玄社では K I a 式に相当するものは若干あるらしいが，主体をなすものは中・寺尾出土の甕棺と同型式のもの，つまり K I b 式であって本来はこの型式をさすものであろうと推測する。

また汲田式としては，須玖 K15 が標式とされ，ほぼその型式つまり K Ⅱ c 式の図が提示されることが多い。折尾の金隈Ⅱa，Ⅱb，Ⅲa 式がこの時期を細分しているのみである。

後期後半以後は，大神が糸島地方の甕棺を神在式，福井式に二分するが，森，高島ともに日佐原式，X式（日佐原式）としてほぼ後期終末，または後期終末～土師器のものとして分類している。岡崎が三津式を狐塚Ⅰ式，神在式を狐塚Ⅱ式に対応するものとしたのは，ありえないことといってよかろう。

次に18型式に分類した甕棺型式と，日常容器との関係についてふれる。

3）甕棺型式と日常容器編年との関係

K I a 式甕棺併行期の日常容器（図28 - 1，2，3）

この時期の日常容器としては，まず剣塚 K14，K15 の棺外副葬小壺，K16 の棺内に副葬された小壺があげられる。K15，K16 に副葬された小壺は口縁の段，肩の段，円板貼付状の底部，また肩部に朱描の有軸羽状文，頸部に数条の朱描の縦線を施し，板付Ⅰ式に近い様相を示し，板付Ⅱ式の最古式いわゆる板付Ⅱa 式に位置づけられる。K14 副葬小壺は頸部より上を欠失しており全容は不明

72　Ⅱ　甕棺をめぐる諸問題

表2　各編年案対照表

		橋口	森	折尾	岡崎	高島	高倉	大神
前期		ＫⅠa式 ＫⅠb式 ＫⅠc式	伯玄式 金海式	金隈Ⅰ式 金隈Ⅱ式	伯玄式 金海式	Ⅰ式(板付Ⅰ式) Ⅱ式 Ⅲ式	金海式	
中期	前半	ＫⅡa式 ＫⅡb式 ＫⅡc式	城の越式 汲田式	金隈Ⅱa式 金隈Ⅱb式 金隈Ⅲa式	汲田式	Ⅳ式(城ノ越式) Ⅴ式(汲田式)	汲田式	
	後半	ＫⅢa式 ＫⅢb式 ＫⅢc式	須玖式 立岩式	金隈Ⅲb・Ⅲc式 (金隈Ⅳ式)	須玖式 立岩式	Ⅵ式(須玖式) Ⅶ式(立岩式)	須玖式 立岩式	
後期前半		ＫⅣa式 ＫⅣb式 ＫⅣc式	桜馬場式 三津式	金隈Ⅴ式	桜馬場式	Ⅷ式 Ⅸ式	桜馬場式	
後期後半以後		ＫⅤa式 ＫⅤb式 ＫⅤc式 ＫⅤd式 (ＫⅤe式) ＫⅤf式	日佐原式		三津式 神在式	Ⅹ式(日佐原式)		神在式 福井式

であるが，肩部にヘラ描きの斜交文を施している。この斜交文自体は板付Ⅱa式にはみられるが，器形に前二者に比べるとやや後出の要素がうかがえる。しかしながらK14はK15，K16と形態的には差は見いだし得ない。

したがって剣塚K15，K16の副葬小壺の示す時期つまり板付Ⅱ式の最古期(板付Ⅱa式)から，やや後出の時期までをＫⅠa式甕棺の時期と考える。

ＫⅠb式甕棺併行期の日常容器(図28)

この型式の甕棺に併行する土器は，まず中・寺尾K2，K17の棺外副葬小壺があげられる。これらの壺は無軸の貝描き羽状文が主体となり，いわゆる板付Ⅱb式の範疇にはいる。K17副葬小壺は肩部凸帯が出現しており，K2副葬小

甕棺の編年的研究　73

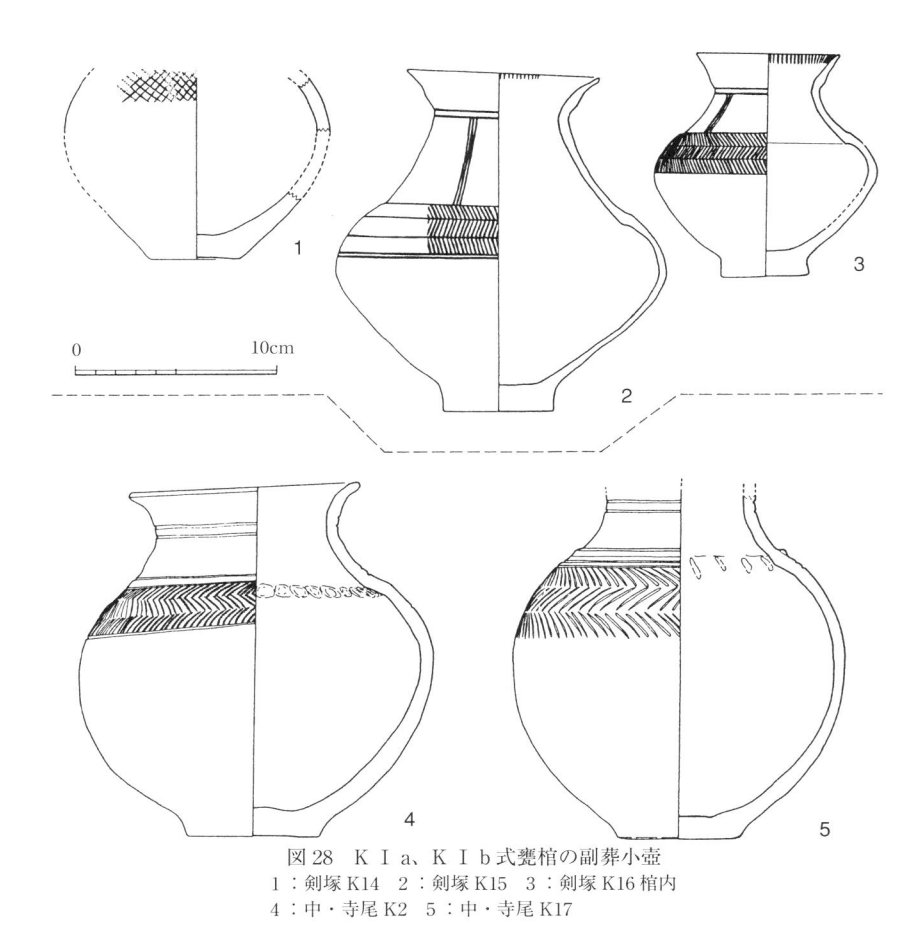

図28　KⅠa、KⅠb式甕棺の副葬小壺
1：剣塚K14　2：剣塚K15　3：剣塚K16棺内
4：中・寺尾K2　5：中・寺尾K17

壺に比べやや後出的である。

KⅠc式甕棺併行期の日常容器(図29, 30)

　KⅠc式甕棺になると小壺を副葬した例はない。いま，これに併行すると思われる日常容器を転用した壺，甕などをあげると北牟田K2，金隈K50，ハサコの宮K24などがある。

　北牟田K2，金隈K50はほぼ基本形は同一であるが，北牟田K2の口縁内側（というよりは上端）には粘土帯の貼付がみられない。肩部には両者とも三角凸帯を貼付している。ハサコの宮K24は如意形口縁を呈し，口縁下に三角凸帯を貼

74　Ⅱ　甕棺をめぐる諸問題

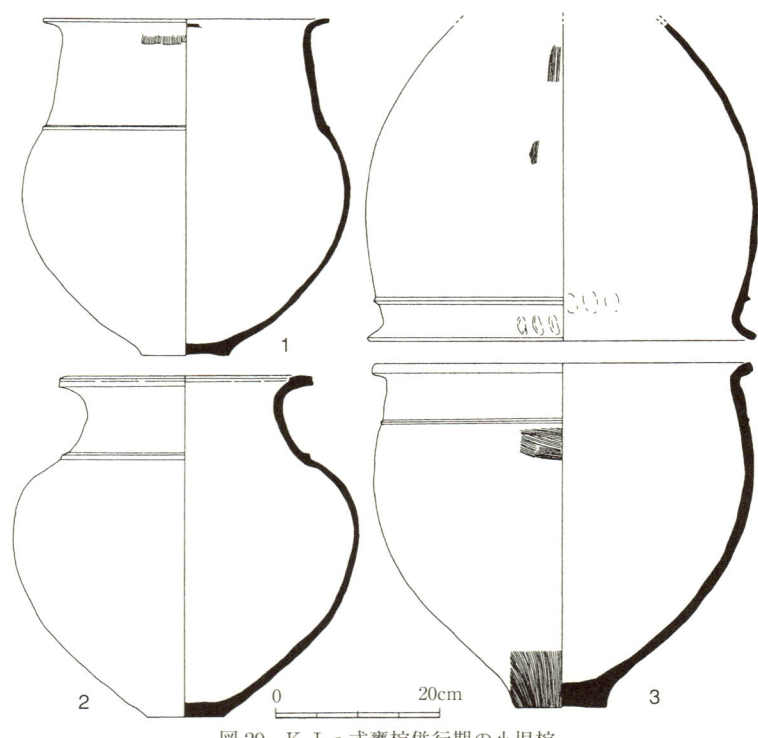

図29　KⅠc式甕棺併行期の小児棺
1：北牟田K2　2：金隈K50　3：ハサコの宮K24

付している。

　これらと同様な形態をもつ壺，甕に福岡市飯氏出土の土器があげられる（図30）。この壺は口縁上端に粘土帯を貼付し，肩部には2条の沈線と貝描きの無軸羽状文がみられる。甕はいわゆる亀の甲タイプのものである。またKⅠc式の甕棺と同様の口縁を持つ壺が，この亀の甲タイプの土器と唐津市柏崎貝塚で伴出したことが知られている[37]。これらの土器は前期末に属し，KⅠc式甕棺が前期末に位置づけられることを示している。

KⅡa式甕棺併行期の日常容器(図31)

　この型式の甕棺に併行する時期の小児棺として，金隈K42，北牟田K19，北牟田K36などがあげられる。金隈K42は内に低く傾斜する逆L字状口縁を呈

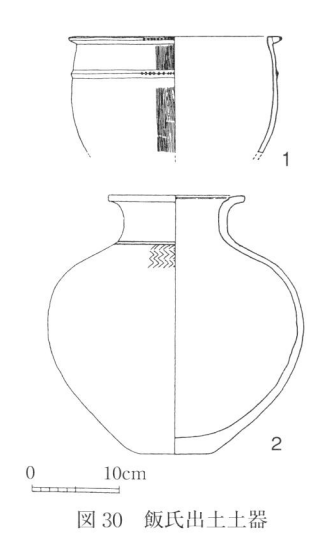

し，口縁下に三角凸帯を1条貼付する。胴部最大径はやや上位にある。底部は細くひきしまりかなりの上げ底を呈する。北牟田K19，北牟田K36は三角口縁を呈し，K19は口縁下に沈線を，K36は三角凸帯を付す。胴部最大径はかなり上位にある。底部の特徴は金隈K42と同様である。北牟田K19，K36はいずれも亀の甲系の土器である。

　これらの土器はいわゆる城之越式土器として中期初頭に位置づけられている。これらと同一時期に属する壺は，板付Ⅲ式として図示されたもの[38]などがあげられる。

図30　飯氏出土土器

KⅡb式甕棺併行期の日常容器(図32)

　この型式の甕棺に併行すると考えられる小児棺として金隈K146，ハサコの宮K14，K23，北牟田K32などがあげられる。

　ハサコの宮K23をのぞき他の三者はやや内側に低く傾斜する逆L字状口縁を呈し，口縁下に1〜2条の三角凸帯を貼付する。胴部最大径はやや上位にあり，底部は細くしまりやや上げ底を呈する。これらは城之越式の諸特徴を引き継いでいるが後出的といえる。

　ハサコの宮K23下は口縁がわずかに外側に低く傾斜し，口縁外側に刻目を付す。胴部最大径はやや上位にあり，その部位にM字型凸帯1条を貼付する。底部はわずかに上げ底を呈する。この土器だけをとってみるならば前記三者に比し，やや後出的要素を認められるが，上甕に使用された深鉢ともいうべき土器の口縁が前記三者に近似するものでこの時期としておく。

KⅡc式甕棺併行期の日常容器(図33，34)

　この型式の甕棺に併行する時期の小児棺としては北牟田K29，永岡K47，K50などがあげられる。これらの甕の口縁はわずかに内に低く傾斜する逆L字状を呈し，口縁下には三角凸帯を付す。胴の張りはほとんどなくなり，底部も

76　Ⅱ　甕棺をめぐる諸問題

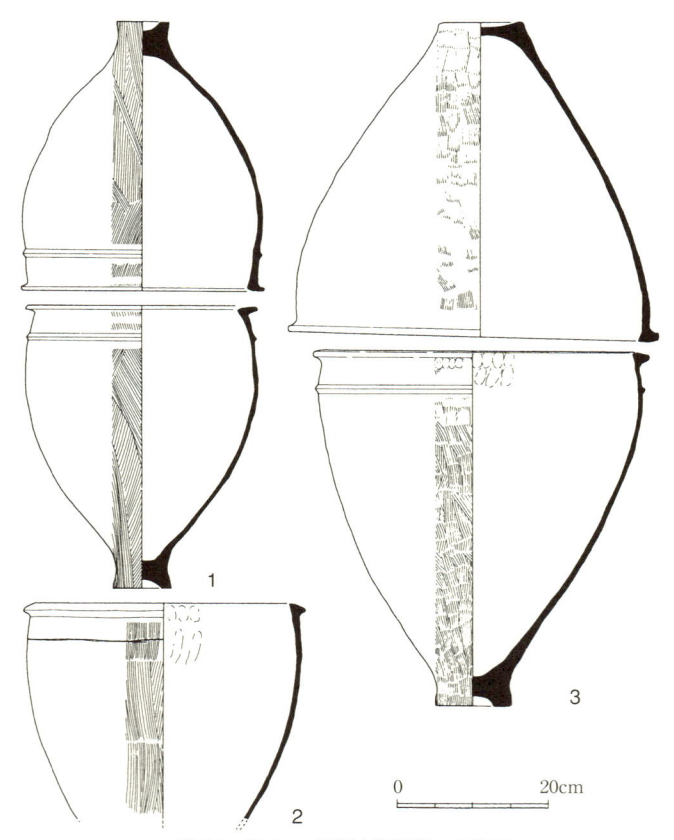

図31　KⅡa式甕棺併行期の小児棺
1：金隈 K42　2：北牟田 K19　3：北牟田 K36

細くしまらず，上げ底もわずかである。これらの諸特徴は前記二者と同様の要素をもちながら後退的であり，時期的にも後出することは明らかである。
　またこの時期のものとして，ほぼKⅡc式の甕棺で構成される永岡遺跡の甕棺墓群の供献土器と考えられる一群があげられる[39]。これらの壺は外反する頸部がそのまま開口するもの，いわゆる鋤先口縁を呈するものなどがあり，鋤先口縁をなすものは口縁が外側に低く傾斜し，甕棺の口縁と共通する。胴部は未だやや長胴形で，胴上位に最大径がある。その他に内側に低く傾斜する逆L字状口縁に紐通し孔を設ける無頸壺もみられる。

図32 KⅡb式甕棺併行期の小児棺
1：金隈K146下　2：ハサコの宮K14下　3：ハサコの宮K23下　4：北牟田K32下

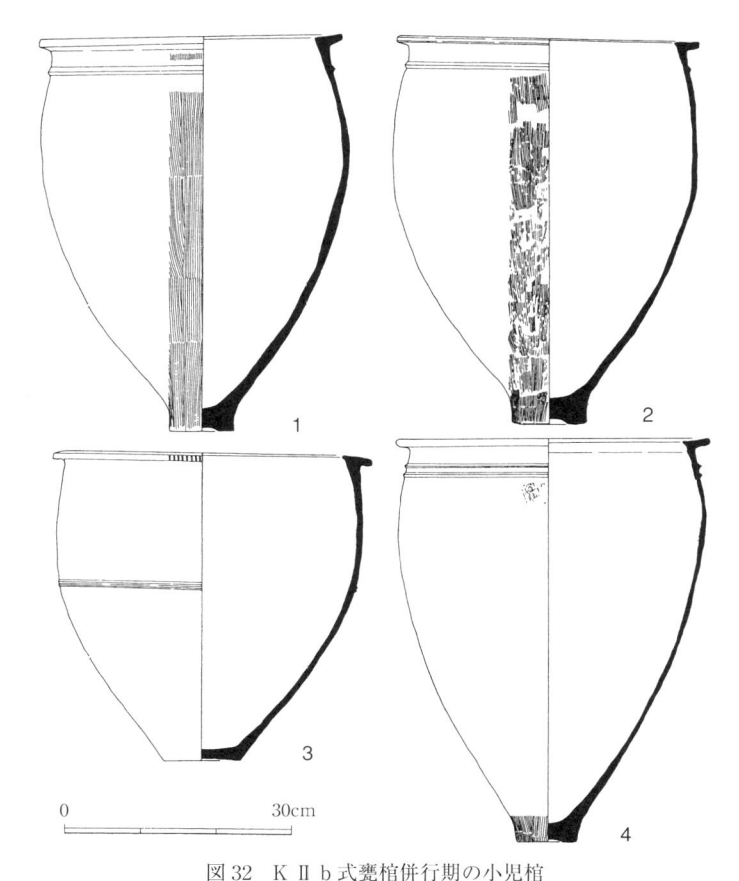

KⅢa式甕棺併行期の日常容器(図35，36)

　図35に示したものは同一墓壙に2基の甕棺が埋置された春日市原K99，K100に伴う小児棺である[(40)]。原K99はKⅡc式の甕棺の形態を踏襲しながら口縁下にコ字形凸帯を貼付するKⅢa式の甕棺で,胴上半はほぼ直立している。原K99上甕はKⅢa式に普遍的な鉢で,口縁は外側に低く傾斜するものである。原K100はKⅡc式の中でKⅢa式に近いとしたハサコの宮K1下とほぼ同様の特徴をもつ。上甕は胴上半部を打ち欠いた甕を使用している。やや形態

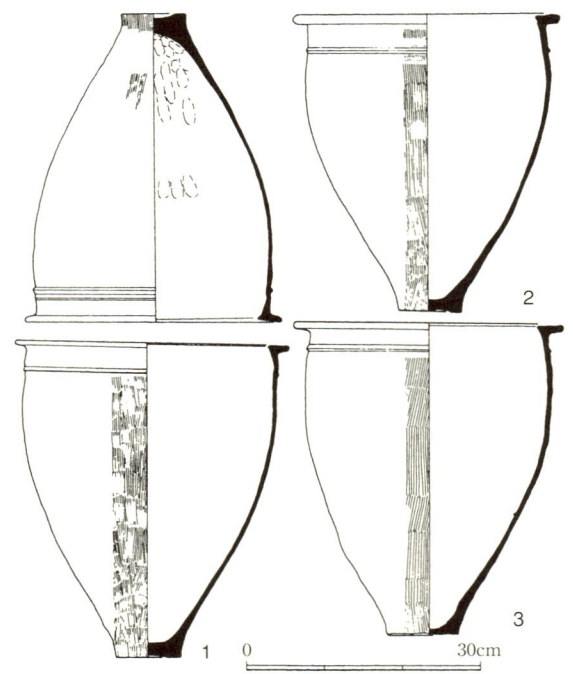

図33　KⅡc式甕棺併行期の小児棺
1：北牟田K29　2：永岡K50　3：永岡K47

を異にしながら同一墓壙に埋置されたということは本来両者が同一型式に属するものであるか，一型式古いものが新しい時期に残ったものかいずれかであるが，この2基同時埋葬の原K99，K100はいずれにしろ原K99の時期をとりKⅢa式の古式に属することは間違いない。したがってそれに伴う小児棺は当然KⅢa式に併行するものである。これらは口縁がほぼ平坦か，やや外側に低く傾斜する傾向が生じ，口縁下凸帯はもたない。胴部の張り出しはみられず，底部はわずかに上げ底を呈するもの，平底両者がある。K103下は前項で述べた丸味を帯びた甕棺の系列下にあると思われ，胴中位に三角凸帯1条を貼付している。

　同じくKⅢa式に併行するものとして宝台K14上甕に使用された壺，同じくその壺と同様の特徴を持つ壺を含むA，B両地点の祭祀土器があげられる[41]。

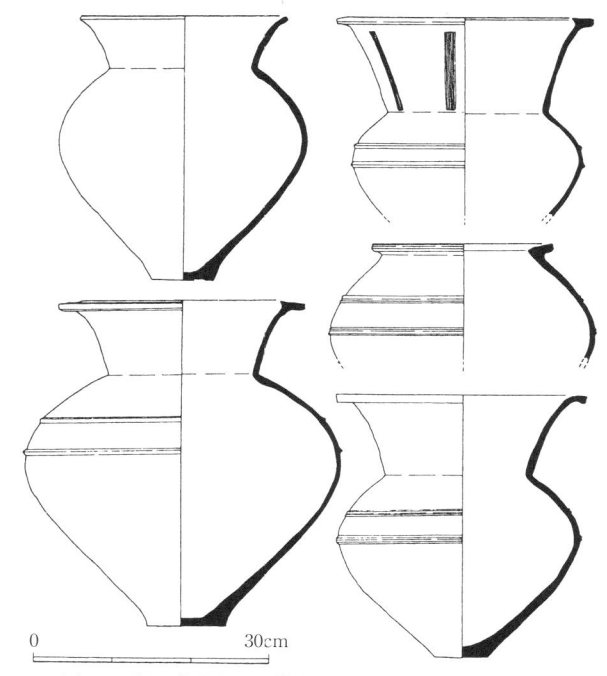

図34　永岡遺跡竪穴，溝出土土器（KⅡc式甕棺供献土器）

　これらから壺，甕，高坏のセット関係が把握できよう。また諸岡K33上甕の破損部を覆った高坏も好資料である[42]。高坏の口縁部は外側に低く傾斜しており，脚部は長くなる傾向が認められる。

　これらはいわゆる狭義の須玖式土器としてとらえられてきたもので，中期中頃とされるものである。中期を前半，後半に二分すると，後半の最古期にあたる。

KⅢb式甕棺併行期の日常容器(図37)

　この型式の甕棺に併行する小児棺として金隈K62，K70，K71，K75などがあげられる。この時期の甕の口縁は再び内側に低く傾斜する傾向にある。口縁下には三角凸帯を付すもの，付さないものの両者がある。K62の上甕として使用された開口壺はKⅢa式併行期の壺に比し，さらに頸部が長大化し，胴部が小さくなっている。下甕の口縁はやや外側に低く傾斜している。これらは甕棺

80　Ⅱ　甕棺をめぐる諸問題

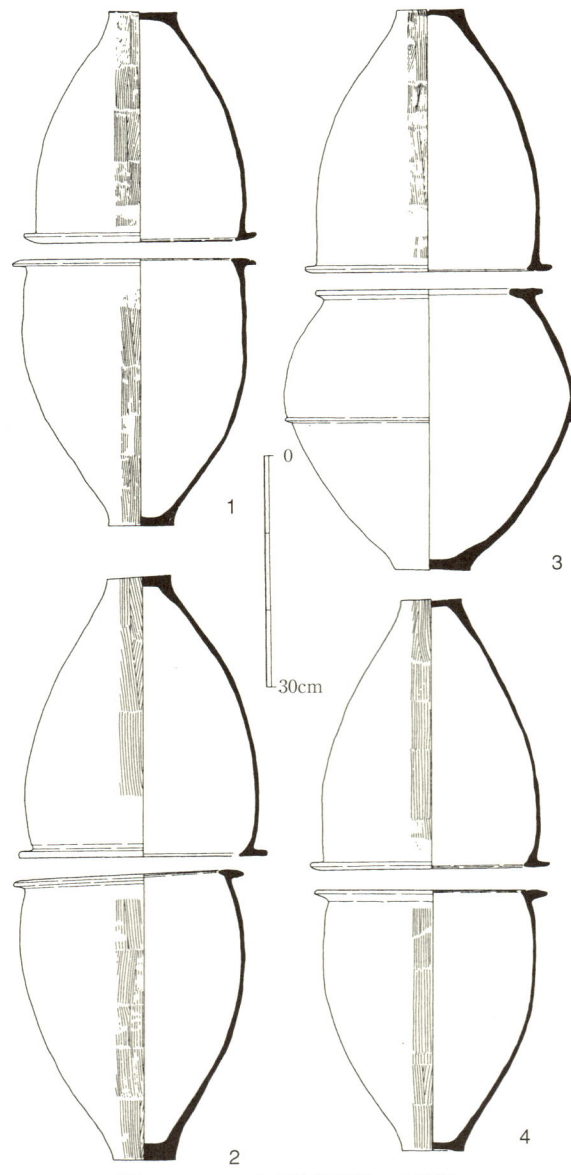

図35　KⅢa式甕棺併行期の小児棺
1：原K101　2：原K102　3：原K103　4：原K104

甕棺の編年的研究　81

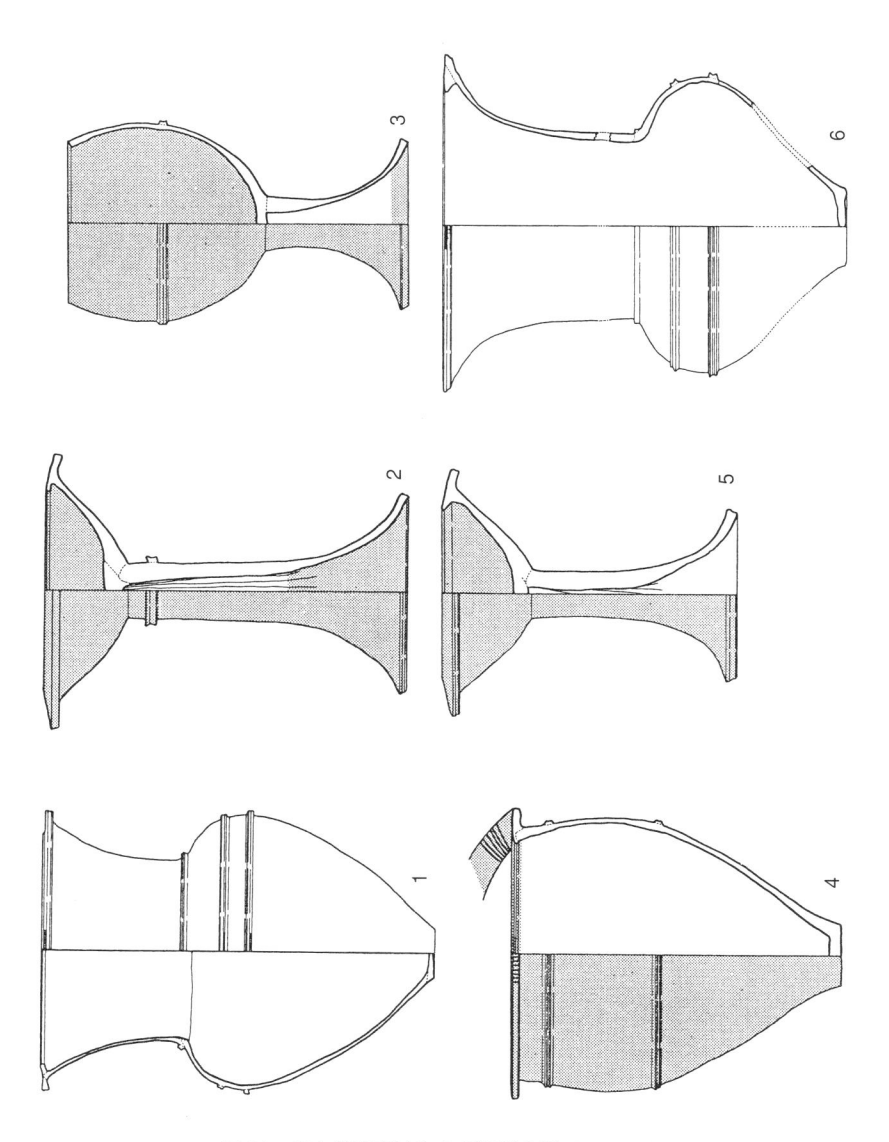

図36　宝台遺跡甕棺および祭祀土器（縮尺不同）
1：宝台遺跡 K14 上　2〜6：宝台遺跡祭祀遺構（B 地点）出土土器

82　Ⅱ　甕棺をめぐる諸問題

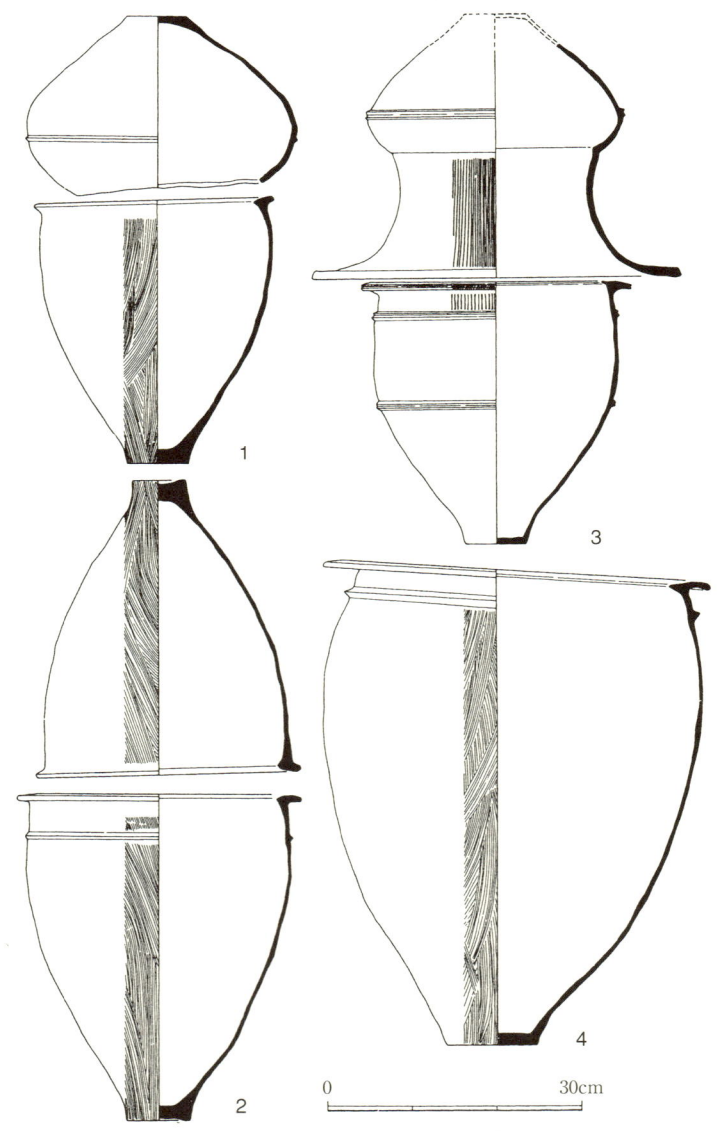

図 37　KⅢb式甕棺併行期の小児棺
1：金隈 K70　2：金隈 K71　3：金隈 K62　4：金隈 K75

墓の祭祀などにも使用されることもある特殊なものといえよう。

　この時期に大形特殊筒形器台，袋状口縁壺など，甕棺墓の祭祀などに使用される特殊な土器の出現がみられる。この時期の袋状口縁壺は口縁が丸味を帯び，頸が細くて長く，口縁下，頸，肩などにM字型凸帯をもつものが多い。

KⅢc式甕棺併行期の日常容器(図38,39,40)

　この型式の甕棺に併行する小児棺としては道場山 K35, K49 などがあげられる。これらの甕の口縁は内側に低く傾斜するく字に近い口縁を呈し口縁内側に稜のつかないものであり，胴部はかなり張り出して丸味をもつようになる。

　これと同時期のものは板付遺跡 J・K-25 トレンチ旧河川層出土の土器[43]，板付 F-6b 井戸出土土器があげられる[44]。板付 F-6b 井戸出土土器は調査担当者によって4層に分けて取り上げられている(1〜4層へ上→下の順)が，1〜4層ほぼ同一時期に埋められたと考えていいようである。ただ2層出土の内彎する口縁をもつ甕は後期初頭のものと考えられ，1層の凸帯をもつ甕，3層の口縁下に凸帯をもたない袋状口縁壺はやや後出的であり，井戸の埋められた時期は後期初頭であると考えるが，他の土器のほとんどは中期末としてよい。

　これらの資料から高坏を欠くとはいえこの時期のセット関係がとらえられよう。袋状口縁壺は KⅢb 式併行期のものに比し，頸が短く大きくなっている点，および頸部中位，肩部に凸帯が付されない点などが異なる。この袋状口縁壺は葬送に伴う祭祀のみではなく，各種の祭祀に用いられた用途の広いものと考えたほうがよい。

KⅣa式甕棺併行期の日常容器(図41)

　この型式の甕棺に併行する小児棺として道場山 K43, K53 上, K59 下, K74 などがあげられる。これらの土器は逆L字状口縁で内側の稜が明瞭なものなど，ほぼ甕棺の口縁形態と軌を一にしている。また図22−6に示した口縁が内彎するものもこの時期の日常容器である。口縁下凸帯は頸部もしくは頸部のわずか下位に貼付し，胴は張り出し口径より胴径が大きい。底部はまだしっかりしている。

　この時期の袋状口縁壺はかつて対馬における弥生式土器の変遷をあつかった際に述べたが[45]，口縁にやや稜が生じ，肩部の凸帯も大きくなり三角凸帯が多くなる。しかしこの種の土器はまだ福岡地方では類例に乏しく，鹿部東町土器

84　Ⅱ　甕棺をめぐる諸問題

溜出土の同報告書掲載の第132図5，6などがあげられる[46]。この土器は口縁形態は上述のとおりであるが，胴部は球形を呈し，肩部凸帯はもたない。福岡市今宿小学校庭出土の袋状口縁壺も鹿部山報告書掲載の第132図6と同様のものである。この時期の袋状口縁壺はまだ祭祀に使用されていることが多い。高坏はこの時期では鋤先口縁の退化形態のものが残るようである[45]。

KⅣb式甕棺～KⅤb式甕棺併行期の土器の形態変遷について

この時期の公表された資料は未だ少なく，不明な点も多い。資料的には春日市大南遺跡の周溝出土土器，福岡市弥永原遺跡周溝出土の土器などに好資料があり，これらの資料整理が行なわれることによって将来この時期の土器編年は急速に進行すると考えられる。武末純一がこの時期の編年について考察を加えているので[47]，これを参考にしつつ，この時期の土器変遷についてふれたい。

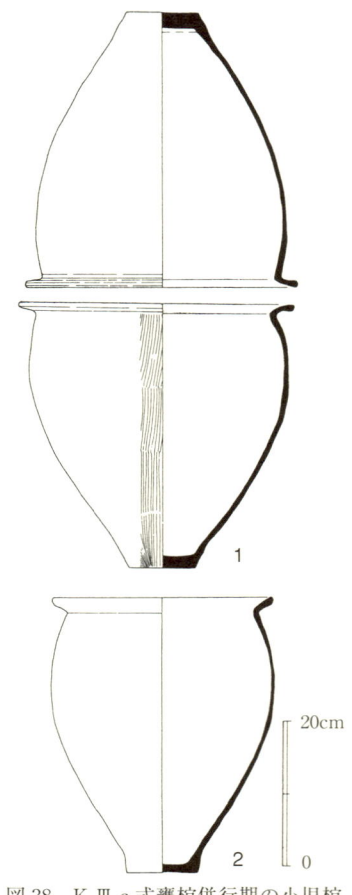

図38　KⅢc式甕棺併行期の小児棺
1：道場山K35　2：道場山K49下

武末は後期土器をⅠA期，ⅠB期，Ⅱ，Ⅲ期に分類し，ⅠA期を森編年の高三潴式に，ⅠB期を下大隈式に，Ⅲ期を西新式に比定している。ⅠA期の代表例として鹿部東町土器溜，ⅠB期は久保長崎1，2，7号住居跡，第Ⅱ期は野方中原A溝をあげている。

武末がⅠA期の代表例としてあげた鹿部東町土器溜は，報告者は人為的なものとして把握している。この東町土器溜は，皇石神社境内内甕棺と近接しており，土器の内容的な面からいっても祭祀的色彩をもつものがあり，甕棺墓地との関係が深いものと考える。土器はKⅢc式併行期のものとKⅣa式併行

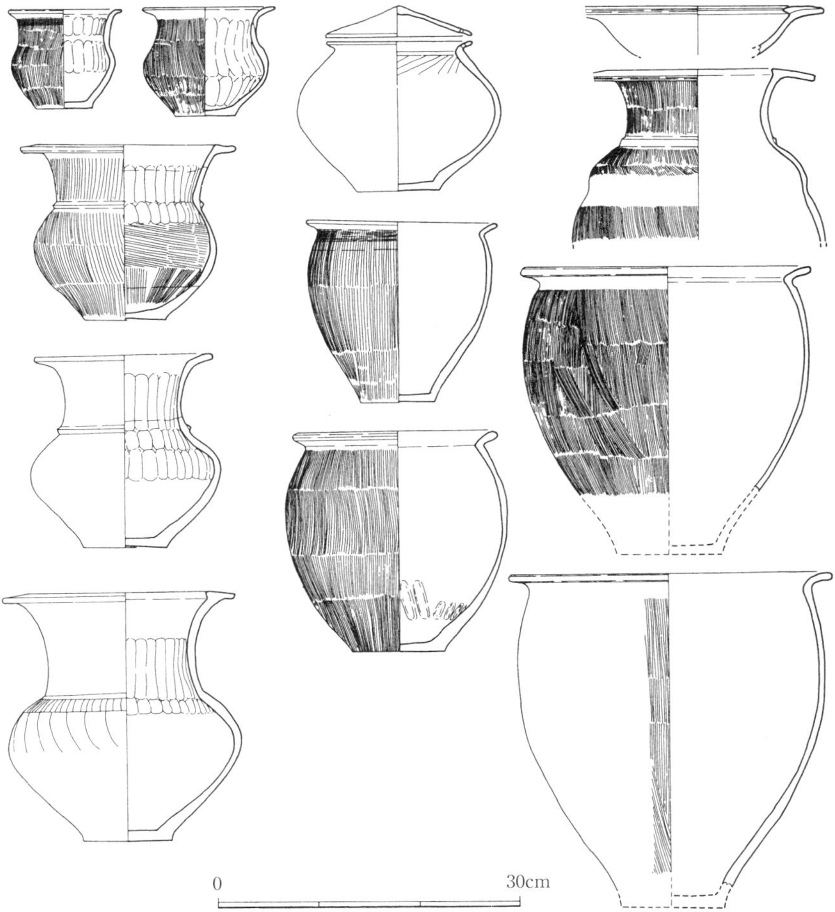

図39 板付遺跡 J・K-25 トレンチ旧河川層出土土器（K Ⅲ c 式併行期）

期のものが混在しており，K Ⅳ a 式の段階の祭祀に関係あるものとしてよい。

　武末が I B 期の代表例とした久保長崎 1，2，7 号住居跡出土の土器を次にみてみよう。まず久保長崎 1 号住居跡出土土器[48]のうち，甕ははねあげ口縁を呈するものがあり，遠賀川流域を中心に分布する甕の流入もみられるが，多くはやや丸味を帯びて外反するく字口縁を呈し，内側には明瞭な稜をつくる。胴は張り，口径より大きい。底部をみると，平底ではあるがややしまりがなくな

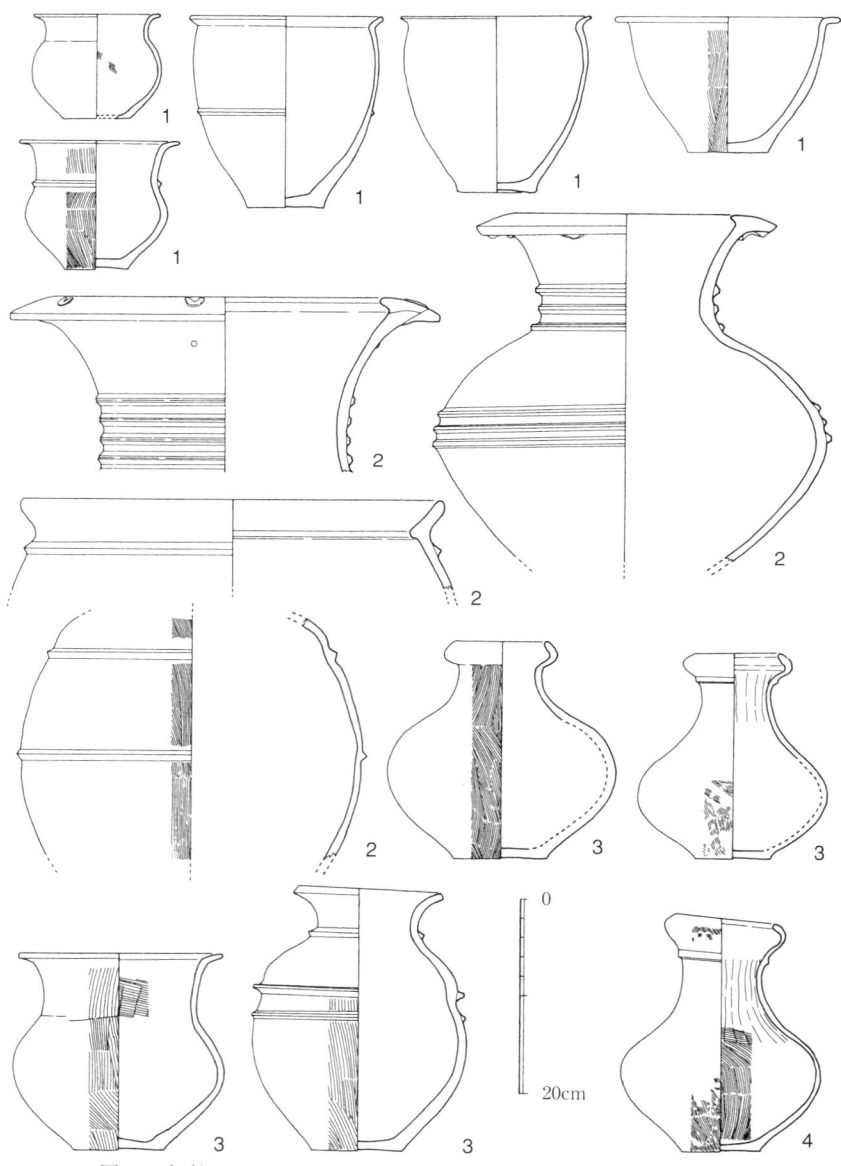

図40 板付 F-6b 井戸出土土器（KⅢc式併行期）（数字は層位を示す）

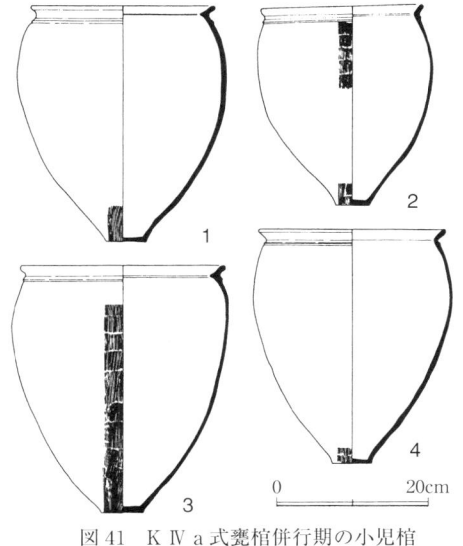

図41 ＫⅣa式甕棺併行期の小児棺
1：道場山K43　　2：道場山K53上
3：道場山K59下　4：道場山K74

る傾向が生じている。袋状口縁壺があるが，口縁部がないので如何ともし難い。報告者がこの種の壺の口縁部としたものは，高坏の可能性が強い。壺の底部も甕と同様の傾向が生じている。ＫⅣc式甕棺に併行するものと考える。

　2号住居跡出土の甕は，1号住居跡出土のものに比し，ほぼ同様の特徴をもちながらやや傾斜がきつい観を与える。胴の張りは強い。袋状口縁壺の口縁は内傾し，外側には明瞭な稜をつくる。胴部は長胴化したもので，肩部，胴部にややだれた三角凸帯をもつ。底部はやや丸底化の傾向が生じている。これらの特徴からすると明らかに1号住居跡出土土器より後出するものである。図44に図示したＫⅤc式に併行すると考えられる板付F-5a・5号井戸，同F-5c・3号井戸出土土器に近似するが，袋状口縁壺の口縁にやや丸味をもち，胴部が大きい点など，やや古い様相を示している。ＫⅤa～ＫⅤb式併行期のものと考える。この住居跡からは7号住居跡出土のものと同一のものの破片である銅戈鎔笵が出土している。7号住居跡出土の土器は，ＫⅢc式のものから2号住居跡出土土器と同一時期のものまで混在しているようである。

　武末は5号住居跡出土土器は，鹿部東町よりも甕に新しい形態を含むが鹿部東町よりも一時期下がるものか否かは現段階では何とも言えないとする。5号住居跡出土の甕はＫⅣa式に併行するものと，傾斜がきつくやや丸味をもって外反し内側に稜をつくらないものなどＫⅣb式以後の甕棺のつくりと共通するものがある。底部はまだ平底でしっかりしている。高坏は鋤先口縁の退化形態を示す口縁である。したがってＫⅣa，ＫⅣb式併行期の土器と考える。

8号住居跡出土土器はKⅣa式併行の土器である。したがって，私見では久保長崎の住居跡出土の土器は8号(KⅣa式併行)→5号(KⅣb式併行)→1号(KⅣc式併行)→2号(KⅤa～KⅤb式併行)の順に変遷するものと考える。7号住居跡出土土器はかなりの幅をもっているので省く。鹿部東町土器溜の土器と久保長崎5号住居跡の土器は一部重複するが前者が古い。

次に武末がⅠB器の久保長崎1，2，7号住居跡に併行するとした，小笹遺跡の祭祀土器をみてみよう。小笹A溝の土器群は古い様相(同掲載図第233図1，8，5，6)と新しい様相(同図2，3，4，7，9，12)に分かれるが，第Ⅰ期の中でおさめてよいとする。

小笹遺跡祭祀遺構出土土器[49]のうち，甕はく字口縁をなすがやや長くなる傾向を示している。袋状口縁壺は先にKⅣa式併行とした鹿部東町土器溜出土のものよりやや退化した形態をもつ。したがってこれはKⅣb式併行期の土器と考えてよい。

次に小笹遺跡第2次調査出土土器[50]をみてみよう。たしかにA溝では武末の指摘する形態的差異は認められる。KⅣa式併行期のものを含みながら，それより後出のものもみられる。袋状口縁壺は稜を明瞭につくり，直線的に内傾するものが後出的といえよう。高坏は鹿部東町土器溜，久保長崎5号住居跡にみられた鋤先口縁の退化形態からはなれ，やや内側に低い逆L字状を呈し，KⅣa式併行期の高坏より後出的である。したがって主体となる土器はKⅣb式併行期として位置づけられる。

以上，武末の考察を参考にして私見を述べてきた。資料的に限られており，不明な点もあるが，今後の調査，整理によって判明していくものと考える。

壺はKⅣa式併行期までは袋状口縁壺がまだ祭祀に使用されることが多く，壺の主体は鋤先口縁の退化形態のものであるが，KⅣb式併行期以後になって袋状口縁壺は日常的にも使用されるようになり，その後壺の主体を占めるようになり二重口縁壺へと発展していく。KⅣb式では口縁はやや稜を生じる傾向にあり，丸味をもちながら内傾する。胴は長胴化し，壺として大形化する傾向がある。肩部に三角凸帯，胴部にコ字形もしくは三角凸帯を貼付する。この時期はまだ底部はしっかりしている。甕の口縁はやや丸味を帯び外反し，内側には稜をつくり甕棺とほぼ同様の傾向を示す。高坏は小笹遺跡出土のものにみら

れるように鋤先口縁の形態からはなれ，やや内に低く傾斜する逆Ｌ字状を呈し，脚はやや短くなる。

ＫⅣｃ式併行期では基本形はいずれも前者と同様であるが，底部が平底ではあるがややしまりのない傾向が生じている。

ＫⅤａ～ＫⅤｂ式になると袋状口縁壺は明瞭な稜をもち，やや直線的に内傾する口縁を持つ。胴は長胴化し卵形をなす点は変わらないが，底部が丸底化する傾向が生じている。甕の口縁は丸味をもち外反するが，傾斜がややきつくなる。底部は壺と同じ傾向が生じている。ＫⅤｂ式併行期の甕の好例としては原の辻第14試掘溝Ｋ２の上甕に使用されたものがあげられる[51]。高坏の形態は不明。

ＫⅤｃ式～ＫⅤｆ式甕棺併行期の土器の形態変遷について

ＫⅤｃ式甕棺～ＫⅤｆ式甕棺としたものはいわゆる西新式土器の範疇に入り，森編年の日佐原式，高島編年のⅩ式（日佐原式）に相当するものとして理解している。これらは弥生時代後期終末で一部土師器に入るものと位置づけられている。北部九州における弥生時代後期終末から土師器については，筑後市狐塚の調査以来急速に進展している[52]。これらの業績を参考にして若干の考察を加えたい。

この時期に特徴的なものとしてまず，細頸・長頸壺がある。この土器の形態論から始めよう（図42）。この種の土器についてはかつて次のように分類した[45]。

１類……頸の径が大きく，かつまだ頸がそれほど長くなく，底部はやや大きく平底を呈しているがややしまりがなくなっている。頸，肩の接合部内面はなめらかで稜がつかない。器面は丁寧なヘラ研磨が施されている。この形態の土器は対馬に若干みられるが，北部九州ではまだ出土例はない。

２類……頸は細くて長くなるが，口唇部近くでわずかに内彎する傾向がある。底部は丸底化の傾向が生じているが，未だ平底を呈する。器面は全面にヘラ研磨を施す。頸，肩の接合部内面には稜が認められるが，屈曲の度合はゆるい。

３類……頸は細くて長いが，口唇部は内彎せず外に開く。底部は丸底を呈する。器面は全面にヘラ研磨を施す。頸，肩の接合部内面の稜は明瞭なも

90　Ⅱ　甕棺をめぐる諸問題

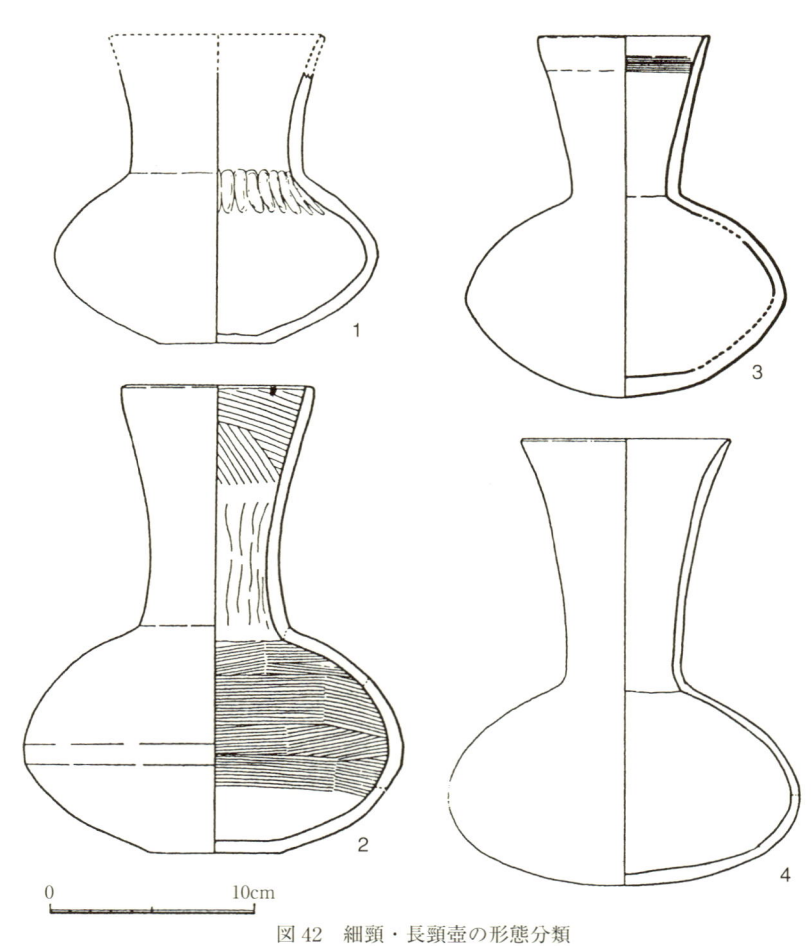

図42　細頸・長頸壺の形態分類
1：弘法浦遺跡（1類）　　2：白蓮江浦第2遺跡2号石棺（2類）
3：高島遺跡第2遺構（3類）　　4：観音鼻遺跡第2号石棺（4類）

のとなる。

3類としたものと同様な特徴を示すものに北九州市高島遺跡第2遺構出土[53]，山口県土井ケ浜乾燥場北グループ出土のもの[54]があるが，これらと比較すると3類としたものは胴部がより扁球形を呈し，頸部の外方への開きが強い。高島出土のものについて報告書は「やや上方に広がり気味の直線的立ち上がりを見せ，口縁あたりでわずかに内彎気味がうかがわれる」としている。このことから高島，土井ケ浜出土の類を2類と3類の間に位置づけられよう。したがって今回上記分類の3類を4類とし，高島，土井ケ浜例を3類としたい。以上四者の形態的差は時間的前後関係をなすものと考える。

次に高坏について述べよう。

1類として，口縁はやや外反し短く，屈曲部は明瞭な稜をつくる。脚部は裾近くでやや内彎気味で，円形透し孔が一般的には3カ所施されている。器面調整にはヘラ研磨が加えられる。福岡市野方中原A溝[55]，高島第2遺構[53]，原の辻第9′試掘壙出土土器のうちにこれらの高坏がある[51]。野方中原，原の辻には口縁の外反の度合いが少なく，かつ短いものを含む。この種は若干古い要素を示すものであろう。

2類として，口縁は長くなり外彎気味に外反し，坏部のほぼ中位にある屈曲部の接合部は内外面ともに明瞭な稜，または段を形成する。脚の形態，器面調整などにはほとんど差は認められない。

3類としては，ほぼ直線的に外反し，屈曲部は認められず，したがって器面の稜はないが，痕跡的なものとなる。脚部の形態，器面調整などには前二者とたいした差は認められない。

この三者の形態的差異も時間差を示したものと考える。

以上の細頸・長頸壺，高坏の分類を参考として共伴関係を追ってみよう。まず板付F-5c・3号井戸出土土器が好資料としてあげられる(図44)。これは細頸・長頸壺2類と高坏1類が共伴し，袋状口縁壺は直線的に内傾し，袋部はく字に屈曲して明瞭な稜をつくる。胴部の大きさに対し，口縁，頸部がかなり長大化している。胴部は長胴形を呈し，肩部，胴中位にだれた三角凸帯を貼付している。底部は丸底化の傾向が生じている。同じく板付F-5a・5号井戸10層からもほぼ同様の細頸・長頸壺と袋状口縁壺が共伴し，これに東九州系の内彎

92　Ⅱ　甕棺をめぐる諸問題

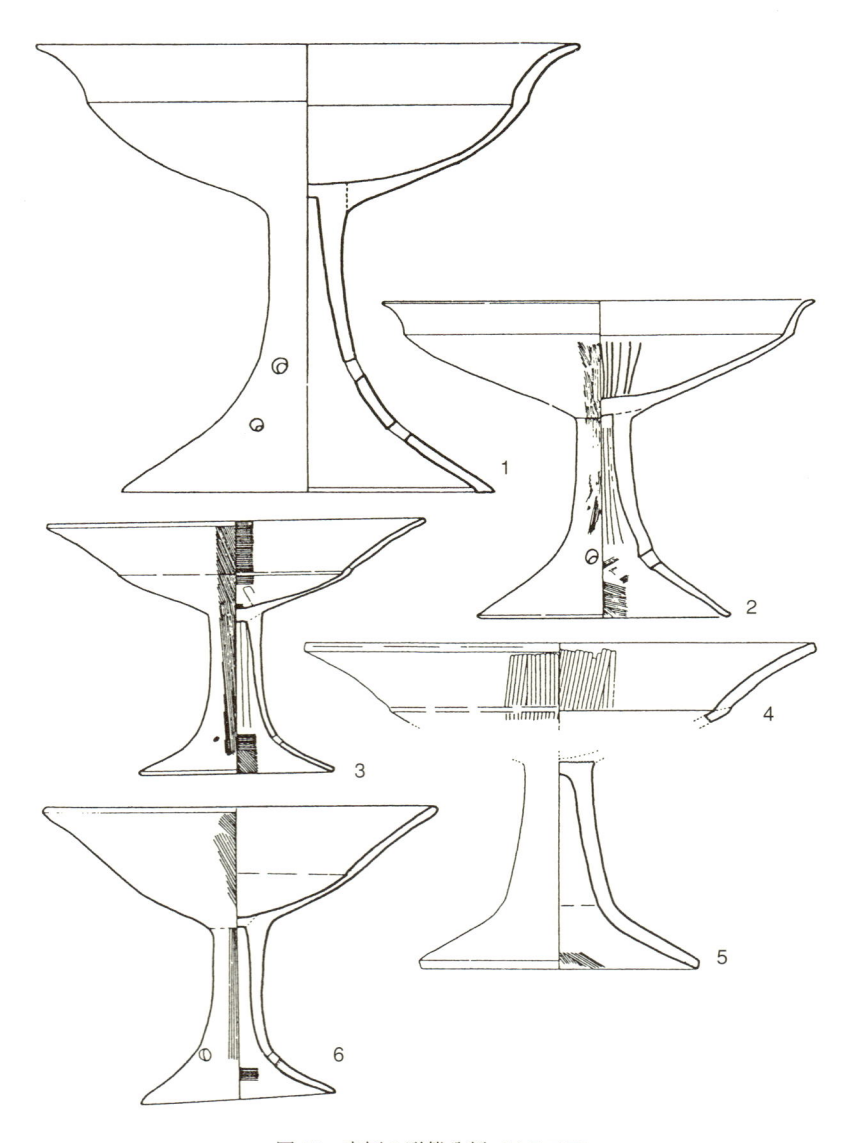

図43　高坏の形態分類（縮尺不同）
1・2：1類（1：高島遺跡第2遺構　2：原の辻遺跡第9試掘壙）
3～5：2類（3：宮の前遺跡C地点高坏群B　4・5：狐塚遺跡第3号竪穴）
6：3類（宮の前遺跡D地点Eトレンチ暗褐色土下層出土）

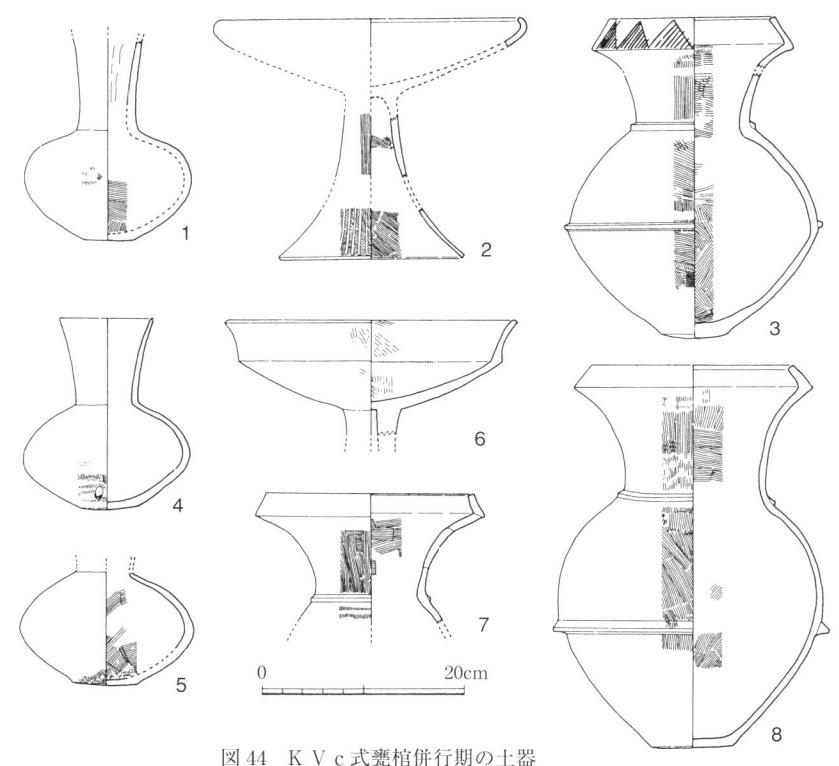

図44　ＫⅤｃ式甕棺併行期の土器
1～3：板付Ｆ-5a・5号井戸　4～8：板付Ｆ-5c・3号井戸

する埦状の坏部をもつ高坏が共伴している(図44)。高島第2遺構からも高坏1類とこの東九州系高坏は共伴しており，セット関係をなすものと考えられる。しかし高島第2遺構出土の細頸・長頸壺は3類に属する。高島の袋状口縁壺はやや直立気味で，屈曲部は張り出し凸帯状をなす。胴部はほぼ球形に近く，肩部に三角凸帯を貼付している。底部は丸底の傾向が生じている。この壺は板付井戸出土のものと形態を異にするが，時間差をあらわすものか否かの判断は難しい。著者は地域差をあらわすもの（つまり筑前と豊前・豊後）として考えたい。したがって高島第2遺構出土土器は細頸・長頸壺は後出的であるが，全体としては，板付井戸出土の土器とほぼ同型式と考える。

　野方中原遺跡Ａ溝出土土器として柳田純孝によって図示された土器群[55]も，

ほぼこれと同型式である。ここで注目されることは，ＫⅤｃ～ＫⅤｄ式の糸島地方の甕棺と共通する大形甕が存在することである（野方中原と糸島地方は至近の距離にある）。図示されたものは底部がなく，いずれの型式に属するかは決めがたい。原の辻第9′試掘壙出土土器として図示された土器群の新しい時期のものもほぼこれらと同型式のものとしてとらえられる。また原の辻では第19試掘壙から糸島地方系の甕棺が出土しており注目される。K1下の底部については「底部は丸底に近く，まだ完全に整形しておらず，不規則なかたちをしている」と報告されている[56]。写真から判断すると志登出土甕棺の底部に類似し，タタキ痕も認められる。ＫⅤｃ式に属するものと考えられる。

このように考えるならば細頸・長頸壺3類と高坏2類，細頸・長頸壺4類と高坏3類は併行関係にあると考えられるが，住居跡などから出土するときは混在しているのが実態である。また細頸・長頸壺は本来遠賀川以東に分布の中心を置く土器であり，筑前地方では出土例は少なく筑後ではほとんどみられない。いま高坏の関係でみると，宮ノ前Ⅰ式では2類，3類を同型式に置き[57]，狐塚Ⅰ式でも2類，3類，同Ⅱ式でも2,3類ともに同型式としている[58]。狐塚2号住居跡では2類高坏と東九州系の内彎する高坏の退化形態と思われるものがあり，前述の高坏1類，細頸・長頸壺2類を共伴した各遺跡出土土器より明らかに後出的であり，また壺，甕の胴下半部にヘラ削りを施しているものがあり，これらの土器の底部はほぼ丸底化し，痕跡的に平底を呈するものである。したがってこの狐塚2号住居跡の壺，甕は胴下半にヘラ削りが出現する時期とそれ以前に分類し得るものと考える。そしてこの胴下半にヘラ削りが出現し，底部の丸底化が進行した壺，甕などに高坏3類，細頸・長頸壺4類が伴い，ヘラ削りがなく，底部の丸底化は進行しているが底部の稜が認められる壺，甕などに高坏2類，細頸・長頸壺3類が伴うものと，形態学的には考えられる。

福岡市西新Ｄ区3号住居跡出土の土器は胴下半にヘラ削りが施され，底部も丸底化が進行し，底部は痕跡的で，底部の稜は不明瞭である（図45）。これは今宿出土の甕棺の形態，手法と一致しており，ＫⅤｆ式とした祇園山K1とをつなぐ資料として好例といえる。したがってこれらを埋葬専用甕棺としては未だ出土例はないが，ＫⅤｅ式併行の土器と考えたい。

高坏2類，細頸・長頸3類，および丸底化は進行しているが底部の稜は明瞭

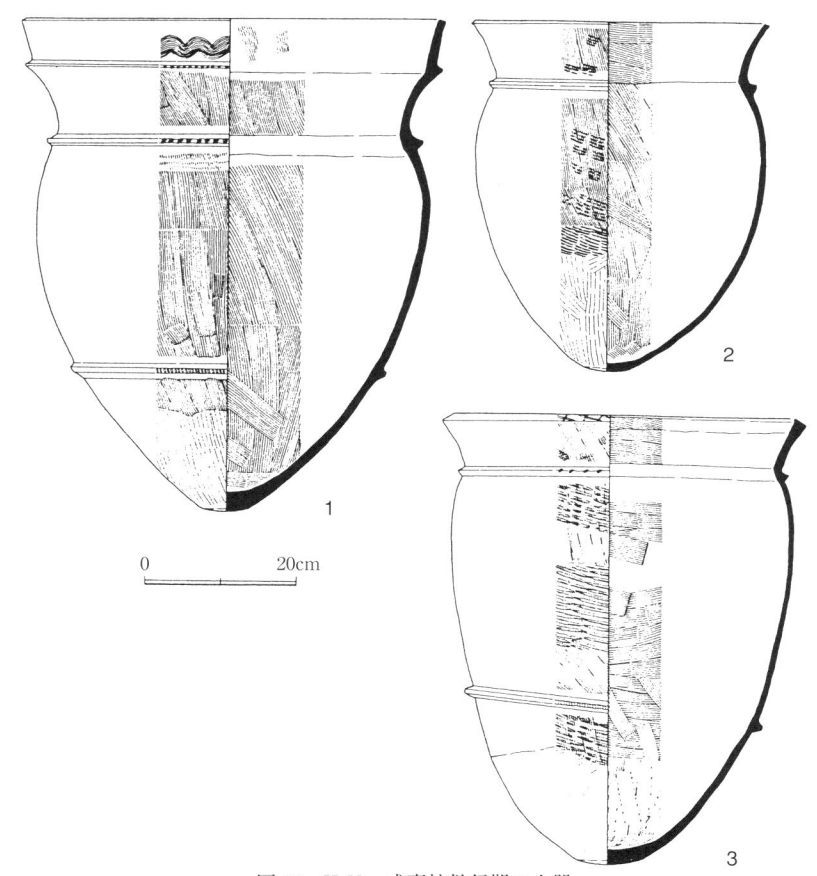

図45　ＫⅤe式甕棺併行期の土器
1・2：西新Ｄ区3号住居跡　3：今宿出土甕棺

で，胴下半にヘラ削りが認められない壺，甕などをＫⅤd式併行期のものとして考える。上述の高坏1類，細頸・長頸壺2類を共伴する板付井戸などの土器はＫⅤc式併行期のものとして位置づけたい。したがって細頸・長頸壺1類はそれより古いものと考える。

ＫⅤf式とした祇園山Ｋ1にどのような土器が伴うかは著者の力のおよぶところではないが，井上裕弘が最古式の土師器とした門田辻田17号住居跡出土土器[59]などが伴うものと予測できよう。

4）甕棺副葬品からみた弥生時代年代論

a．各甕棺型式と副葬品との関係

副葬品をもつ甕棺墓の主要なものは表3に示すとおりである。

KⅠa式甕棺では現在のところ副葬品は知られていない。

KⅠb式甕棺では中・寺尾K2，K17，金隈K103より朝鮮系柳葉式磨製石鏃の退化形態のものが出土している[60]（図46）。これらの磨製石鏃は伯玄社D24，志登8号支石墓[61]などで出土した細く鋭い，断面は厚く明瞭な鎬を有する身をもち，茎もしっかりしたものに比べ，幅広くなり，断面は扁平になり鎬は不明瞭である。また茎をもたないもの，目釘穴を有するものなどがある。

金隈K103人骨には南海産大形巻貝のゴホウラを原材とする貝輪（金隈型）を右腕に2個着装していた。

KⅠc式甕棺では細形銅剣，銅矛，銅戈などの副葬が始まっている。板付田端の甕棺は中山平次郎の報告からKⅠc式であることがわかる。慶尚南道金海会峴里K3は森，高島が指摘するように[62]，やや後出する要素をもちKⅡa式に併行する可能性もある。この型式では佐賀県呼子町大友遺跡第1次K1からイモガイ縦型貝輪が出土している[63]。

KⅡa式甕棺では現在のところ副葬品は知られていない。

KⅡb式甕棺では宇木汲田に代表されるように舶載の細形銅剣，矛，戈が副葬品の中心であり，宇木汲田K12は多鈕細文鏡を有する。また永川漁隠洞などにみられる類の円形銅釦をもつものもある[64]。また切通遺跡では諸岡型のゴホウラ製貝輪も出土している。

KⅡc式甕棺ではほぼKⅡb式と同様である。

KⅢa式甕棺では，KⅡb式，KⅡc式甕棺とほぼ同様で細形銅剣，矛，戈を副葬品の基調とし，銅剣もあるが，飯塚市下伊川[65]などにみられるように，鉄製武器を伴うものが一部に出現する。ゴホウラ製貝輪はこの段階でも諸岡型のものである。

KⅢb式では前漢鏡をもち，鉄製武器が副葬の主体となってくる。イモガイ縦型貝輪が道場山K48から出土し[66]，この型の貝輪の下限が知られる。

KⅢc式でも清白鏡，日光鏡などの前漢鏡をもち，鉄製武器が主体を占める

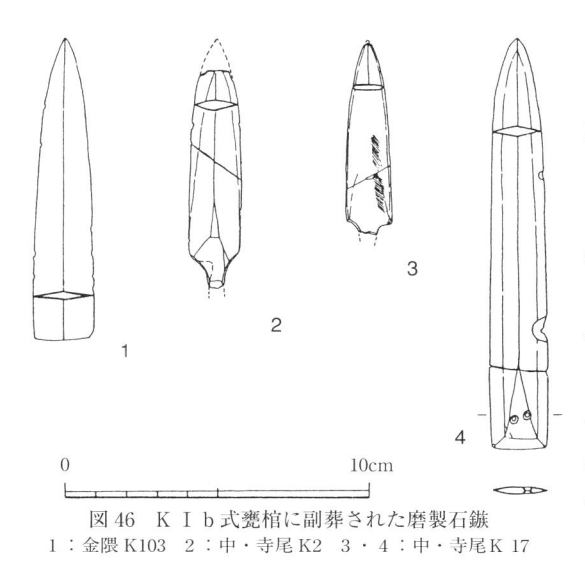

図46 KⅠb式甕棺に副葬された磨製石鏃
1：金隈K103 2：中・寺尾K2 3・4：中・寺尾K17

ことは変わりがない。ゴホウラ製貝輪は立岩型のものが出現している。また立岩K10では国産と考えられる中細銅矛がみられる。これを国産青銅器とした根拠は1978年に調査された春日市大谷B地区10号住居跡から出土した滑石質の中細銅矛の鎔笵[67]と，立岩K10出土の銅矛が一致し，この鎔笵で鋳造した可能性があることである。

またここで立岩K28，K35をKⅢb式に，立岩K10，K34，K39をKⅢc式に分類した基準は前項で述べたように，K28，K35は口縁が平坦であること，K10，K34，K39は口縁が内に低く傾斜していることである。K35→K34という切合関係からみても矛盾はない。また丸尾台の甕棺は報告書に掲載された図を見ると上甕はKⅢa式の鉢の特徴を示し，下甕はKⅢc式で組み合わせに疑問を感ずる。今後，実物の再検討を要すると考える。

KⅣa式では方格規矩四神鏡，国産の貝釧を模したと思われる有鉤銅釧，巴形銅器，海星形銅器などを伴い，鉄製武器が主体を占めている。佐賀県東宮裾では貨泉を出土したと伝えられている。また道場山K100から鉄戈が出土しており[66]，鉄戈の下限が知られる。

桜馬場の甕棺は報告書に記載された龍渓，岡崎によるとされる復原図は，実際にはあり得ない形態のものであるが，KⅣa式の諸特徴は示している。東宮裾の甕棺は明らかにKⅣa式に属するものである。

KⅣb式甕棺では二塚山ⅡK46から永川漁隠洞出土のもの[64]と同笵の小形仿製渦文鏡と鉄矛が出土しており，同ⅡK76からは連弧文「昭明」鏡が出土し

表3　副葬品を有する主要甕棺一覧

甕棺番号	時　期	舶　載　青　銅　器 鏡	舶　載　青　銅　器 武　器	国産青銅器
中・寺尾K2	KⅠb式			
〃　　　K17	KⅠb式			
金　隈　K103	KⅠb式			
有　田　K2	KⅠc式		細形銅戈1	
飯倉唐木	KⅠc式		細形銅剣1	
宇木汲田K18	KⅠc式		細形銅剣1	
〃　　　K32	KⅠc式		細形銅剣切先1	
板付田端	（KⅠc式）		細形銅剣3	
			細形銅矛3	
金海K3	KⅡa式か		細形銅剣2	
宇木汲田 K6	KⅡb式		細形銅剣1	
〃　　　K11	KⅡb式		細形銅剣1	
〃　　　K12	KⅡb式	多鈕細文鏡	細形銅剣1	
〃　　　K17	KⅡb式		細形銅戈1	
〃　　　K38	KⅡb式			
〃　　　K41	KⅡb式		中細銅矛1	
〃　　　K58	KⅡb式		細形銅戈1	
〃　　　K61	KⅡb式		細形銅剣1	
〃　　　K64	KⅡb式			
切　通　K4	KⅡb式		細形銅剣1	
須玖(1962)K15	KⅡc式		細形銅剣1	
宇木汲田K129	KⅡc式		細形銅剣1	
須玖(1929)K1	KⅢa式		細形銅剣1	
須玖(1962)K13	KⅢa式		細形銅戈1	
宇木汲田K37	KⅢa式		中細銅矛1	
〃　　　K112	KⅢa式			
立　岩K28	KⅢb式	重圏「昭明」銘鏡1		
立　岩K35	KⅢb式	重圏「久不相見」銘鏡1		
立　岩K10	KⅢc式	連弧文「清白」銘鏡1, 連弧文「日有喜」銘鏡2, 重圏「清白」銘鏡1, 重圏「精白」銘鏡1, 重圏「姚皎」銘鏡1		中細銅矛1

鉄　　　器		装　身　具		その他	文献番号
武　器	その他	釧	玉　類		
				柳葉式磨製石鏃 1	1
				〃　　　　　2	1
		ゴホウラ製貝輪2		〃　　　　　1	2
					3
					3
					4
					4
					5
			碧玉製管玉3	銅鉇7	6
					4
					4
					4
					4
		銅釧5	勾玉1、管玉3 1		4
			管玉45 管玉1		4
					4
		銅釧18 ゴホウラ製貝輪10	管玉15		4
					7
					8
					4
					9
					8
		銅釧17	勾玉1、管玉3	付近より中細銅矛1出土	4
					4
	素環頭刀子1		ガラス管玉553 丸玉1,棗玉1,塞 杆状ガラス器5		10
剣1, 戈1					10
剣1	鉇1			砥石2	10

甕棺番号	時　期	舶載青銅器 鏡	舶載青銅器 武器	国産青銅器
立　岩 K34	KⅢc式	連弧文「日光」銘鏡1		
〃　　 K39	KⅢc式	重圏「久不相見」銘鏡1		
三　雲 K2	KⅢc式	連弧文「日光」銘鏡＋α 小形星雲鏡1		
丸尾台	(KⅢc式)	連弧文「日光」銘鏡3		
二塚山 K15	KⅢc式	連弧文「清白」銘鏡1		
桜馬場	(KⅣa式)	方格規矩四神鏡1 方格規矩渦文鏡1		有鈎銅釧 巴形銅器3
東宮裾 K1	KⅣa式			海星形銅器数個 巴形銅器数個
二塚山Ⅱ K46	KⅣb式	小形仿製渦文鏡1		
二塚山Ⅱ K76	KⅣb式	連弧文「昭明」銘鏡1		
三津 K104	KⅣc式	流雲文縁五獣鏡1		
祇園山 K1	KⅤf式	画文帯神獣鏡片1		
須玖 (1899)		草葉文鏡, 重圏四乳葉文鏡, 星雲鏡, 重圏「精白」銘鏡, 同「清白」銘鏡, 重圏「日光」銘鏡, 連弧文「清白」銘鏡など前漢鏡33〜35面	細形銅剣1 〃 破片3 中細銅矛5 細形銅戈	
三雲 K1		重圏素文鏡, 四乳雷地文鏡, 重圏渦文帯「精白」銘鏡, 重圏「清白」銘鏡, 連弧文「清白」銘鏡など前漢鏡35面	有柄式細形銅剣1 中細銅矛2 細形銅戈1	
井原ヤリミゾ (天明年間)		方格規矩鏡21＋α		巴形銅器3

文献　1　大野城市教育委員会『中・寺尾遺跡』大野城市文化財調査報告書第1集, 1977年
　　　　2　福岡市教育委員会『金隈遺跡　第2次調査概報』福岡市埋蔵文化財調査報告書第17集, 1971年
　　　　3　福岡市教育委員会『有田遺跡—福岡市有田古代集落第二次調査報告書—』1968年
　　　　4　唐津市史編纂委員会『唐津市史』1962年
　　　　　岡崎敬氏の御好意により, 調査日誌, 現物などにあたり検討した。K112, K129は実物を見られなかった。

鉄器		装身具		その他	文献番号
武器	その他	釧	玉類		
戈1 剣1		ゴホウラ製貝輪14			10
			ガラス勾玉12, 硬玉1,		11
小刀1			ガラス片利用垂飾品1		12
					13
刀片		有鈎銅釧26	ガラス小玉1		14
(剣あり)			玉多数	伝貨泉(6〜8枚)	15
矛1					13
					13
素環頭太刀					16
	刀子				17
			ガラス勾玉1, 管玉12	ガラス璧片2	9
(鉄鏃)			ガラス勾玉2, ガラス管玉60 + α	ガラス璧 金銅製四葉蔕形飾金具8	18
(刀剣類)					11

5 中山平次郎「銅鉾銅剣の新資料」『考古学雑誌』7-7, 1917年
6 榧本杜人「金海貝塚の甕棺と箱式棺―金海貝塚の再検討―」『考古学雑誌』43-11, 1957年
7 金関丈夫・金関　恕・原口正三「8　佐賀県切通遺跡」日本考古学協会『日本農耕文化の生成』1962年
8 福岡県教育委員会『福岡県須玖・岡本遺蹟調査概報』福岡県文化財調査報告書第29集, 1963年

9　京都帝国大学『筑前須玖史前遺跡の研究』京都帝大文学部考古学研究報告第11冊，1930年
10　福岡県飯塚市立岩遺蹟調査委員会『立岩遺蹟』1977年
11　青柳種信「柳園古器略考」文献出版『柳園古器略考・鉾之記』1930年
　　福岡県教育委員会『井原・三雲遺跡発掘調査概報　昭和49年度』福岡県文化財調査報告書52，1975年
　　福岡県教育委員会『井原・三雲遺跡発掘調査概報　昭和50年度』福岡県文化財調査報告書53，1976年
12　中原志外顕・石井　忠・下條信行「附録　丸尾台遺跡報告」日本住宅公団『宝台遺跡』1970年
13　佐賀県立博物館発行「二塚山遺跡―佐賀東部中核団地発掘調査展示会資料―」1977年および七田忠昭氏より資料の提供をうけた。
14　杉原荘介・原口正三「6　桜馬場遺跡」日本考古学協会『日本農耕文化の生成』1962年
15　柴元静男「北方町東宮裾弥生遺跡発掘調査報告」『新郷土』23-7，8，1970年
16　金関丈夫・坪井清足・金関　恕「7　佐賀県三津永田遺跡」日本考古学協会『日本農耕文化の生成』1962年
17　福岡県教育委員会『九州縦貫自動車道関係埋蔵文化財調査報告』XXVII，1979年
18　福岡県教育委員会『井原・三雲遺跡発掘調査概報　昭和50年度』福岡県文化財調査報告書53，1976年

ている。

　KIVc式甕棺では三津永田K104から流雲文縁五獣鏡と素環頭太刀が伴出している。

　KVa～KVe式甕棺からは現在のところ副葬品の出土は知られていない。

　KVf式では祇園山K1から後漢鏡の画文帯神獣鏡片，鉄刀子が出土している。

　以上各型式の甕棺と副葬品について概観してきたが，次に大量の副葬品をもちながら甕棺の不明な須玖岡本，三雲K1，井原ヤリミゾの甕棺がどの型式に属するものであろうか，若干検討を加えよう。

　冒頭で述べたように岡崎敬は，須玖岡本，三雲K1出土の鏡を立岩K10ほか出土の鏡と対比し，「鏡よりいえば，この埋葬および副葬の時代は時代的には三者さほどことなるところがないのである」としている。たしかに須玖岡本，三雲K1の大部分は重圏「清白」銘鏡，連弧文「清白」銘鏡などであり，立岩のものとさほど異なることはない。しかし三雲K1では重圏素文鏡，四乳雷文

鏡などの武帝代に草葉文鏡，星雲文鏡などの前漢鏡の型式が確立する以前の戦国鏡式の影響の強い前漢前半のものを含み，須玖岡本では草葉文鏡3，星雲文鏡5（もしくは6面）の武帝代の鏡を含む。これらの鏡の組合せからいって両者は立岩K10よりも古い要素をもつ。このことは，須玖岡本，三雲K1副葬の鏡は舶載された時期が武帝代以前の鏡の残る時期すなわち重圏「清白」銘鏡，連弧文「清白」銘鏡などの成立初頭の頃であり，立岩K10ではすでに武帝代以前の鏡が残らない時期のものであったとする可能性も考えられる。

また岡崎自身，立岩K10の銅矛は中細銅矛B類と分類し「朝鮮で鋳造され，舶載されたと考えるよりも，中細A類を模し，これを発展せしめた最初のグループのもの」とし，「日本製であることを推定」している[68]。これははしなくも報告書刊行まもなく，大谷遺跡出土の銅矛鎔范の出土によって証明されたが，岡崎の分類では三雲K1副葬の2本は中細銅矛A類であり，「型式および長さからいっても宇木汲田出土のものとほぼ軌を一にしている」とする。中細A類の銅矛を副葬した宇木汲田K37，K41はそれぞれKⅢa式，KⅡb式の甕棺であり，岡崎の銅矛の分類からいえば，これに近い時期が考えられる。須玖岡本のものは「すべてここのものと決定するに躊躇するけれども」としながら2本は中細銅矛A類，2本は中細銅矛B類と推定している。

大谷出土の銅矛鎔范はKⅢc式甕棺併行期の土器を伴う円形住居跡の柱穴内から出土し，それと対角の柱穴からは朝鮮系小銅鐸と考えられる滑石質の鎔范片が出土している。この出土状態から考えるならば，KⅢc式併行期というのは廃棄された時期であって，鎔范が製作，使用された年代は若干遡る可能性もあるが，立岩K10の時期（KⅢc式）と共通していることは，この時点で明らかに中細銅矛B類が生産されていたことを示している。岡崎の銅矛分類にしたがって三者の関係をみると，三雲K1(中細銅矛A類)→須玖岡本(中細銅矛A・B類)→立岩K10(中細銅矛B類)の順になるといえよう。

以上のようにみるならば，副葬品の組合せからは「鏡よりいえば，この埋葬および副葬の時代はさほどことなるところがない」とするよりも，三雲K1，須玖岡本の甕棺は立岩K10より先行すると考えるのが妥当であろう。したがって三雲K1，須玖岡本甕棺はKⅢb式に属するものであろうと推定する。

井原ヤリミゾの方格規矩鏡，巴形銅器，刀剣類という組合せは，桜馬場に共

表4 洛陽焼溝漢墓鏡出土状況

	第1期	第2期	第3期 前期	第3期 後期	第4期	第5期	第6期
草葉文鏡	1						
星雲鏡	4	3					
日光鏡		3	8	5			
昭明鏡		3	10	6			
変形四螭文鏡			9	2			
四乳鏡			3	1	2		
連弧文鏡				1			
規矩鏡				4	3	2	
雲雷文鏡						4	
夔鳳文鏡						1	
長宜子孫鏡						1	5
四鳳鏡							1
人物画像鏡							1
変形四葉鏡							2
三獣鏡							1
鉄鏡							7

通し，鏡の年代も同時期のものであり，これらを副葬した甕棺がKⅣa式であると推定することにはまず異論はなかろう。

b．副葬品から見た甕棺の年代

鏡，銅矛などの組合せから，須玖岡本，三雲K1の甕棺をKⅢb式と推定した。まず前漢鏡，後漢鏡の集中するKⅢb式〜KⅣa式に焦点を当て絶対年代を考察してみよう。

洛陽焼溝漢墓では134基の漢墓を6期に区分し，第1期，第2期は前漢中期およびそのやや後，第3期(前期)は前漢晩期，第3期(後期)は王莽およびそのやや後，第4期は後漢早期に，第5期は後漢中期に，第6期は後漢晩期とし，鏡および五銖銭，王莽銭の分類から絶対年代を与えている。

それによると第1期はⅠ型五銖銭の鋳造が開始された武帝元狩5年(紀元前118年)からⅡ型五銖銭(宣帝五銖銭)が鋳造される宣帝元康2年(紀元前64年)までの紀元前118年〜紀元前65年の間を，第2期は宣帝元康2年(紀元前64年)から元帝建昭5年(紀元前34年)鋳造の五銖銭もⅡ型として元帝までの期間，紀

元前 64 年〜紀元前 33 年の間を，第 3 期 (前期) は成帝即位から王莽の間，紀元前 32 年から紀元 6 年の間を，第 3 期 (後期) は新王莽から後漢光武帝建武 16 年 (紀元 40 年) 鋳造のⅢ型五銖銭の出現までの紀元 7 年〜紀元 39 年を，第 4 期は光武帝建武 16 年から章帝まで，紀元 40 年から紀元 75 年までを，第 5 期は章帝から質帝の間，紀元 76 年〜紀元 146 年を，第 6 期は桓帝〜献帝の間をあて，第 6 期に属する 147 号墓出土の土器の朱書記年銘が「初平元年」(紀元 190 年) であることから紀元 147 年〜紀元 190 年の間をあてている。

以上のように分類した後，各期の鏡の出土状況を表 4 のようにまとめている。第 1 期には草葉文，星雲鏡が出現し，第 2 期には日光鏡，昭明鏡が出現する。この昭明鏡には須玖岡本，三雲，立岩出土の鏡と同類の連弧文「日有喜」銘鏡，連弧文「日光凍治」銘鏡を含んでいる。第 3 期 (前期) には変形四螭文鏡，四乳鏡が出現し第 3 期 (後期) には規矩鏡が出現し，第 5 期には雲雷文鏡 (いわゆる連弧文「長宜子孫」銘鏡を含む)，夔鳳文鏡，長宜子孫鏡が出現し，第 6 期では人物画像鏡などが出現している[69]。洛陽西郊漢墓でも以上とほぼ同様の傾向が認められる[70]。

これらのことから須玖岡本，三雲の鏡の組合せは洛陽焼溝漢墓第 2 期に，立岩 K10 などの K Ⅲ c 式甕棺副葬の鏡の組合せは洛陽焼溝漢墓第 3 期 (前期) のなかでも古期に比定できる。いまだかつて K Ⅲ b 式，K Ⅲ c 式の甕棺に方格規矩四神鏡が副葬されたことは知られておらず，K Ⅲ c 式甕棺の下限が新王莽より前に位置づけられることは明らかである。

したがって桜馬場，井原ヤリミゾなどを洛陽焼溝漢墓第 3 期 (後期) に比定することも妥当であろう。対馬豊玉村佐保シゲノダンからは馬鐸 (これは洛陽焼溝漢墓などで出土状態をみると必ずしも馬鐸ではなく，銅鈴としたほうが適切であると考えるが) と貨泉および双獣付十字形剣把頭飾ほかが共伴し[71]，また同じく豊玉村佐保からは馬鐸と巴形銅器が伴出し[72]，巴形銅器と貨泉が同時期に存在していることを証明している。また貨泉を伴う双獣付十字形剣把頭飾と同類の獣付剣把頭飾と，鉄剣，鉄矛と流雲文縁方格規矩四神鏡が韓国慶尚南道酒村面良洞里より出土している[73]。これらのことも桜馬場，井原ヤリミゾを洛陽焼溝漢墓第 3 期 (後期) に比定する有力な傍証であろう。馬鐸も洛陽焼溝漢墓第 3 期 (後期)，洛陽西郊漢墓第 3 期でも王莽銭と伴出することが多く，年代決定の一

つの基準になると考えている。

　KⅢa式では鏡を副葬した甕棺墓は現在のところ知られていないが，先のようにみて来るならば，草葉文鏡，星雲鏡を主体として清白鏡などを含まないものが予測され，洛陽焼溝漢墓第1期に比定できるものと推測できよう。草葉文鏡は武帝の庶兄にあたる中山王劉勝墓より第Ⅰ型五銖銭を伴って出土しており[74]，劉勝の没時，武帝元鼎4年（紀元前113年）にはすでに成立していたことがわかる。これら前漢鏡が日本に舶載される契機は武帝による楽浪郡などの四郡設置，元封3年（紀元前108年）以後であることは明らかである。

　以上のことをまとめると，KⅢa式は紀元前108年〜紀元前65年，KⅢb式は紀元前64年〜紀元前33年，KⅢc式は紀元前32年〜紀元6年，KⅣa式は紀元7年〜紀元39年を前後する絶対年代を付与できよう。このような状況は甕棺墓に副葬される鉄製武器，また北部九州中期後半以後に急速に普及する鉄器も，前漢後半に漢帝国の発展と伸長に伴う中国大陸とその周辺部での急速な鉄製武器の普及という国際的契機とも相まって，青銅製武器にとってかわっていくという現象[75]とも一致している。

　以上述べてきたことは各甕棺型式の上限を示すものであって「しかし，それらの銅鏡が中国で製作され，かれらがそれらを宝器として愛蔵し，ついに彼らの死とともに，副葬されたこの時期だけは，考えねばならない。銅鏡の製作年代にこの期間を加えた年代が，甕棺の年代である」として「これにより，須玖式土器の行われた年代を西暦後1世紀，西暦元年—100年，伊佐座式土器の行われた年代を西暦後2世紀，西暦100年—200年と判断することとし，これに基準を置いて，須玖式土器の以前に編年される城の越式土器を西暦前1世紀に行われたもの……」とする杉原荘介の見解がある[76]。これは鏡の製作から副葬の時期をほぼ100年ほど考えられておられるようである。鏡の製作から副葬までの期間を100年ほどと考えると，それらがすべて100年ほどたって副葬されるのならばよいが，場合によっては短期間で副葬されるものもあることを考えねばなるまい。このようなことを考えると，例えば，前漢鏡と後漢鏡が混在し，または後漢鏡が中期の甕棺に副葬されるという現象も生じ得るであろう。しかしながら，いままでみてきたようにこのような現象はなく，甕棺の編年序列と中国における鏡の製作年代順との関係は何ら矛盾なく順を追って副葬されているのである。佐賀地方では福岡，糸島，唐津よりも若干おくれ

表5　甕棺内人骨の死亡年齢

遺跡名	満年齢	1 乳児	6 幼児	12 小児	20 若年	40 成年	60 熟年	老年	計	参考文献及び備考
金隈	♂					13	7		20	1
	♀					6	11	2	19	
	☿	1	16	2		5			24	
	計	1	16	2	0	24	18	2	63	
永岡	♂					3	5		8	2
	♀					8	5	1	14	
	☿		4		1	1			6	
	計	0	4	0	1	12	10	1	28	
道場山	♂					4			4	3 左のほか（20歳以上が次のようになる）♂ 2　♀ 1　☿ 4
	♀					3	2		5	
	☿		3		2	2			7	
	計	0	3	0	2	9	2	0	16	
ハサコの宮	♂					1	7		8	
	♀				2(+1)		1		4	
	☿			1		1			2	
	計	0	0	1		5	8	0	14	
正原	♂					2	2		4	
	♀					1			1	
	☿									
	計	0	0	0	0	3	2	0	5	

参考文献
1　福岡市教育委員会『金隈遺跡　第2次調査概報』福岡市埋蔵文化財調査報告書第17集，1971年に下記を追加した。
　　橋口達也・折尾　学「小児骨に伴ったゴホウラ製貝輪」『九州考古学』47，1973年
2　福岡県教育委員会『福岡南バイパス関係埋蔵文化財調査報告』第5集，1977年
3　福岡県教育委員会『九州縦貫自動車道関係埋蔵文化財調査報告』XXV，1978年

て副葬されている例もあるが，このような現象は当然のことであり，舶載された後さらにワンクッションおいて佐賀地方に入ったものと解される。

　以上のようなことから鏡の製作，舶載，副葬の間はきわめて短時間であって，甕棺の1型式の示す時間とほぼ同時期およびそれ以下であったことがうかがえる。ではその期間がどれほどのものであったか考察を加えてみよう。

表6　絶対年代推定

	甕棺型式	年代	
前期	K I a式 K I b式 K I c式	270 240 210 180	秦 前漢
中期前半	K II a式 K II b式 K II c式	150 120 90	四郡設置
中期後半	K III a式 K III b式 K III c式	60 30 B.C. A.D.	
後期前半	K IV a式 K IV b式 K IV c式	30 60 90	新王莽 後漢
後期後半	K V a式 K V b式 K V c式 K V d式 K V e式	120 150 180 210 240	三国（魏・呉・蜀）
古墳時代	K V f式		

甕棺内人骨については永井昌文の鑑定と考察があり，それから死亡年齢の傾向がわかる（表5）。まず乳幼児期に一つのピークがあり，これをのりこえると大部分は成人に達し，成年，熟年でほとんどが死亡し，老年に達するものはきわめて少ない。ほぼ全掘され人骨の保存状態のよい金隈，永岡両遺跡をみると，さらに女が男よりも長生きした傾向が見られる。成人してからの死亡年齢は40歳前後に集中していることがわかる。また金隈K146はK II b式併行期の日常容器を転用した小形棺であるが，棺内には5歳半～6歳の幼児が埋葬され，これにはゴホウラ製貝輪を伴っていた。これについてはかつて幼児期にすでに将来を約束されていたであろうことを想定し，世襲的要素の出現の可能性について言及した[77]。副葬品をもつ甕棺は宇木汲田，三雲，須玖岡本，立岩にしても，各地域でほぼ中心を占める1ヵ所に集中しており，これらの墳墓群が首長一族の墳墓であった可能性はきわめて高い。弥生時代に第二次性徴を示す年齢時に成人儀礼が行なわれたであろうことは民俗例からいっても当然であ

ろうが，この年齢で首長権を継ぐとは考えられない。やはり20歳前後になってから首長権を継ぐものと考えられる。したがって首長権を継ぎ，同時に漢に「使易を通じ」鏡をもらってきてから副葬されるまでの間はほぼ20年ほどのものと考える。甕棺内に副葬される前漢鏡，後漢鏡ともに大形品でりっぱなものが多く，中国でも一級品と考えられるようなものが多い。したがって製作から舶載までの間はきわめて短時間であったといえる。いまやや幅をもたせても，製作—舶載—埋葬の間はほぼ30年ぐらいのものであったといえる。このように短期間で副葬が行なわれたことによって，甕棺編年と鏡の順列が矛盾なく，副葬されていると考える。

このように製作から副葬までの期間を考慮に入れた上でも，KⅢc式甕棺に方格規矩四神鏡などの副葬がみられない現在，KⅢc式の下限は新王莽より前にあったといえる。

以上のことからKⅢa式の上限は紀元前108年，KⅢc式の下限は紀元6年，KⅣa式の上限は紀元7年とすることができよう。いま紀元前108年から上述の30年を考慮するとKⅢa式の上限はほぼ紀元前80年頃に考えられ，KⅢa式の上限とKⅢc式の下限との間を3等分すると約30年に近い年代が考えられる。甕棺の一型式をこのように平均的に約30年としてKⅢc式，KⅣa式の境を紀元前後として各型式に機械的にわりふると前頁のようになる(表6)。若干前後することはあってもほぼ矛盾はないと考える。

1977年度に福岡県教育委員会が行なった筑紫野市御笠地区の調査において，KⅤd式併行期と考えた高坏2類などを伴う住居跡から，洛陽焼溝漢墓で第8型2式としている蝙蝠座鈕連弧文「長宜子孫」銘鏡片が出土している。これは後漢晩期，いわゆる洛陽焼溝漢墓第6期に比定されており，この点からいっても矛盾はない。

このことから板付Ⅰ式の開始はほぼ紀元前300年を前後する頃，前期と中期の境は紀元前180年前後，中期と後期の境は紀元前後，祇園山K1を土師器とすれば弥生の終末をほぼ3世紀中頃に比定できよう。したがって祇園山K1の年代は3世紀後半のはやい時期に位置づけられる。

表7　主要甕棺一覧

甕棺型式	唐　津	糸　島	福　岡
KⅠa式			
KⅠb式			中・寺尾K2（柳葉形磨製石鏃） 〃　　K17（　〃　） 金隈K103（〃，金隈型ゴホウラ貝輪）
KⅠc式	宇木汲田K18（細形銅剣） 〃　　K32（銅剣切先） 大友K1（イモガイ縦型貝輪）		板付田端（細形銅剣，銅矛） 有田K2（細形銅戈） 飯倉唐木（細形銅剣）
KⅡa式			
KⅡb式	宇木汲田K12（多鈕細文鏡，細形銅剣） 〃　　K38，K64（銅釧） 〃　　K41（中細銅矛）		門田K59（土井ケ浜型ゴホウラ貝輪） 金隈K146（　　〃　　）
KⅡc式	宇木汲田K129（細形銅剣）		須玖（1962）K1（細形銅剣）
KⅢa式	宇木汲田K37（中細銅矛） 〃　　K112（銅釧）		須玖（1929）K1（細形銅剣） 〃　（1962）K3（細形銅戈） 諸岡（1973）K43（土井ケ浜型ゴホウラ貝輪） 〃　（1974）K2（諸岡型ゴホウラ貝輪）
KⅢb式		〔三雲K1（第3表参照）〕	〔須玖（1899）　（第3表参照）〕 道場山K48（イモガイ縦型貝輪）
KⅢc式		三雲K2（日光鏡，小形星雲鏡）	丸尾台（日光鏡，鉄小刀）〕 門田辻田K24（鉄戈）
KⅣa式	〔桜馬場（第3表参照）〕	〔井原ヤリミゾ（第3表参照）	道場山K100（鉄戈）
KⅣb式			
KⅣc式			
KⅤa式			
KⅤb式			
KⅤc式			
KⅤd式			
KⅤe式			
KⅤf式			

嘉　穂	佐　賀	その他の地域	甕棺以外の遺構
			〔カルメル修道院（銅釧）〕
			〔北牟田D12（銅剣切先）〕
		金海K3（細形銅剣，鉇） 年の神K1（諸岡型ゴホウラ貝輪）	
	切通K4（細形銅剣，諸岡型ゴホウラ貝輪）		
スダレK1（諸岡型ゴホウラ貝輪） 下伊川（鉄矛）	二塚山ⅡK59（イモガイ縦型貝輪） 〃ⅡK71（諸岡型ゴホウラ貝輪）		
立岩K28（重圏昭明鏡，素環頭刀子ほか） 〃K35（重圏「久不相見」鏡，鉄剣，鉄戈）			
立岩K10（第3表参照） 〃　K34（　〃　） 〃　K39（　〃　）	二塚山ⅠK15（連弧文清白鏡）	吹田（鉄戈）	〔上り立2号石棺（鉄戈，立岩型ゴホウラ貝輪）〕
	東宮裾K1（巴形銅器，海星形銅器，鉄剣，刀）		〔宝満尾D4（昭明鏡）〕 〔対馬シゲノダン（馬鐸，貨泉）〕 〃（馬鐸，巴形銅器）〕 〔良洞里（方格規矩四神鏡ほか）〕
	二塚山ⅡK46（小形仿製渦文鏡，鉄矛） 〃ⅡK76（昭明鏡） 三津永田K104（流雲文縁五獣鏡）		
			筑紫野市御笠地区住居跡（蝙蝠座鈕長宜子孫鏡）
		祇園山K1（画文帯神獣鏡，刀子）	

註
(1) 森貞次郎「Ⅱ 弥生文化の発展と地域性 1．九州」河出書房新社『日本の考古学』Ⅲ，1966年
(2) 森貞次郎「弥生時代における細形銅剣の流入について」金関丈夫古稀記念委員会『日本民族と南方文化』1968年
(3) 福岡市教育委員会『金隈遺跡第2次調査概報』福岡市埋蔵文化財調査報告7，1971年
(4) 岡崎 敬「日本考古学の方法―古代史の基礎的条件―」角川書店『古代の日本9 研究資料』1971年
(5) 1976年度に復刻された『柳園古器略考・鉾の記』文献出版に付された岡崎の解説でも同様の見解が示されている。
(6) 岡崎 敬「鏡とその年代」福岡県飯塚市立岩遺蹟調査委員会『立岩遺蹟』1977年
(7) 小田富士雄「弥生土器―九州4」『考古学ジャーナル』82号，1977年
(8) 高島忠平「Ⅳ．甕棺の編年」福岡県飯塚市立岩遺蹟調査委員会『立岩遺蹟』1977年
(9) 高倉洋彰「大形甕棺の編年について―ことに型式設定の手続きの問題に関して―」九州歴史資料館研究論集4，1978年
(10) 福岡県教育委員会『九州縦貫自動車道関係埋蔵文化財調査報告』ⅩⅩⅣ下巻，1978年
(11) 文化財保護委員会『志登支石墓群』1956年
(12) 大野城市教育委員会『中・寺尾遺跡』大野城市文化財調査報告第1集，1977年
(13) 福岡県教育委員会『福岡県伯玄社遺跡調査概報』1968年
(14) 鏡山 猛「甕棺累考（二）」『史淵』55，1953年
(15) 高島忠平「Ⅳ．甕棺の編年」福岡県飯塚市立岩遺蹟調査委員会『立岩遺蹟』1977年
(16) 福岡市教育委員会『板付』上巻・本文，福岡市埋蔵文化財調査報告書35，1976年
(17) 福岡県教育委員会『今宿バイパス関係埋蔵文化財調査報告』第2集，1971年
(18) 佐賀県教育委員会『萬籠・寺ノ下遺跡』佐賀県文化財調査報告書第29集，1974年
(19) 大牟田市教育委員会『羽山台遺跡』1975年
(20) 福岡県教育委員会『山陽新幹線関係埋蔵文化財調査報告』6，1978年
(21) 福岡県教育委員会『山陽新幹線関係埋蔵文化財調査報告』9，1978年
(22) 金関丈夫・金関 恕・原口正三「8.佐賀県切通遺跡」日本考古学協会編『日本農耕文化の生成』1962年
(23) 福岡県教育委員会『福岡南バイパス関係埋蔵文化財調査報告』5，1977年
(24) 福岡県教育委員会『山陽新幹線関係埋蔵文化財調査報告』6，1978年
(25) 日本住宅公団『宝台遺跡』1970年

(26) 福岡市教育委員会『金隈遺跡第2次調査概報』福岡市埋蔵文化財調査報告 17, 1971 年
(27) 赤褐色を呈し，赤焼き土器とも呼べる甕棺があるが，この問題については井上裕弘氏の考察があるので参照されたい。福岡県教育委員会『山陽新幹線関係埋蔵文化財調査報告』9, 1978 年
(28) 福岡市教育委員会『板付』福岡市報 35, 1976 年
(29) 春日市教育委員会『高辻遺跡発掘調査概報』春日市文化財調査報告書第3集, 1973 年
(30) 別府大学文学部『福岡県筑紫郡筑紫野町常松遺跡調査報告書』別府大学文学部考古学研究報告書 1, 1970 年
(31) 河口貞徳・旭 慶男・最所大輔「下小路遺跡」『鹿児島考古』11, 1976 年
(32) 福岡県教育委員会『九州縦貫自動車道関係埋蔵文化財調査報告』ⅩⅩⅤ, 1978 年
(33) 福岡県飯塚市立岩遺蹟調査委員会『立岩遺蹟』1977 年
(34) 金関丈夫・坪井清足・金関 恕「7. 佐賀県三津永田遺跡」日本考古学協会編『日本農耕文化の生成』1962 年
(35) 大神邦博「福岡県糸島地方の弥生後期甕棺」『古代学研究』53, 1968 年
(36) 福岡県教育委員会『九州縦貫自動車道関係埋蔵文化財調査報告』ⅩⅩⅦ, 1979 年
(37) 九州大学『北部九州（唐津市）先史聚落遺跡の合同調査』1966 年
(38) 森貞次郎・岡崎 敬「1. 福岡県板付遺跡」日本考古学協会編『日本農耕文化の生成』1962 年
(39) 福岡県教育委員会『福岡南バイパス関係埋蔵文化財調査報告』5, 1977 年
(40) 調査担当の木下修氏の御教示による。
(41) 日本住宅公団『宝台遺跡』1970 年
(42) 福岡市教育委員会『板付周辺遺跡調査報告書』Ⅰ 福岡市埋蔵文化財調査報告書第29集, 1974 年
(43) 福岡市教育委員会『板付』福岡市報 35, 1976 年
(44) 福岡市教育委員会沢皇臣氏の御好意により，未発表資料を使用させていただいた。
(45) 橋口達也「対馬における弥生式土器の変遷」長崎県教育委員会『対馬―浅茅湾とその周辺の考古学的調査―』1974 年
(46) 日本住宅公団『鹿部山遺跡』1973 年
(47) 武末純一「3.遺物の検討 (1) 弥生土器」福岡県教育委員会『九州縦貫自動車道関係埋蔵文化財調査報告』ⅩⅨ, 1977 年
(48) 松岡 史「C 久保長崎遺跡」福岡県教育委員会『福間バイパス関係埋蔵文化財調査報告』1973 年
(49) 福岡市教育委員会『小笹遺跡発掘調査報告書』福岡市埋蔵文化財調査報告書第25集, 1973 年
(50) 福岡市教育委員会『小笹遺跡第2次発掘調査報告』福岡市埋蔵文化財調査報告書第34集, 1975 年
(51) 長崎県教育委員会『原の辻遺跡Ⅱ』長崎県文化財調査報告書第31集, 1977 年

(52)　筑後市教育委員会『狐塚遺跡』1970 年
　　　福岡県労働者住宅生活協同組合『宮ノ前遺跡（A～D 地点）』1971 年
　　　北九州市埋蔵文化財調査会『高島遺跡』1976 年
　　　井上裕弘「弥生終末～古墳前期の土器群について」福岡県教育委員会『山陽新幹線関係埋蔵文化財調査報告』7 下，1978 年
　　　武末純一「前掲書」1977 年
　　　武末純一「福岡県・早良平野の古式土師器」『古文化談叢』5，1978 年
(53)　北九州市埋蔵文化財調査会『高島遺跡』1976 年
(54)　金関丈夫・坪井清足・金関　恕「9. 山口県土井ケ浜遺跡」日本考古学協会編『日本農耕文化の生成』1962 年
(55)　柳田純孝「野方中原遺跡の遺物(1)―A 溝出土の土器―」福岡市立歴史資料館研究報告第 2 集，1978 年
(56)　長崎県教育委員会『原の辻遺跡』1978 年
(57)　福岡県労働者住宅生活協同組合『宮ノ前遺跡（A～D 地点）』1971 年
(58)　筑後市教育委員会『狐塚遺跡』1970 年
(59)　井上裕弘「弥生終末～古墳前期の土器群について」福岡県教育委員会『前掲書』1978 年
(60)　福岡県教育委員会『福岡県伯玄社遺跡調査概報』1968 年
(61)　文化財保護委員会『志登支石墓群』1956 年
(62)　森貞次郎「弥生時代における細形銅剣の流入について」金関丈夫古稀記念委員会『日本民族と南方文化』1968 年
　　　高島忠平「Ⅳ.甕棺の編年」福岡県飯塚市立岩遺蹟調査委員会『立岩遺蹟』1977 年
(63)　佐賀県教育委員会『大友遺跡発掘概報（図録編）』佐賀県報 22，1973 年
(64)　梅原末治・藤田亮策編著『朝鮮古文化綜鑑』第 1 巻，1948 年
(65)　小田富士雄「4．鉄器」福岡県飯塚市立岩遺蹟調査委員会『立岩遺蹟』1977 年
(66)　福岡県教育委員会『九州縦貫自動車道関係埋蔵文化財調査報告』ⅩⅩⅤ，1978 年
(67)　報告書近刊予定，春日市教育委員会佐土原逸男氏の調査による。
(68)　岡崎　敬「3．青銅器とその鋳型」福岡県飯塚市立岩遺蹟調査委員会『立岩遺蹟』1977 年
(69)　中国科学院考古研究所編『洛陽焼溝漢墓』中国田野考古報告集　考古学専刊丁種第 6 号，1959 年
(70)　中国科学院考古研究所洛陽発掘隊「洛陽西郊漢墓発掘報告」『考古学報』1963 年第 2 期
(71)　対馬遺跡調査委員会『豊玉村佐保シゲノダンと唐崎の青銅器を出土した遺跡の調査報告書』長崎県文化財調査報告書第 8 集，1969 年
(72)　永留久恵・小田富士雄「対馬・豊玉村佐保発見の馬鐸・巴形銅器調査報告」『九州考古学』32，1967 年

（73）　朴敬源「金海地方出土青銅遺物」韓国美術史学会『考古美術』106・107，1970 年
（74）　中国科学院考古研究所満城発掘隊「満城漢墓発掘紀要」『考古』1972 − 1
（75）　橋口達也「中国（戦国〜漢代）における鉄器─とくに鉄製武器を中心にして─」『たたら研究』17，1973 年
（76）　杉原荘介「日本農耕文化の生成」日本考古学協会編『日本農耕文化の生成』1962 年
（77）　橋口達也・折尾　学「小児骨に伴ったゴホウラ製貝輪」『九州考古学』47，1973 年

4　甕棺埋葬の傾斜角について

　この問題についてはかつて簡単に論じたことがあるが[1]，中期前半の甕棺は下甕が高位にあり，頭位を下甕に取ることが多いことから，当時は甕棺の上下の設定に混乱を生じていた。まだ一部にこのようなことが見受けられるので，再度この問題についてふれたい。

　1962年に行なわれた須玖岡本遺跡の調査[2]以前は甕棺の墓壙がほとんど注意されず，甕棺の本体のみを発掘していた。この時点では，甕棺の高低のみで上甕，下甕が決定されるのが通例であった。須玖岡本の調査以来，墓壙も発掘されるようになり，甕棺墓の埋葬法は一般的には方形または長方形の竪壙を掘り，その一端に甕棺のはいるほどの横壙を掘り，甕棺を入れ，遺体を納棺して蓋をするということが判明した。したがって横壙にいれるものが高位にあったとしても，あくまで下甕であることは歴然としている。

　このことを確認した上で，北牟田・ハサコの宮・正原の各遺跡の甕棺埋葬の傾斜角をみ，次に各時期における埋葬角の変遷をみてみよう。

　上記遺跡ではKⅠc式における好資料はない。KⅡa式以後は表8に図示したとおりである。KⅡa式では－10°前後を中心として－1°～－5°が多く，一部1°～2°のものがあり，さらに18°，29°のものが存在する。ここで1°のものはハサコの宮K16で変形呑口の合せ口で，下甕だけの傾斜角をとると－4°である。2°の2基はいずれも小形棺である。18°，29°のものは，18°がハサコの宮K13でKⅠc式の古い要素を残したKⅡa式の甕棺で，29°がハサコの宮第2次K2で筑前・筑後・肥前の三国境のこの地域にみられる地方色強い甕棺である。したがって大勢は－10°前後を中心にしてほぼ下甕が高位にあるといえる。

　KⅡb式では－3°，－8°30′，－11°のものと，1°，4°，4°30′のものに分かれる。ここでは4°30′のものが小形棺であるが，ほぼ下甕が高位にあるものが多く，一部はほぼ水平ながら下甕の低いものも存在する。

　KⅡc式では，－5°と0°～3°のところに分かれる。この時期でもやはり下甕が高いものと，ほぼ水平ながら下甕が低いものが存在する。

表8 甕棺の傾斜角一覧表

表9 金隈遺跡のKⅡa~KⅡc式甕棺の埋葬傾斜角

時　期	番　号	傾斜角
KⅡa式	K30	-5°
KⅡb式	K23	29°
	K29	-4°
	K35	3°
	K43	3°
	K65	1°
	K72	8°
	K83	-3°
	K89	0°
KⅡc式	K12	15.5°
	K61	5°
	K74	0°
	K85	1°

　以上はほぼ他の遺跡でも一般的な傾向といえるが，次に各時期にわたって概観してみよう。

　まずKⅠa式では剣塚遺跡がある[3]。剣塚遺跡の甕棺はKⅠa式を主体として一部KⅠb式のものが含まれるが，その傾斜角は26°～53°で35°～

45°のものが多い。

　ＫⅠb式では中・寺尾遺跡の甕棺墓があげられる[4]。中・寺尾遺跡第2次調査で発掘した甕棺はＫⅠb式の単純としてとらえてよい。ここでの傾斜角は15°～54°で25°～45°のものが最も多い。ところが金隈K103では－12°で下甕が高く，頭位も下甕にあり[5]，この頃から一部は逆転する傾向が生じ始めている。

　ＫⅠc式では金隈K95，K102，K123を例にとると，それぞれ5°，17°，0°と傾斜角がゆるくなり，逆転するきざしが見られる。

　ＫⅡa式～ＫⅡc式は先にみたとおりであるが，金隈の大形棺を例にとってみると表9のようになり，ＫⅡa式では下甕が高く，ＫⅡb式では下甕が高いものもあるが，ほぼ水平で下甕が低いという傾向がみられる。ＫⅡc式でもほぼ水平で下甕がやや低いという傾向がみられる。

　ＫⅡc式をさらに永岡遺跡でみると[6]，ほぼ水平であるが下甕がやや低く，頭位は下甕にある。

　ＫⅢa式になると金隈ではK1－8°，K13－9°，K32－22°，K125－17°と次第に下甕が低くなる傾向にある。諸岡遺跡を例にとると[7]，K2－14.5°，K3－9.5°，K8－11°，K9－21°，K19－18°，K21－3°，K24－6°，K25－9.5°，K26－9.5°，K28－4°，K29－21°，K30－4.5°，K33－25°，K43－6°で，やや水平に近いものから20～25°の傾斜を示し，下甕が低くなる傾向にある。頭位はK19，K29が上甕に，K43が下甕にあり，頭位もこの時点でやや水平に近いものは下甕にあるが，次第に下甕が低くなるにつれて逆転していくものと思う。

　ＫⅢb式以降になると道場山の例からみてもわかるように[8]，30～45°の傾斜をもつものが最も多く，頭位は当然のこととして上甕にあるがあまりに傾斜角の急なものは，頭骨をはじめ上半身が下甕に落ち，埋葬時の原状を保つものは少ない。

　以上，各時期の甕棺埋葬の傾斜角および頭位をみてきたが，直立，倒立の甕棺の多い唐津地方をのぞけば北部九州でのほぼ一般的な傾向といえる。したがってこの埋葬の傾斜角がある程度の時間差をあらわしており，水平な甕棺からは青銅利器が，傾斜のきついものからは鉄製利器が出土すると，かつていわれ

ていた現象も首肯できるのである。

　註
(1)　橋口達也・折尾　学「小児骨に伴ったゴホウラ製貝輪」『九州考古学』47，1973年
(2)　福岡県教育委員会『福岡県須玖・岡本遺跡調査概報』1963年
(3)　福岡県教育委員会『九州縦貫自動車道関係埋蔵文化財調査報告』ⅩⅩⅣ，1963年
(4)　大野城市教育委員会『中・寺尾遺跡』大野城市文化財調査報告書第1集，1977年
(5)　福岡市教育委員会『金隈第二次調査概報』1971年
(6)　福岡県教育委員会『福岡南バイパス関係埋蔵文化財調査報告』第5集，1977年
(7)　福岡市教育委員会『板付周辺遺跡調査報告書』Ⅰ，1974年
(8)　福岡県教育委員会『九州縦貫自動車道関係埋蔵文化財調査報告』ⅩⅩⅤ，1978年

5 甕棺——製作技術を中心としてみた諸問題——

1) はじめに

　甕棺葬は成人埋葬専用のものとして特殊に発達した器高80〜120cmほどの大形の甕棺を用いた埋葬習俗で，弥生前期中頃から後期後半，なかでも弥生中期を中心として北部九州の限定された地域で盛行した。

　甕棺は土器であることから，棺自体が編年可能ということに加えて前漢鏡・後漢鏡などを副葬する例があることから弥生時代の絶対年代を考察する上できわめて有効であり，いままでの甕棺研究は編年を主体とするものであった。その中で数少ないとはいえ高島忠平，井上裕弘，著者らによる甕棺製作技術についての研究がある[1]。

　高島は素地作り・成形・調整・焼成にわたる一連の工程をくわしく論じている。なかで胴部の凸帯は中期後半になり甕棺が肥大化するにつれ，装飾的意味合いを失って，成形段階におけるひび割れを防ぐための補強として施され，したがって凸帯の位置は成形上二段階目の上端部であり，それから上との継ぎ目にあるとされた[2]。この点に関しては補強面の積極的意義があるということは論理的であり必ずしも否定はしないが，著者は煤の付着・二次的火熱をうけた赤変部のある日常容器の60〜70cm台の大形甕を転用した甕棺には胴部凸帯はなく，煤の付着・二次的赤変の認められない同大の甕すなわち棺専用として作られたものは小形品であっても胴部凸帯が付されていることから，中期後半における甕棺の胴部凸帯の主要な側面は運搬の用に供するためであると考えている[3]。

　井上は「器高80〜120cmと超大形でありながら，器壁の厚さを3〜5cm前後と薄く仕上げる技術は，現代の陶工がタタキ技法とロクロを駆使しても難しいといわれる。そこには当然，高度な技術を熟知した専門工人の存在が窺われる。」とし，中期後半の甕棺に限定して，

1. 御笠川流域————一の谷型　　2. 福岡・春日地域————原型
3. 二日市地域————道場山型　　4. 甘木・朝倉地域————栗山型

5. 嘉穂地域――――立岩型　6. 早良地域――――藤崎型
の６地域の甕棺に「形態的にも，技術的にも地域差が存在し，その差異が少なからず工人集団の違いと不可分の関係にある」とした[4]。

著者はタタキ技法の採用によって大形の日常容器が製作されるようになり，これを基礎に埋葬専用の大形甕棺が発生し得たと考えている。そして甕棺の器形・胎土・タタキ技法を含めた成形・調整・焼成などの製作技術からみた地域差についてこれまでかなり詳細に言及しているが，地域差が即，工人集団の差につながるか否か未解明の部分が多いので，「技術と集団」のうち，工人集団の問題には今まで検討を加えていない。はたして製作技術から看取される地域差が，工人集団の差異をも反映したものか否かをも含めて，時期ごとに各地域の甕棺をみていくことにしよう。

２）大形甕棺の発生と甕棺の編年

縄文後期後半〜晩期には火葬などの埋葬法があったが，弥生文化の開始にともなって遺体をそのまま棺に埋葬する風習が生じ，成人は木棺墓あるいは石棺墓，乳幼児は大形壺などを用いるなどの埋葬法へと変遷していく。

早期から板付Ⅰ式までは乳幼児の埋葬に用いられていた器高60cm前後の大形壺が，板付Ⅰ式に直結する板付Ⅱ（古）式の段階で成人埋葬専用の大形甕棺へとなぜ発展するのであろうか。長年の経験のなかで甕棺に埋葬すれば乳幼児であっても人骨の残りがよいことが認識され，死後の再生を願う観念とも結びつき大形甕棺製作へと進んだものと考えられる。そこにはタタキ技法という技術的背景があったことは当然である。夜臼式の大形壺を用いた新町18号墓下甕の内面にはアテ具痕があり，肩から胴部上半にかけて10mm前後の丸い棒木口様の痕跡が連続的に認められる。本来はこれより大きな，例えば須恵器内面の青海波ほどの大きさのものであるが，その上を幅広の板状工具でハケ目を施した結果，中央部の凹みのみ10mmほどの大きさで残ったものと考えられる。いずれにしてもタタキ技法の採用によって大形土器が作られ，それが大形甕棺成立の技術的背景となったものといえる。

著者は甕棺について，大形甕棺発生前については曲り田（古）式，曲り田（新）式，夜臼式，板付Ⅰ（古）式，板付Ⅰ（新）式と日常容器の編年を援用し，

大形甕棺についてはＫⅠ～ＫⅤ期の5期に大別し，ＫⅠ～ＫⅣ期まではそれぞれa～c，ＫⅤ期はa～fに細分し，計18型式を設定し用いている。以下この編年を基礎にして論を進めていきたい。

3）各型式ごとにみた甕棺の地域差

a．ＫⅠ期の甕棺

ＫⅠ期の甕棺は壺が大形化し，壺から発展した特徴をよく示し，残している。器壁が分厚く，底部が大きい。器面調整には壺と共通する手法，主としてヘラミガキが用いられている。焼成はやや軟質で，色調は灰黄色を呈するものが多い。

ＫⅠ期の甕棺の分布は甕棺葬の盛行した中心地すなわち唐津，糸島，福岡，春日から三沢周辺までを主としている。この分布圏外のものとして鐘崎，小楠，沈目立山などにも存在するが，いずれも小形のものである。鐘崎の1例はＫⅠa式（併行としたほうが適切）で高さ61cm，底径14cm，他の1例はＫⅠb式で高さ70cm，口径40cm，底径14cmである[5]。小楠例は器高58cm，底径17cm[6]。沈目立山例は上甕が復原器高75cm，下甕が55cm，底径13～14cmほどのものである[7]。分布圏の周縁部ともとらえられる夜須町所在の城山K10下甕も器高58cm，底径13cmほどの小形のものである[8]。これらは早期から板付Ⅰ式までの乳幼児棺の延長上にあるものであって，成人用の大形棺とは認め難い。ＫⅠ期においては分布の中心地では未だ大きな地域差は見いだし難く，分布圏外への拡大はかなり困難であったことを示している。

成人用の大形甕棺成立にさきだって板付Ⅰ式の段階で糸島郡二丈町石崎矢風[9]，前原市三雲加賀石[10]などではすでに甕棺墓群が存在する。加えてＫⅠa式の段階で90cmを超えるような大形甕棺が石崎地区では発掘されており[11]，これらの例からして大形甕棺の成立した地域は糸島地域であった可能性が大きいのではないかと考えている。しかし中期以後においては糸島地域が甕棺葬の中心地であったとは決していえない。

b．ＫⅡ期の甕棺

ＫⅡ期の甕棺は口縁下に凸帯を付さないこと，器壁がきわめて薄く，底部が

細くスマートになり，器高80cm以上で甕棺の通常の大きさをもつこと，やや赤みを帯びた黄褐色，赤褐色を呈し，焼成が硬質であること，器面調整はハケ目の後ナデてハケ目をナデ消す甕棺に独特な手法が発生していることなどがあげられる。

KⅡa式の甕棺

KⅡa式の段階で甕棺葬の分布の基本が形成される。唐津，糸島，早良，福岡，春日，二日市，三沢周辺，甘木朝倉（筑後川北部），鳥栖から佐賀・大和，ややとんで武雄，久留米ややとんで瀬高，大牟田，玉名などである。

甕棺分布の中心は唐津～三沢周辺といえるが，分布の中心地は一応省略して，分布の中心地にはいるがその南端で地方色のある甕棺もみられる三沢周辺からみていくことにしたい[12]。甕棺分布の中心地のものは口縁は内に低く傾斜し，外側への張り出しはきわめて小さい。逆L字状を呈するものが大部分であるが，内側にわずかに張り出すものもある。また口縁上端に粘土帯を貼付するものが多く，KⅠ期の手法を引き継いでいるといえる。頸がしまりKⅠc式から継起的であり，またKⅠc式の肩の段にあたる部分に小さな三角凸帯1条を施すものが多い。器壁はきわめて薄く5～6mmで底部は細くしまりスマートになる。赤みを帯びた黄褐色，赤褐色のものが多い。これに加えていわゆる「金海式くずれ」ともいうべきもの，筑後に特徴的な三角口縁の甕の大形化したような甕棺（ハサコの宮K9下甕，ハサコの宮K16下甕など）がある。ハサコの宮K9はナデ調整，ハサコの宮K16はミガキ調整かと思われ，両者ともに灰黄色を呈し，器壁は厚く，焼成は軟質で，KⅠ期的な手法，特徴を残している。

ハサコの宮K9上甕，ハサコの宮K16上甕などは口縁を逆L字状につくるが器壁が厚く，底径が大きく，ハサコの宮K9上甕はミガキを施す。また焼成は軟質で灰黄色を呈するなど，古い手法，特徴を残しているが，これらは筑後的特徴といえる。

さらに北牟田K34下甕のように口縁内側に蓋受状の凸帯を貼付するもの，北牟田K30下甕のように口縁内側に粘土帯を貼付するものなど多彩である。これら地方色を示す甕棺のいずれも器壁が厚く，底径が大きく，焼成はやや軟質のものが多く，またミガキなどの前期的な手法，色調も灰黄色を呈するなど古い要素を残しているといえる。

甘木朝倉というよりも筑後にはいる大刀洗町などを含んでおり筑後川北岸といったほうが適切かも知れない。この地域でもKⅡa式の段階で大形甕棺が出現する。しかしながら三沢周辺のように甕棺分布の中心地の典型的な甕棺は見られず，地域色が強烈である。例えば栗山K24，K25[13]，杷木宮原K6[14]などは大まかにいえばKⅡa式的な特徴を持つが，口縁のつくり，見かけ2条の凸帯などの形態的なものに加えて器壁が10～13mmと厚かったり，接合痕が明瞭であったり，甕棺分布の中心地のものに似せてつくろうと努力しているが技術的にはかなり稚拙である。また畑築地K2[15]，杷木中町裏K6[16]などは口縁が逆L字状をなすものであるが，ハサコの宮K9上甕などと共通する形態をもち，器面調整はミガキで，器壁は畑築地K2が10～13mm，杷木中町裏K4は13～14mmと分厚く，底径は15～16cmと大きく，前期的な古い手法，特徴を残している。これらは甘木朝倉，筑後北部に特徴的な甕棺である。また杷木宮原K6などに類するものが筑後川を越えて，福岡県教育委員会が調査した吉井町大碇遺跡などで出土している。

　肥前におけるKⅡa式の甕棺はいわゆる「金海式くずれ」とでもいうべきKⅠc式の退化形態のものを主としている。そしてこれらのKⅠc式の退化形態のものは器壁は分厚いが，底部が小さくなり新しい傾向を示していると同時に，器面調整にミガキのものはなくほとんどがナデ調整である。

　多鈕細文鏡などを出土した佐賀県大和町本村籠K58[17]は，上下甕ともに口縁形態はKⅡb式に近づきつつあり，この型式の中では新出のものといえよう。また上甕の形態は甕棺分布の中心地のものに似るが，器壁が8～9mmと分厚く，この地域でつくられたものと考えられる。武雄市小楠SJ1728上甕[18]には沈線と同様な2本の凸帯とそれを結ぶ縦の凸帯がみられ特徴的である。

　筑後川以南ではまず久留米市北部に甕棺分布の中心地のものと同様の甕棺，三角口縁の甕棺などがある。南薫の甕棺[19]は三角口縁に刻目を入れ器面調整はミガキである。この地域をクッションとして瀬高あるいは大牟田，玉名地域の甕棺が出現するものと考えられる。

　瀬高の権現塚北K4[20]は基本的には三角口縁で，底径は11.3cmと小さいが，器壁は13～15mmと分厚く，底部の厚さは49mmで器壁の厚さによって安定をはかっている。

大牟田市羽山台支石墓の甕棺[21]は基本的には北牟田K30などの口縁内側に粘土帯を貼付した甕棺などに連なるものである。上下が特定されていないが一つは口縁端，凸帯に，他の一つは口縁端に刻目を施す。底径は17.8cm，13cmと大きく，器壁は厚い。熊本県玉名市年の神の甕棺[22]は三角口縁を呈する筑後北部に特徴的な甕棺と共通する。見かけ2条の胴部凸帯は高い位置にありKⅡa式の範疇にはいるものと考える。これが現在のところKⅡa式の分布の南限である。

KⅡb式の甕棺

KⅡb式の甕棺の分布は，KⅡa式の分布を基本として嘉穂，熊本などへさらに拡大している。

形態的には地域差は小さくなる傾向にある。分布の中心地の甕棺は口縁は平坦で内側へ大きく張り出し，外側への張り出しは小さい。胴部凸帯は小さな三角凸帯1条のものが多いが，三沢あたりから造り1条見かけ2条の凸帯がみられる。全体的には口縁のすぼまりはなく直で，底部は細くしまりスマートである。器壁はきわめて薄い。

甘木朝倉の甕棺は分布の中心地のものに似せてつくろうとする努力を行なっているが，口縁の内側への張り出しが小さかったり，外へ張り出しが大きかったり，器壁が分厚く，底径が大きいなど製作技術の稚拙さが認められる。例えば栗山K27下甕の器壁は12mm前後，栗山K18などは口縁形態も特徴的であるが，底径が大きくしまりがない。細くひきしまった底部をつくることはかなり困難なことであったと考えられる。栗山K34下甕はKⅡb式の典型的な形態をしており，底径も11.2cm，器壁も5mmほどで，他地域おそらく三沢周辺から搬入されたものと考えられる。栗山K34上甕，中町裏K7，中町裏K5などは典型的な形態に近いが，細部でいうと口縁形態は先に述べたような特徴がある。また底部は11〜12cmと小さいが器壁が7〜8mm，8〜10mmとこの時期のものとしては分厚く，在地でつくられた甕棺と考えられる。

肥前の甕棺もこの型式の典型的なものもあるが数は少ない。尼寺一本松SJ115などはこの型式としては古い感じを受ける。小楠SJ1722は口縁内側への張り出しは大きいが，つくりとしては口縁内側に粘土帯を貼付したものでKⅡa式的な口縁のなごりをとどめている。また口縁形態などに甘木朝倉などに

共通する要素もみられるが，甘木朝倉と異なり底径の大きなものはなく，いずれかというと底径は小さいといえる。これはこの地域のKⅡa式の甕棺にもみられるところであり，その継続的な要素といえる。

この型式で嘉穂町でも大形甕棺が出現しているが[23]，口縁形態としては口縁上端に粘土帯を貼付したものでKⅡa式的な古い手法を残しているといえる。

久留米付近の甕棺は北屋敷K5下甕[24]のように口縁内側に粘土帯を貼付するKⅡa式的な手法を残すものや，西屋敷K20下甕，西屋敷K21下甕[25]などのように口縁の内側への張り出しが小さく甘木朝倉の甕棺と共通する要素をもつが，底部の大きなものは少なく，この点で甘木朝倉の甕棺とは異なる。この中で西屋敷K21上甕はKⅡb式の典型的なものであり，三沢付近からの搬入品の可能性が強い。

瀬高付近の甕棺は権現塚北K46下甕，堤K2[26]などのように三角口縁の変形したもので器壁は分厚く，底部はきわめて厚く5cmほどのものもある。権現塚北K46上甕はKⅡb式の典型的な形態のものであり，三沢周辺あるいは底部が小さいことから久留米あたりから搬入されたものと考えられる。

大牟田付近の甕棺は，羽山台K8[27]の上甕は逆L字形口縁を呈するが，これはKⅡa式のこの種の甕棺からの流れのなかで変遷をたどれる。下甕は筑後の三角口縁の変形したものである。いずれも底部は小さくつくっているが，底部の厚さは3〜4cmとかなり分厚い。

この型式で熊本においても大形甕棺が出現している。葉山F区K6[28]の下甕は形態としてはKⅡb式の典型的なものに近いといえるが，器高72cm弱と小形品である。底部も小さく，筑後いずれかというと久留米あたりからの搬入品の可能性が強い。上甕は底部が4cm強と厚く，在地産のものかと考える。

KⅡc式の甕棺

この型式の甕棺は口縁に向けて全体としては外開きといえる。口縁は内に大きく張り出し，外に低く傾斜している。

地域差は少なくなってきているが，甘木朝倉の甕棺は口縁の内外への張り出しの度合，例えば内への張り出しが小さく，逆に外への張り出しが大きいものがある。また器壁が7〜10mmほど厚かったり，底部が大きいなど，微妙な問題ではあるが地域差が目につく。ごく最近調査が行なわれた墳丘墓と考えら

れる甘木市栗山[29]の甕棺もこのような特徴をもっており，在地の甕棺であると判断した。

久留米あたりのもののなかには内への張り出しが小さく，外へは少し張り出すなど，甘木朝倉のものに共通するものがあるが，やはり底部は小さく甘木朝倉のものとは異なる。この段階でも三角口縁の系列のものが残存している。

瀬高の甕棺は前段階からの形態を踏襲しており，器壁は厚く，底部は権現塚北K17下甕で3.3cm，上甕で4.5cmときわめて厚い。この段階でハケ目をナデ消さないものが出現している。

肥前のものは地域差は少なくなっているようである。

嘉穂町鎌田原の甕棺[30]は底部が大きく，甘木朝倉のものに共通した点が多い。

c. KⅢ期の甕棺

KⅢ期の甕棺は基本的には口縁下に凸帯を施す。またこの時期の甕棺は大形化したものが多く100cmをこえるものもある。またKⅢ期の甕棺は器壁が厚くなり10mm前後のものが多い。器面の調整はハケ目の跡，ナデを加えてハケ目を消す手法はKⅡ期と共通しているが，時間が下がると次第にハケ目を消さないものも出現してくる。焼成はさらによくなり，色調は淡黄色，黄白色を呈するものが多いが，春日のものは赤っぽいものが多い。いずれにしてもこの段階で甕棺製作技術がさらに進んだことを示している。

KⅢ期の甕棺の分布はさらに拡大しているが，飛地的拡大である。

唐津地域で最も目立つことはKⅢa式では汲田K11，汲田K38（図47-1），KⅢb式では汲田K51（図47-2），KⅢc式では中原K7（図47-3）のようにKⅢ期を通じて口縁下の凸帯のないものがかなり多いことである。中原K7[31]などは暗茶褐色を呈し，焼成も軟弱であり，全体として甕棺製作技術に稚拙な点が認められる。

糸島の甕棺については調査例も比較的少ない上に，報告されたものも少ない。

糸島のKⅢ期の甕棺においても口縁下に凸帯のないものがある程度みられることである。この点については唐津地域と共通しているが，数のうえでは唐津よりも少ない。

128　Ⅱ　甕棺をめぐる諸問題

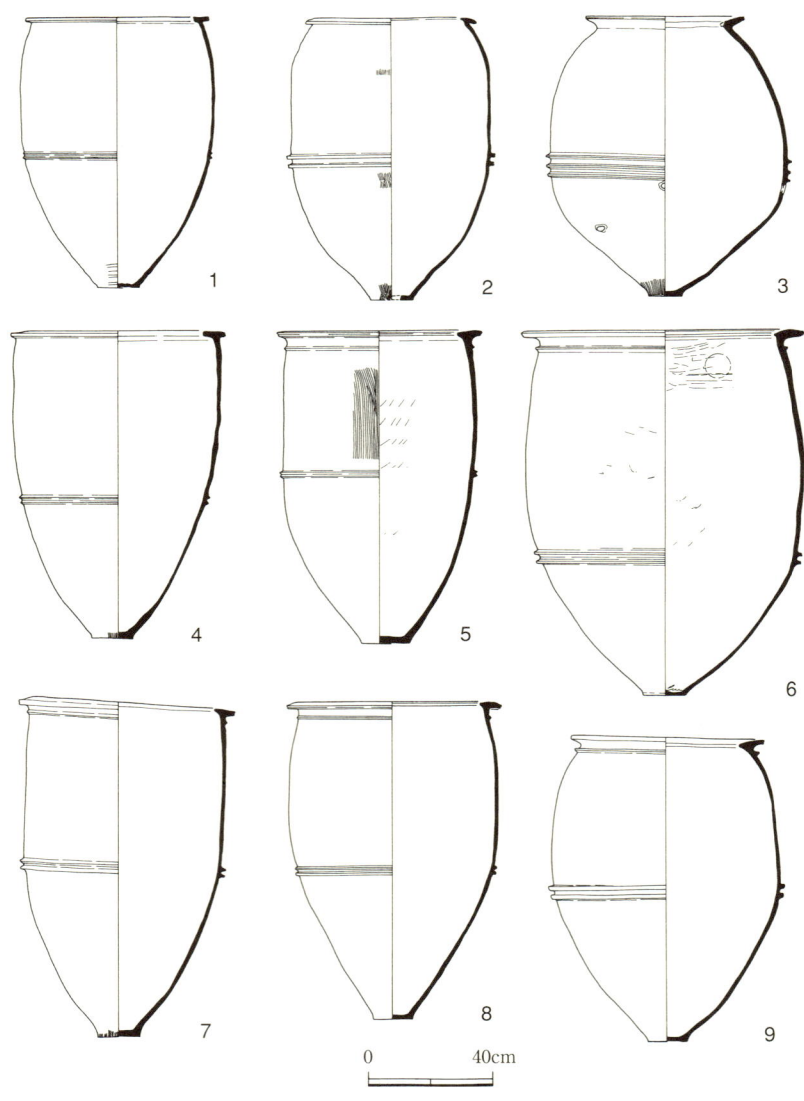

図47　KⅢ期の各地の甕棺1
唐津（1：宇木汲田 K38　2：宇木汲田 K51　3：中原 K7）
糸島（4：八龍 K19　　5：八龍 K6　　　6：南小路 K2）
早良（7：西新町 K11　8：藤崎 K56　　9：西新町 K19）

三雲南小路2号甕棺[32]（図47－6）は日光鏡など多数の副葬品を出土した甕棺であり，伊都の盟主的首長層の墳墓と考えられる。この甕棺は器高が122cmあり，副葬品を多量にもつ甕棺はこのように大きさもきわめて大きい。口縁下凸帯の下あたりの器壁20mm，底部近くの器壁6mm，底径は13.9cmで，底部の厚さは10～14mmほどのものである。この甕棺に関しては春日あたりからもたらされたものという意見[33]もあるが，三雲八龍の甕棺[34]などとともに，南小路のものも三雲周辺でつくられたものと考えている。

　早良のKⅢ期の甕棺はKⅢa～KⅢc式を通じて口縁下の凸帯がないものはないといってよい。この点からだけいうならば糸島地域よりも，福岡，春日地域との関係が深く，早良が後に奴国，伊都国のいずれに帰属するかの議論がなされているが，このような点からも追求されるべきことであろう。

　春日付近の甕棺はKⅢ期になっても赤っぽい甕棺が多い。先に述べた井上の論考はこの点をかなり重視した見解である。

　福岡，春日のKⅢ期の甕棺についていえば当然のことながら口縁下に凸帯のないものはない。KⅢb式以後についてはハケ目をナデ消さないものが出現してくる。甕棺葬終焉化への傾向とも関連して最後のナデ調整に手ぬきが行なわれ始めたことを示している。

　二日市地域の甕棺として道場山[35]のものを示した。この遺跡の報告でT字口縁，逆L字口縁からくの字口縁へと変遷していく中で中期末の甕棺すなわちKⅢc式の甕棺型式を設定した。KⅢc式からKⅣ期のものにはハケ目が残るもの（K21，K63下甕，K15下甕，K96下甕など）があり，福岡，春日でみたようなハケ目をナデ消さない傾向は同様である。基本的にはKⅣb式のものはきわめて少なく，ほぼこの頃に糸島地域をのぞいて甕棺葬は終焉するのであるが，肥前では次のKⅣc式まで残る。この地域の甕棺は淡黄色，黄白色を呈するものが多く，先の春日の赤っぽいものとは明瞭に区別できる。

　三沢を含む小郡あたりの甕棺は二日市地域のものと共通するものが多いが，このあたりからまた口縁下に凸帯のないものが少量ではあるが出現し始める。そしてやはりKⅢb式頃から器面調整にハケ目をナデ消さない，つまりハケ目が残るものが筑前，筑後，肥前の三国境付近から量的には多くなってくる。

　甘木朝倉地域はKⅢ期になってもかなり特徴的である。まず口縁下に凸帯の

130　II　甕棺をめぐる諸問題

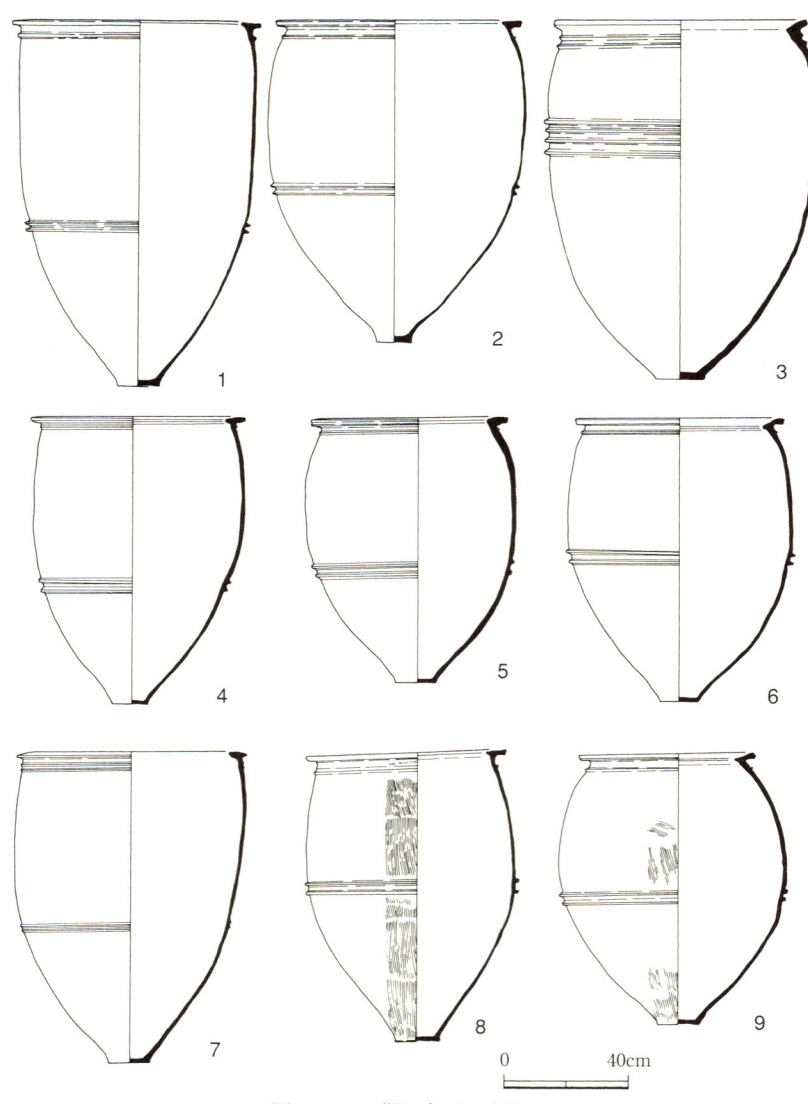

図48　KⅢ期の各地の甕棺2
福岡・春日周辺　（1：原 K136　2：原 K6　3：門田 K24）
二日市周辺　　　（4：道場山 K21　5：道場山 K48　6：道場山 K26）
三沢周辺　　　　（7：北牟田 K24　8：横隈狐塚 K6　9：横隈狐塚 K9）

甕棺―製作技術を中心としてみた諸問題　131

ないものがかなりみられる。またこの時期には器壁が分厚くなるのが一般的傾向であるが，甘木朝倉のものは器壁が薄く，底部が大きくしまりのないものが多い。例えば栗山 K28 下甕は 15.1cm，栗山 K75 下甕（図 49 – 1）は 16.4cm，栗山 K58 下甕（図 49 – 2）は 20.3cm もある。

　また K Ⅲ a 式の段階からハケ目をナデ消さないものがあり，K Ⅲ b 式，K Ⅲ c 式とハケ目を残すものが多く，このことによってタタキ痕をよく観察できる。

　前漢鏡（連弧文清白鏡，日光鏡），鉄戈，鉄剣，鑷子，ガラス璧片再利用円板などを副葬していた夜須町東小田峯 K10（K Ⅲ c 式）も粗いハケ目を全面に施している。

　全体としては福岡，春日，二日市地域の甕棺に似せてつくるが，製作技術に稚拙な点がみられることである。甘木朝倉の甕棺は赤っぽいもの，黄色っぽいもの両者ともに基本的製作技術は共通しており，色調だけでは地域差を抽出することには注意を要する。例えば三沢周辺の北牟田 K26 上甕[36]は全体として暗黄褐色を呈するが，口縁を含む部分に幅 20cm，長さ 50cm の赤褐色の部分があり，粘土不足を補ったものと考えられるが，1 個の甕棺のなかでもこのようなことがある。この点は以前にも指摘したことがある[37]。

　嘉穂地域の甕棺は立岩遺跡付近のきわめて大きな甕棺が特徴的であるが，スダレ K3[38]（K Ⅲ a 式），立岩 K19（K Ⅲ a 式），立岩 K10（K Ⅲ c 式），立岩 K1（K Ⅲ b 式），立岩 K7 下甕（K Ⅲ c 式）[39]などは黄白色，淡黄色を呈し，その形態的特徴からいって，これらは二日市付近から搬入されたものと考えられる。立岩 K10 は前漢鏡 6 面，鉄剣などを副葬したこの地域の盟主的首長の甕棺であり器高 117cm と大きいものであるが，図 49 – 7 ～ 9 に示した甕棺が 140cm 前後のものであまり目立たない。図示はしていないが桂川町土師の十三塚の甕棺[40]のなかには甘木朝倉から搬入されたと考えられるものもあった。

　図 49 – 7 ～ 9 に示したものは立岩付近に特徴的なきわめて大きな甕棺で，器高 127.4 ～ 144.3cm を測る。器壁も厚く，焼成も良好なもので，底径はそれほど大きくはない。器面調整はハケ目の段階で，ナデを加えていない。その結果タタキ痕を観察できる。

　甘木朝倉とは異なり，似せてつくろうとはせず，大きなものを独自に作り上

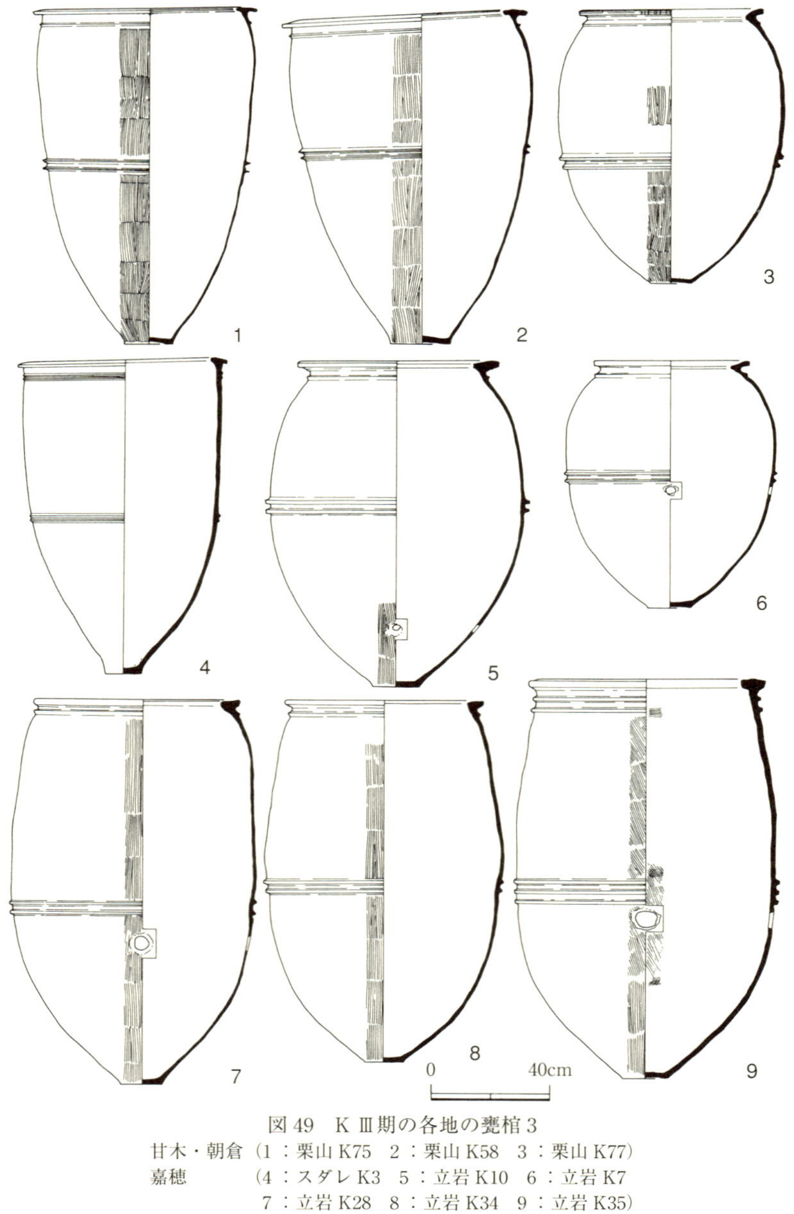

132　Ⅱ　甕棺をめぐる諸問題

図49　KⅢ期の各地の甕棺3
甘木・朝倉　(1：栗山K75　2：栗山K58　3：栗山K77)
嘉穂　　　　(4：スダレK3　5：立岩K10　6：立岩K7
　　　　　　 7：立岩K28　8：立岩K34　9：立岩K35)

げた気概が伝わり，現代の気質にも相通ずるところがある。

　肥前の甕棺は口縁下に凸帯を付さないものがKⅢa式以後，数は少ないがみられる。また二塚山K1下甕（図50－1），二塚山K5下甕⁽⁴¹⁾などの口縁の内外への張り出しは大きい。KⅢb式以後，器面調整はハケ目段階で終わっているものが多い。また長崎県大村市富の原⁽⁴²⁾，島原市景華園⁽⁴³⁾などでも大形甕棺が出現し鉄戈，鉄剣などを副葬するものもあるが，これらは武雄あたりを経由して搬入されたものと考えられるが，今後の検討を要しよう。富の原の鉄戈の副葬例からすると福岡，春日付近ではすでにその需要を果たした後の鉄戈が，やや時期がおくれて大村までもたらされて副葬されているものとみられる。

　久留米付近の甕棺は口縁下に凸帯のないものがかなりみられてくる。また安国寺K25下甕⁽⁴⁴⁾（図50－6）などのようにKⅢa式の段階で，器面調整がハケ目で終わっているものが見られる。

　瀬高付近では権現塚北K21（図50－7）などのようにKⅢa式の甕棺で口縁下には凸帯はなく，久留米付近から搬入されたものと思われる甕棺，三角口縁の系列のものではあるがいまや逆L字口縁で平坦な口縁を呈する権現塚北K45（図50－8）なども存在する。後者は器壁も厚く，底径は11cm前後であるが底部を5cmほどに厚くつくる。器面調整はハケ目の段階で終わっている。

　大牟田市羽山台K6はKⅢa式の甕棺であるが，口縁下の凸帯を付し，ナデ調整を加えている。底径も13.2cmであり，搬入された甕棺と考えるが，胴部凸帯が造り1条見かけ2条の凸帯であることからおそらく久留米付近からの搬入品であろうかと考える。

　鹿児島県金峰町下小路の甕棺⁽⁴⁵⁾（図50－9）はKⅢa式の丸味を帯びた系列の甕棺である。この甕棺被葬者はゴホウラ諸岡型の貝輪2個を着装していた。高橋貝塚でも前期の段階でゴホウラ貝輪の製品，半製品が出土しており⁽⁴⁶⁾，この地域がゴホウラ貝輪入手の中継地となっていたことはいうまでもない。したがってこの甕棺は北部九州からゴホウラを仕入れに来た人の甕棺であり，佐賀あるいは久留米付近から搬入されたものとする意見がある⁽⁴⁷⁾。この甕棺は96cmと大きいもので，底径13cmを測り，器面調整はハケ目と報告されているが実見したところハケ目はきれいにナデ消されている。ハケ目をナデ消していないのならば甕棺分布の中心地からはずれた肥前，筑後北部のものとする可

134　Ⅱ　甕棺をめぐる諸問題

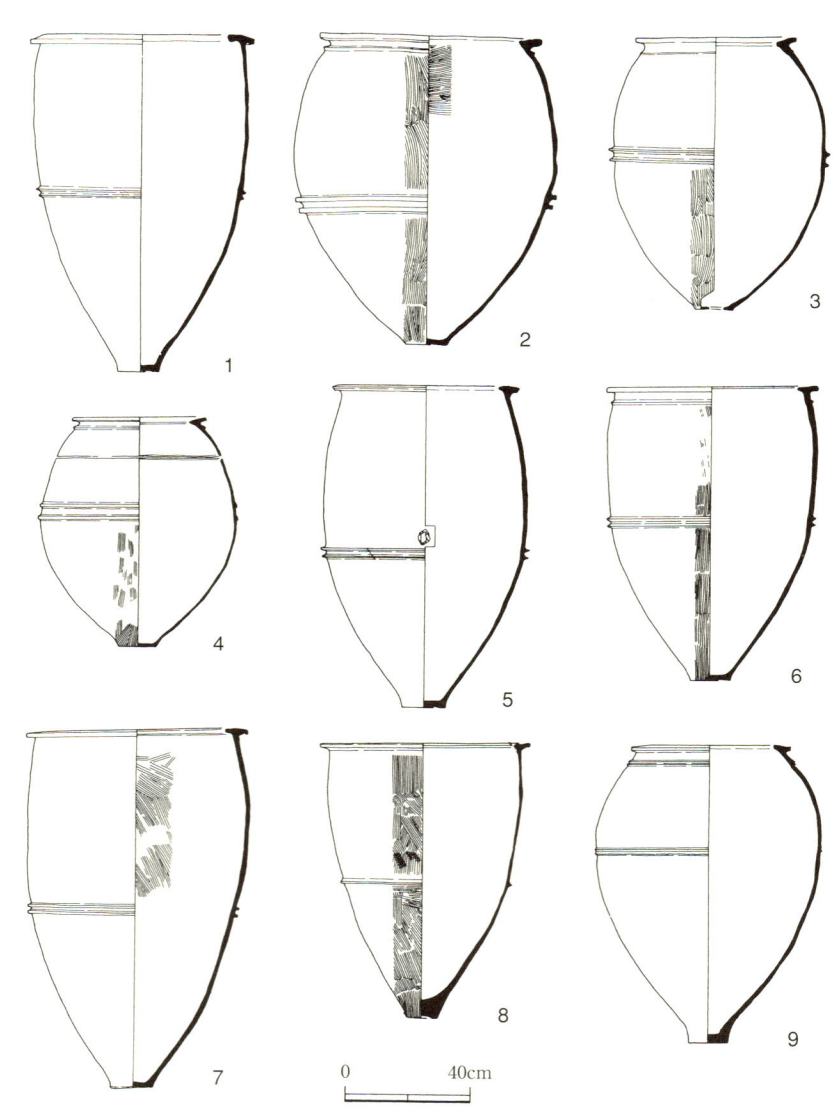

図50　KⅢ期の各地の甕棺4
　肥前　　（1：二塚山K1　2：二塚山K139　3：二塚山K95　4：富の原K16上）
　北筑後　（5：安国寺K23　6：安国寺K25）
　南筑後　（7：権限塚北K21　8：権限塚北K45）
　薩摩　　（9：高橋下小路）

能性もあるが，この丸味を帯びた系列の甕棺の分布が肥前，筑後北部を中心とする見解は間違っており，甕棺の盛行した各地に存在する。そしてこの系列の甕棺は小形のものが多く，本来は小児用につくられたものではないかと考える。通常，日常容器を転用した小形の甕棺を小児棺と呼称するが，これはまちがいで，これらは乳幼児を埋葬したものであり乳幼児棺とするのが正しい。

4） ま と め

　弥生文化の開始にともなって成人は木棺墓あるいは石棺墓，乳幼児は大形壺に遺体を納める埋葬法が成立した。弥生早期から前期初頭の板付Ⅰ式までは乳幼児の埋葬に用いられていた器高60cmほどの大形壺が，板付Ⅰ式に直結する板付Ⅱ（古）式の段階で成人埋葬専用の大形棺へと発展した。そこには長年の経験の中で甕棺に埋葬すれば乳幼児であっても人骨の残りが良いことが認識され，死後の再生を願う観念などとも結びつき，成人用の大形甕棺製作へと進んだものと考えられる。その技術的背景にはタタキ技法が存在したことがきわめて重要なことであった。壺はタタキ痕をハケ目，ナデ，ミガキなどによってほぼ完全に消し去っているので器面におけるタタキ痕の観察はきわめて困難であるが，内面ではハケ目などによって観察しにくくなっているが棒木口様のアテ具痕が認められる場合がある。したがって弥生土器製作にはタタキ技法が採用されたことによって器高60cmほどの大形土器も作られるようになり，さらには器高80cm以上の大形甕棺製作を可能にした最も重要な技術的背景であった。

　タタキ痕は主としてKⅢ期～KⅣ期のハケ目を残した甘木朝倉，立岩周辺の甕棺で観察できる場合が多い。通常甕棺のタタキ痕はハケ目でかき消し，さらにナデを加えるので観察しにくいが，よく観るとナデを加えられていてもタタキの凹凸のなごりはわかるものであるが，これに注意して観察した人は少ない。甕棺のタタキ痕の通常のものは，1条の凹面の長さ80～130mm前後でこの数条が1単位になると考えられる。その典型的なものは太宰府市吉ヶ浦K4上甕の例である[48]。

　この他に日常容器に普通にみられるタタキ痕が甘木朝倉を中心にしてみられる。また立岩K34，甘木市上川原K23下甕のように工具原体に刻目をいれたと

思われるタタキ痕も存在する。

　通常の大形のタタキ痕は甕棺分布圏のすべてにみられるが，福岡，春日，二日市近辺を中心とする地域では現在のところこの種のタタキ痕しかみられない。日常容器と共通するタタキ痕がみられるのは甘木朝倉のみである。工具原体に刻目をいれたと考えられるタタキ痕は立岩近辺，甘木朝倉の両者にみられるが，立岩のものは大形のタタキ痕ではなく，上川原のものは大形のタタキ痕の内部に刻目と考えられる圧痕がある。このようなタタキ技法の存在によって大形甕棺の製作が可能になったということは先に述べたとおりである。

　前項では各型式ごとの甕棺の変遷と地域差について甕棺分布の中心地と各地域を対比しつつ詳細に検討を加えてきた。いままでよくいわれていた胎土に含まれる砂粒，色調も当然のことながら重要なことではあるが，全体的および口縁などの微妙な形態的変異，器壁の厚さ，底径の大きさと底部の厚さ，器面調整などが地域差を抽出する重要な指標であると考えている。

　いま K Ⅲ期を例にとると唐津から三沢周辺の甕棺分布の中心地において唐津，糸島，早良，福岡，春日，二日市，三沢周辺という7地域において，口縁下凸帯の有無，器面調整がハケ目段階で終わるものの多寡，色調，焼成などが微妙に異なることを指摘してきた。

　これに加えて甘木朝倉，嘉穂，肥前の鳥栖から佐賀・大和，久留米付近が甕棺分布地域でそれぞれ微妙な地域差が認められる。肥前ではさらに武雄，大村，島原などに，筑後以南では瀬高，大牟田，玉名，熊本などに飛地的に甕棺があり，さらに北では糟屋郡古賀町，東では大分県日田市，南は遠く鹿児島県下小路などの甕棺がみられる。嘉穂の甕棺には二日市，甘木朝倉から搬入されたものがあり，甘木朝倉の甕棺は二日市，三沢周辺から搬入されたもの，または影響を強く受けているといえる。武雄の甕棺は佐賀および唐津からの影響があり，大村のものは武雄を経由したものと考えられる。

　以上こまかく地域差を抽出したが，はたしてこの地域差が甕棺製作工人集団の差をあらわしているものであろうか。

　いま図52－3，4に大宰府史跡130次出土の大甕[49]を図示した。江戸時代後期～末頃のものと考えるが，大きさは80～90cmほどでほぼ弥生の甕棺と同様のものであり，タタキ→ハケ目などを観察すると製作技術，製作工程も甕

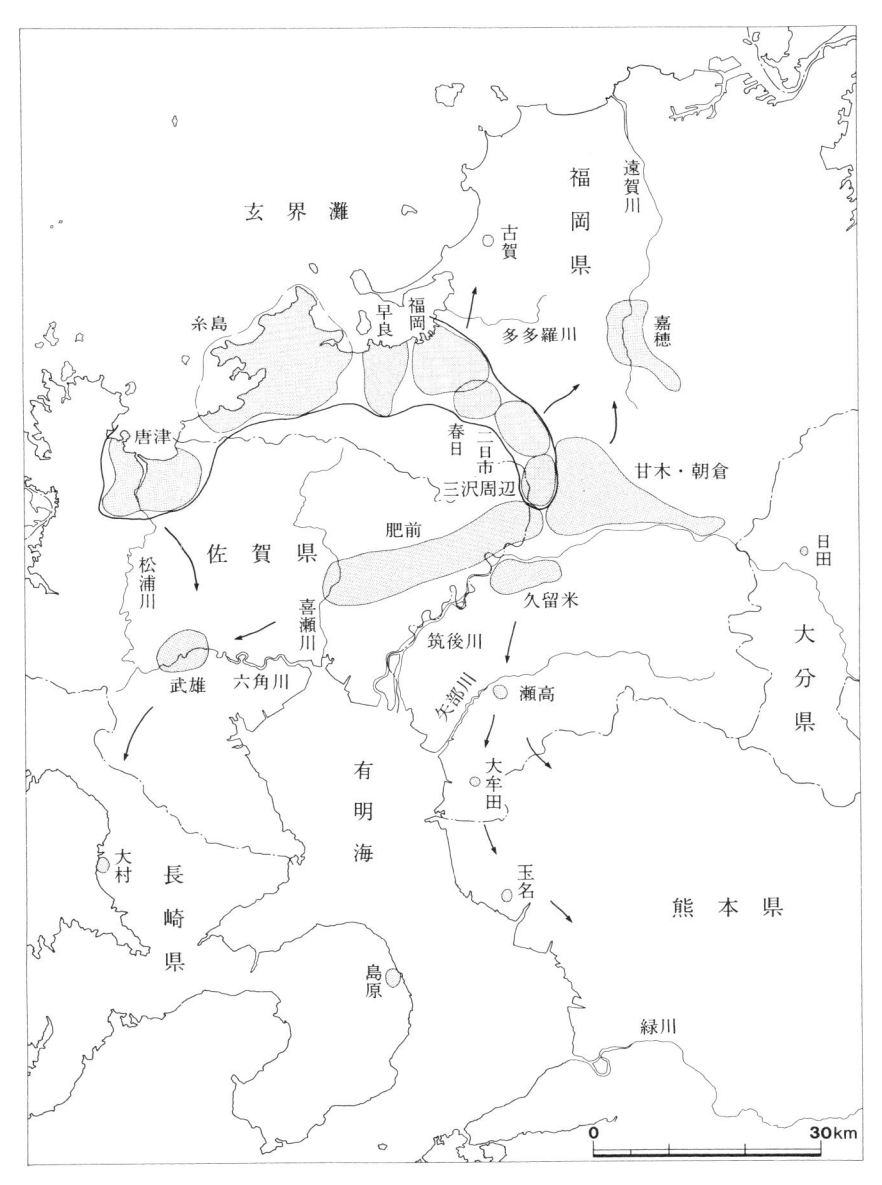

甕棺—製作技術を中心としてみた諸問題　137

図51　甕棺分布と地域差（1/1,000,000）

棺に共通するところがある。しかしながら図を見ていただければわかるように底径は30数cmあり，大きいものは40cmほどのものもあった。甕棺みたいに10～13cmほどのひきしまったスマートな底部をつくることは技術的には現代においてもかなり困難なことのようであり，甘木朝倉の甕棺に底径が大きく，しまりのないものが存在することからいえば弥生時代においてもかなりの難しい技術であったことが推測できる。

　以上のことからすれば甕棺製作技術には専門工人集団が存在したであろうことは疑う余地はなく，福岡，春日，二日市などの甕棺分布の中心地においては専門工人集団の存在も当然考えられる。そして色調などの相異をはじめ，微妙な地域差は工人集団の差をあらわしていると把握してよかろう。

　しかしいままで述べてきた各地の微妙なあるいは明瞭な地域差はすべて工人集団の差異をあらわしているかという点になると，そのように短絡的には結びつかないと考える。

　甘木朝倉の甕棺，あるいは瀬高などの飛地の甕棺，立岩周辺の甕棺などそれぞれ特徴をもっている。立岩周辺の大きくて焼成のよい甕棺製作には専門工人の存在も想定できよう。これらの地域の甕棺製作に甕棺分布の中心地から専門工人が出向いていくなら，形態的，手法的にもほとんど差のないものができると思われる。したがって甕棺製作には「わたり職人」的な存在はないと考える。やはり甕棺分布の中心地との交流の中で知識を身につけ，大形甕棺製作へとたどりつくものであり，そこには日常容器製作と同一のタタキ工具を使用した甘木朝倉地域のように日常容器製作の延長上で甕棺を製作するもの，立岩周辺のように地域で独自に専門工人集団をつくりあげたもの，肥前，筑後北部は甕棺分布の中心地に比べると稚拙な点があるが甘木朝倉に比べ製作技術は優れており，ここでも早くから独自に専門工人集団をつくりあげていったものと考える。このように工人集団の形成過程にも各地の地域性があり，それが甕棺の地域差としてあらわれているものと思われる。

　さてスダレK3，立岩K10などは二日市地域からの搬入品と考えられ，各地域の甕棺についても搬入品と考えられるものについてはそのつど指摘してきた。このような土器の移動は少なくとも地域間の交流は把握できる。立岩K10は先にも述べたように前漢鏡6面ほかを副葬した嘉穂地域の盟主的首長墓であ

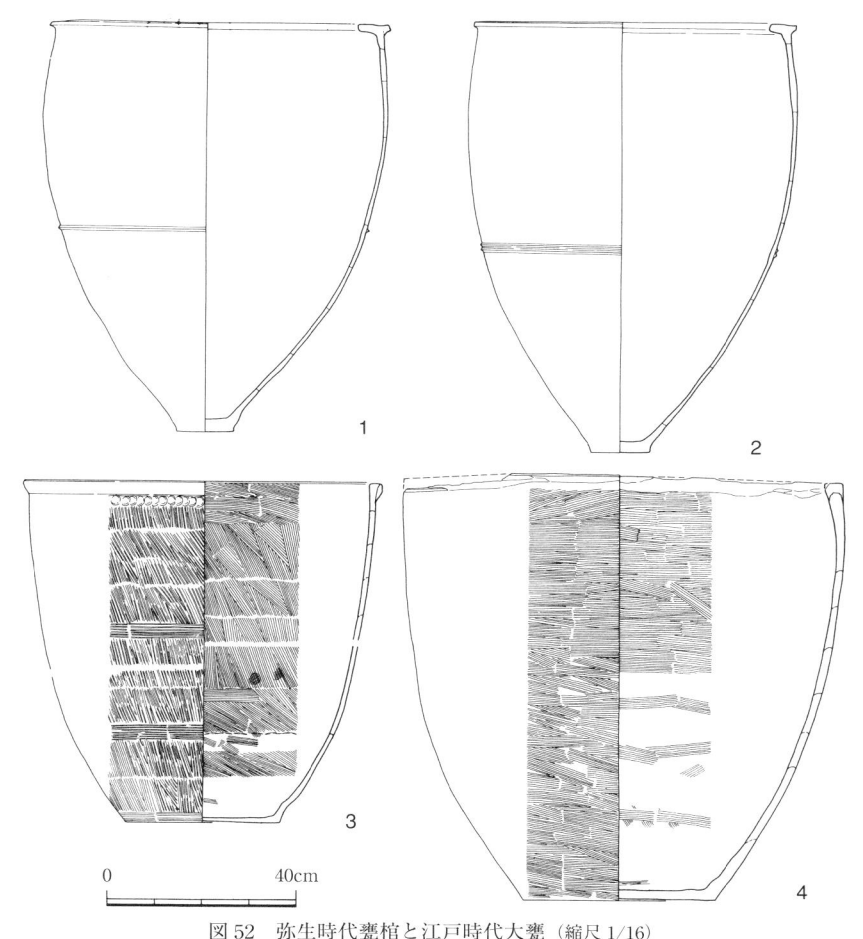

図52 弥生時代甕棺と江戸時代大甕（縮尺1/16）
1：ハサコの宮K11下（KⅡb式）　2：ハサコの宮K17下（KⅡb式）
3・4：大宰府史跡第130次調査出土江戸時代大甕

り，この甕棺が他地域からの搬入品ということで首長間の婚姻関係と結びつけて考える解釈などもある[50]。魅力的ではあるが立岩K10ほどの有力な盟主的首長が他地域から迎え入れられるであろうか等々，今なお解決すべきいくらかの点があるので著者はこの問題には深く立ち入らない。しかし前期末に出現した各地の首長層は中期前半にかけてひきつづき土地開発と戦闘を通じて益々権

限を強化していき，共同体の一般成員が列埋葬という埋葬法をとるのに対し，墳丘墓などを造営し，一般成員からは次第に遊離しつつあるなかで，婚姻関係も首長層相互に求め通婚圏を拡大していったものと考えている。そして首長権を力で勝ち取ってきた智力，腕力，胆力ともに優れた首長層間の子孫はヘテロシス（雑種強勢）効果によって益々優秀な人材を輩出し，世襲制もつくりあげていったと考えている。したがって土器の移動にみられる交流は通婚圏をもあらわす場合があることは比定はできない。ただ立岩 K10 についていえば 140cm ほどの立岩周辺のきわめて大きな甕棺と対比して，優美であり，甕棺に対して強い憧憬の念をもっていた嘉穂地域の盟主的首長の甕棺としてふさわしいという点も指摘できることはいうまでもない。

註
(1) 高島忠平「Ⅲ　甕棺の製作技術」福岡県飯塚市立岩遺蹟調査会編『立岩遺蹟』1977 年
　　井上裕弘「甕棺製作技術と工人集団把握への試論」福岡県教育委員会『山陽新幹線関係埋蔵文化財調査報告』9，1978 年
　　井上裕弘「甕棺製作技術と工人集団」論集日本原始刊行会編『論集日本原始』1985 年
　　橋口達也「甕棺製作技術について」福岡県教育委員会『九州縦貫自動車道関係埋蔵文化財調査報告』ⅩⅩⅩⅠ中巻，1979 年
　　橋口達也「甘木・朝倉地方甕棺についての若干の所見―とくに栗山遺跡出土甕棺を中心にして―」甘木市教育委員会『栗山遺跡』甘木市文化財調査報告第 12 集，1982 年
(2) 高島忠平「前掲書」1977 年
(3) 橋口達也「甕棺製作技術についての若干の所見」福岡県教育委員会『九州縦貫自動車道関係埋蔵文化財調査報告』ⅩⅩⅤ，1978 年
(4) 井上裕弘「前掲書」1985 年
(5) 鏡山　猛「甕棺累考」(2) 九州史学会『史淵』第 55 集，1953 年
(6) 武雄市教育委員会『小楠遺跡』武雄市文化財調査報告書第 26 集，1991 年
(7) 熊本県教育委員会『沈目立山遺跡』熊本県文化財調査報告書第 26 集，1977 年
(8) 夜須町教育委員会『城山遺跡群発掘調査報告書』1973 年
(9) 1990 年二丈町教育委員会によって調査が行なわれた。報告書未刊。
(10) 福岡県教育委員会『三雲遺跡』Ⅰ　福岡県文化財調査報告書第 58 集，1980 年
(11) 福岡県教育委員会『石崎曲り田遺跡』Ⅰ　今宿バイパス関係埋蔵文化財調査報告第 8 集，1983 年

(12) 福岡県教育委員会『九州縦貫自動車道関係埋蔵文化財調査報告』ⅩⅩⅩⅠ 中巻, 1979 年
(13) 甘木市教育委員会『栗山遺跡』甘木市文化財調査報告第 12 集, 1982 年
(14) 福岡県教育委員会『九州横断自動車道関係埋蔵文化財調査報告』第 21 集, 1991 年
(15) 大刀洗町教育委員会によって 1990 年に調査が行なわれた。報告書近刊予定。
(16) 福岡県教育委員会『九州横断自動車道関係埋蔵文化財調査報告』第 21 集, 1991 年
(17) 大和町教育委員会『平成 2 年度大和町内遺跡確認調査』大和町文化財調査報告書第 16 集, 1992 年
(18) 武雄市教育委員会『小楠遺跡』武雄市文化財調査報告書第 26 集, 1991 年
(19) 久留米市教育委員会『東部土地区画整理事業関係埋蔵文化財調査報告書』第 2 集 久留米市文化財調査報告書第 36 集, 1983 年
(20) 瀬高町教育委員会『権現塚北遺跡』瀬高町文化財調査報告第 3 集, 1985 年
(21) 大牟田市教育委員会『羽山台遺跡』1975 年
(22) 橋口達也「甕棺の編年的研究」福岡県教育委員会『九州縦貫自動車道関係埋蔵文化財調査報告』ⅩⅩⅩⅠ 中巻, 1979 年
(23) 嘉穂町教育委員会『嘉穂地区遺跡群』Ⅴ 嘉穂町文化財調査報告書第 8 集, 1988 年
(24) 久留米市教育委員会『前掲書』久留米市文化財調査報告書第 36 集, 1983 年
(25) 久留米市教育委員会『西屋敷遺跡』久留米市文化財調査報告書第 40 集, 1984 年
(26) 瀬高町教育委員会『権現塚北遺跡』瀬高町文化財調査報告第 3 集, 1985 年
(27) 大牟田市教育委員会『羽山台遺跡』1975 年
(28) 西健一郎「熊本県における弥生中期甕棺編年の予察」森貞次郎博士古稀記念『古文化論集』1982 年
(29) 甘木市教育委員会が 1993 年に調査を行なった。報告書未刊。
(30) 嘉穂町教育委員会が 1991 年に調査を行なった。報告書未刊。
(31) 唐津湾周辺遺跡調査委員会『末盧国』1982 年
(32) 福岡県教育委員会『三雲遺跡南小路地区編』福岡県文化財調査報告書第 60 集, 1985 年
(33) 井上裕弘「墓と青銅器―北部九州弥生社会の展開―」石川日出志編『弥生人と祭り』1990 年
(34) 福岡県教育委員会『三雲遺跡』Ⅳ 福岡県文化財調査報告書第 65 集, 1985 年
(35) 橋口達也「甕棺製作技術についての若干の所見」福岡県教育委員会『九州縦貫自動車道関係埋蔵文化財調査報告』ⅩⅩⅤ, 1978 年
(36) 夜須町史編纂委員会『夜須町史』1991 年。報告書未刊。
(37) 福岡県教育委員会『九州縦貫自動車道関係埋蔵文化財調査報告』ⅩⅩⅩⅠ 中巻,

　　　　　1979 年
(38)　穂波町教育委員会『スダレ遺跡』穂波町文化財調査報告書第 1 集，1976 年
(39)　福岡県飯塚市立岩遺蹟調査会編『立岩遺蹟』1977 年
(40)　桂川町教育委員会『土師地区遺跡群』桂川町文化財調査報告書第 1 集，1982 年
(41)　佐賀県教育委員会『二塚山遺跡』1979 年
(42)　大村市教育委員会『富の原遺跡』大村市文化財調査報告書第 12 集，1987 年
(43)　島田貞彦「甕棺内新出の玉類及布片に就いて―肥前国南高来郡三会村遺跡―」『考古学雑誌』21 － 8，1932 年
　　　　小田富士雄「島原半島景華園の遺物」『考古学雑誌』45 － 3，1959 年
(44)　久留米市教育委員会『前掲書』久留米市文化財調査報告書第 36 集，1983 年
(45)　河口貞徳・旭　慶男・最所大輔「下小路遺跡」『鹿児島考古』11，1976 年
(46)　河口貞徳「鹿児島県高橋貝塚」『九州考古学』18，1963 年
　　　　河口貞徳「鹿児島県高橋貝塚」『考古学集刊』3 － 2，1965 年
(47)　河口貞徳・旭　慶男・最所大輔「下小路遺跡」『鹿児島考古』11，1976 年
　　　　木下尚子「南海産貝輪交易考」横山浩一先生退官記念論文集Ⅰ『生産と流通の考古学』1989 年
(48)　橋口達也「甕棺のタタキ痕」森貞次郎博士古稀記念『古文化論集』1982 年
(49)　九州歴史資料館『大宰府史跡平成 4 年度発掘調査概報』1993 年
(50)　春成秀爾「2．縄文・弥生時代の親族組織をさぐる」日本の古代『ウヂとイエ』1987 年

6 甕棺のタタキ痕

1) はじめに

　甕棺葬とは弥生時代の北部九州に特殊に発達した，大形甕を棺として用いた埋葬習俗であることはいうまでもない。これらの甕棺をみればわかることであるが，器面にかなり凹凸がみられ，これが必ずしも粘土帯の接合部のみのものではなく，そのなかには後述するようにタタキ痕も存在することは明らかである。にもかかわらず，今日までこの問題がとりあげられなかったのはタタキ技法が弥生時代もかなり後になって出現するものと考えられていたこと，日常容器にみられる通常のタタキ痕とは異なること，タタキ痕がハケ目で掻き消されさらにナデ調整を加えて，一見してそれとわからなかったためであろうと思われる。

　甕棺は器高80～120cm，異常に大きいものとして立岩遺跡などの甕棺のように140cmを超えるものも存在する。このように大きな甕棺を製作するには当然タタキ技法が存在するであろうと，長い間著者は単純に考えていたが，幸いにも多くの甕棺墓群の調査に参加でき，多くの甕棺を観察する機会に恵まれ，すでに報告したようにタタキ技法の存在も確認することができた[1]。今回重複する部分もあり，まだ工具原体などについて深く立ち入れる段階ではないが，改めてこの問題を取り上げたい。またタタキ痕を通して，甕棺製作技術にみられる地域差などにも言及してみたい。

2) タタキ痕の実例

　一見してタタキ痕とわかる資料は少ないが，比較的観察のしやすい12例を図示したので，順を追って説明を加えよう。
　1　福岡県太宰府市大字高雄　吉ヶ浦K60（図53-1）
　吉ヶ浦K60はKⅢc式の大形甕棺である。図示したタタキ痕は口縁下内面に認められるもので，長さ100mm，幅9～10mmで，4本を1単位とする。大形棺に普通みられる大きさのものである[2]。

144 Ⅱ 甕棺をめぐる諸問題

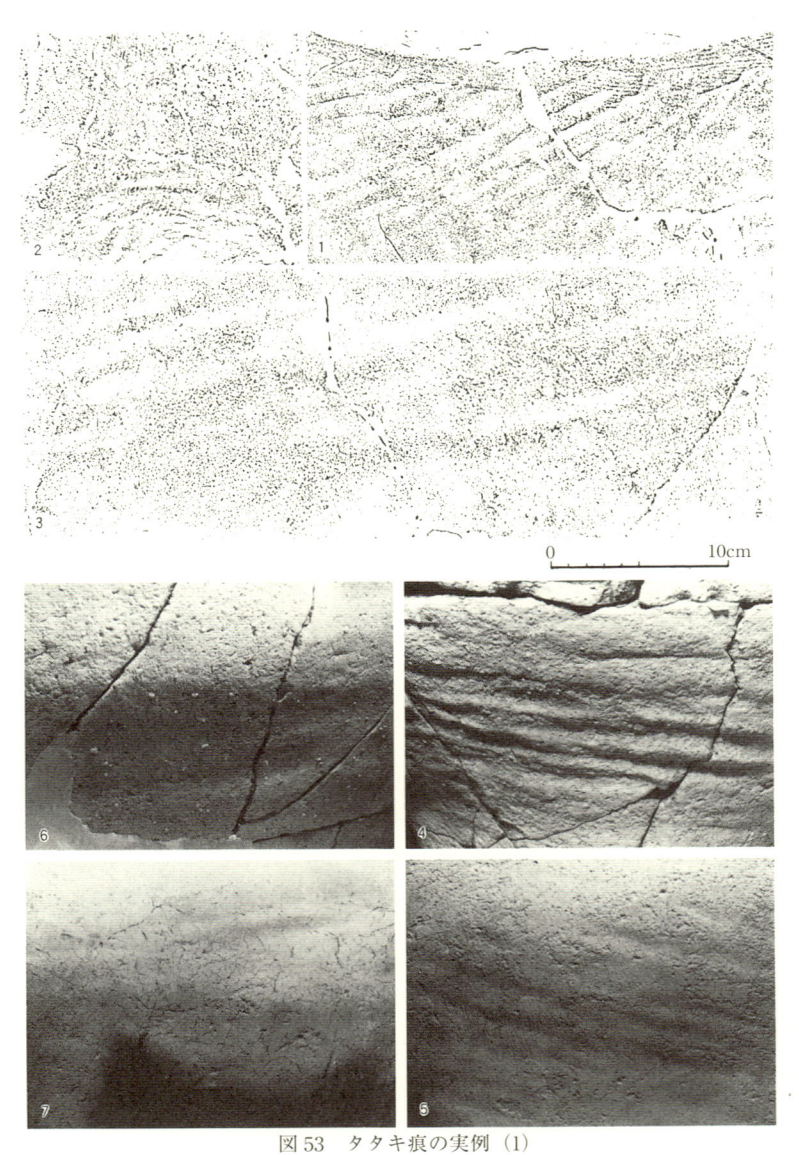

図53 タタキ痕の実例（1）
1：吉ヶ浦K60 2：ハサコの宮K24下 3：正原K4上 4：吉ヶ浦K4上 5：吉ヶ浦K59
6：道場山K39下 7：道場山K48下

2 福岡県小郡市大字三沢 ハサコの宮 K24 下（図 53 - 2）

ハサコの宮 K24 は K Ⅰ c 式併行期，つまり前期末の日常容器を転用した器高 43cm 前後の甕 2 個をあわせた乳幼児用の甕棺である。この下甕に用いられた甕の底部付近にタタキ痕が認められる。長さ 35mm，幅 3mm の小形のタタキ痕で，1 単位が何本になるかまではわからないが，後期以後の土器にみられる通常のタタキ痕と同様小形のものである[2]。

3 福岡県小郡市大字三沢 正原 K4 上（図 53 - 3）

正原 K4 上は K Ⅱ a 式の大形甕棺で，口縁下にタタキ痕が認められる。長さ約 150mm，幅 13mm で 3 ～ 4 本を 1 単位とするようである[2]。大形棺に普通にみられる大きさのものである。

4 福岡県太宰府市大字高雄 吉ヶ浦 K 4（図 53 - 4）

吉ヶ浦 K 4 は K Ⅲ b 式の大形甕棺で，上甕には鉢が使用されていた。この鉢にはハケ目で掻き消される以前のタタキ痕が残り，大形甕棺のタタキ痕としては最も明瞭なものである。このタタキ痕の凹面の長さ 130mm，幅 13mm で，3 ～ 4 条で 1 単位になると思われる[3]。

5 福岡県太宰府市大字高雄 吉ヶ浦 K59（図 53 - 5）

吉ヶ浦 K59 は K Ⅲ b 式の大形甕棺である。タタキ痕は前二者と同様のもので，その上をハケ目で掻き消しているが，痕跡は明瞭に認められる[3]。

6 福岡県筑紫野市大字武蔵 道場山 K39 下（図 53 - 6）

道場山 K39 は K Ⅳ a 式の鉢と K Ⅲ c 式の甕がセットになった，したがって後期初頭に属する甕棺である。上甕には長さ 135mm，幅 13mm のタタキ痕があり，それをハケ目で消し，さらにハケ目をナデ消している。下甕のタタキ痕は長さ 90mm，幅 13mm で，それをハケ目で掻き消し，さらに口縁下約 10cm はハケ目をナデ消している[3]。

7 福岡県筑紫野市大字武蔵 道場山 K48 下（図 53 - 7）

道場山 K48 は右手に 15 個，左手に 2 個のイモガイ縦型貝輪を着装した 20 代後半の女性を埋葬した K Ⅲ b 式の大形甕棺である。上下ともタタキ痕が認められ，上甕のそれは長さ 88mm，幅 13mm である。下甕のものもほぼ上甕と同様のものであるが，ハケ目で掻き消され，さらにナデ消されてますます不明瞭になっている[3]。

8　福岡県飯塚市大字立岩　立岩K38（図54－8）

　立岩K38は器高144.3cmを測る超大形甕棺で[4]，KⅢb式に属すると考える。タタキ痕は大形棺にみられる通常の大きさのものでそれをハケ目で掻き消すが，ハケ目はナデ消されていない。

9・10　福岡県飯塚市大字立岩　立岩K34（図54－9，10）

　立岩K34はゴホウラ製立岩型貝輪14個を右手に着装し，副葬品として連弧文「日光」銘鏡1，鉄戈1を有する成年男性を埋葬した大形甕棺である[4]。KⅢc式に属すると考える。立岩K34に残るタタキ痕は左上から右下の方向に向いた幅13mm，長さ50mm前後のものが数個連続しており，その間隔は25mmを測る。この特徴はいままで見てきたものと異なるものであるが，さらに特筆すべきはタタキ痕内部に方形の圧痕が認められ，工具原体に刻目が施されていたものと考えられることである。

　立岩K39はさらに明瞭なタタキ痕が認められることをかつて観察していたが，この甕棺が現在国指定の重要文化財として補修中であり，当時くわしくメモをとっていなかったため残念ながらタタキ痕を図示し，説明を加えることができない。

11　福岡県朝倉郡三輪町大字栗田　栗田K14上（図54－11）

　栗田K14は中期後半に属する甕棺で，上甕には鉢を用いていた。この鉢に残るタタキ痕は日常容器に通常みられる小形のもので，その上からハケ目で掻き消しているがタタキ痕はよく残っている。ハケ目はナデ消されていない[3]。

12・13　福岡県甘木市大字上川原　上川原K74下（図54－12，13）

　上川原K74下はKⅢc式の大形甕棺である。これに残るタタキ痕は前者と同様小形のもので長さ50mm，幅35〜40mm，凹線8条を1単位としている。タタキの後ハケ目で掻き消すが，写真にみる如くタタキ痕は明瞭に認められる。ハケ目の段階で調整はおわり，ナデを加えていない[5]。

14・15　福岡県甘木市大字上川原　上川原K23下（図54－14，15）

　上川原K23下はKⅣa式に属する甕棺で，タタキ痕の長さは130mm，幅13〜15mmの大形のもので，甕棺にみられる通常のタタキ痕といえるが，凹面の内部に立岩K34とは異なるけれども，さらに圧痕が認められ，工具原体に刻目が施されていたものとみてさしつかえない。

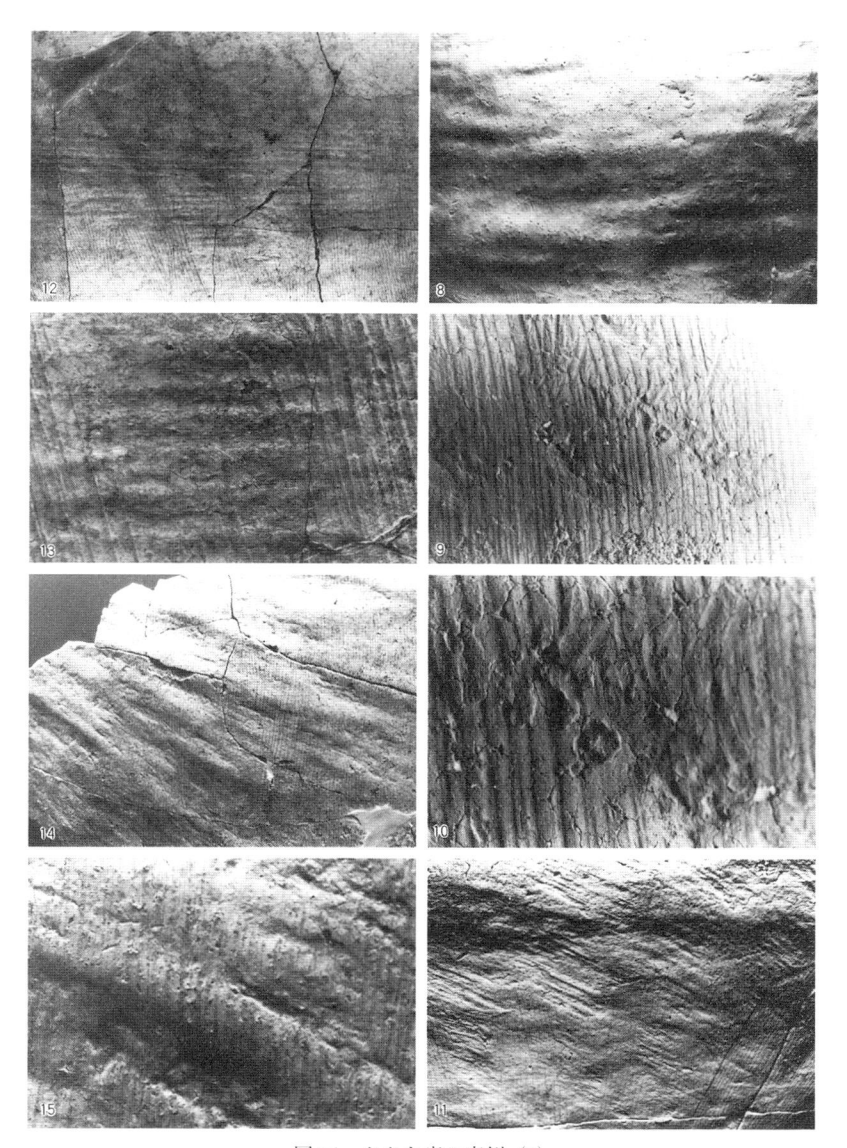

図 54　タタキ痕の実例 (2)
　8：立岩 K38　9：立岩 K34　10：立岩 K34（拡大）　11：栗田 K14 上　12：上川原 K74 下
13：上川原 K74 下（拡大）　14：上川原 K23 下　15：上川原 K23 下（拡大）

以上にみてきたように大形甕棺に通有のタタキ痕は1条の凹面の長さ80〜130mm, 幅13mm前後で, この数条が1単位になるものと考えられる。この大形のタタキ痕の他に日常容器などにみられる小形のタタキ痕も大形甕棺にみられ, 立岩K34, 上川原K23下の如く, タタキ工具原体に刻目をいれたと考えられる圧痕も確認できた。

　大形のタタキ痕は甕棺分布圏のすべてにみられるが, 福岡, 春日近辺を中心とする地域では現在のところこの種のタタキ痕しかみられない。日常容器と共通するタタキ痕が大形甕棺にみられるのは甘木朝倉地域のみであって, かつタタキ痕をハケ目で掻き消すまでの調整は行なっているが, この地域の甕棺はさらにナデを加えてハケ目を消す調整を行なっていない。また工具原体に刻目をいれたと考えられるタタキ痕は, 立岩, 甘木朝倉地域の両者にみられたが, 立岩のものは大形のタタキ痕ではなく, 上川原のものは大形のタタキ痕の内部に刻目と考えられる圧痕があった。立岩近辺の甕棺には福岡, 春日近辺を中心とする地域よりもたらされたと考えられる甕棺と, この地域独特の超大形甕棺があり, 後者はハケ目をナデ消さずそのまま残すものが多い。

　それではこのタタキ技法はどの時点で生じたものなのか。先に図示し, 説明を加えたもののなかにもKⅡa式つまり中期初頭のものがあり, この段階ではすでに発生している。前期の甕棺は壺から発生し, それが大形化したもので, 調整手法も壺と共通し, 最後の仕上げに研磨を加えるのでますますタタキ痕を観察するのは困難であるが, 福岡県筑紫郡那珂川町瀬戸口の前期後半（板付Ⅱ式）の甕棺には大形のタタキ痕が明瞭に認められる。このことからも甕棺の発生時からすでにタタキ技法が用いられていたことは確実である[3]。福岡県筑紫野市剣塚の貯蔵穴より出土した板付Ⅱ式の甕にも, 日常容器に通常みられる小形のタタキ痕が明瞭に認められ[6], また日常容器を転用したKⅠc式併行期（前期末）のハサコの宮K24下の底部付近にもタタキ痕が認められた。このように前期の段階で大形甕棺のみならず, 日常容器の成形にもタタキ技法が用いられていることは確実である。というよりはむしろ, 日常容器の成形技法としてタタキが存在したからこそ, 大形甕棺が発生し得たというほうが, より正確な表現であろう。

3) タタキ痕を通してみた甕棺の地域差

　前項でみたように，福岡，春日近辺の大形甕棺に残るタタキ痕は長さ80～130mm，幅13mm前後の凹部数条をもって1単位とする大形のものだけであり，これをハケ目で掻き消し，さらにハケ目をナデ消して，一見それとわからないところまで器面調整が行なわれている。

　甘木朝倉地方の大形甕棺は大形のタタキ痕もみられるが，日常容器に通有の小形のタタキ痕が多く，器面調整はハケ目の段階で終わっているものが大部分である。

　立岩の甕棺には，福岡，春日方面から持ち込まれたと思われるものと，異常に大きな独自の甕棺があり，後者には大形のタタキ痕もみられると同時に，やや小形の工具原体に刻目をいれたと思われるものがある。これらの器面調整はハケ目段階で終わっているものが大部分である。

　さて3地域の大形甕棺のタタキ技法および器面調整に以上のような差がみうけられた。この甕棺成形段階，器面調整段階における地域差と直接関係するか否かは別として，これらを観察するなかで感じた3地域の甕棺の差異についてふれてみたい。

　著者はⅡ-3「甕棺の編年的研究」のなかで各期の特徴について次のように述べている。少し長くなるが引用してみよう。KⅠ期については「KⅠa～KⅠc式に共通していることは，それが壺が大形化し，壺から発展した特徴をよく示し，残しているということである。次に，このことから，器面調整に壺と共通する手法，主にはヘラミガキがされるということである。……中略……次に器壁が分厚く，底部が大きいということ，さらに焼成がやや軟質で，色調は灰黄色を呈するものが多い。」としている。KⅡ期については「KⅡa～KⅡc式甕棺に共通していることは，口縁下に凸帯を付さないこと（きわめて稀に例外はある）。次にきわめて器壁が薄く，底部が細くスマートになり，かつ器高80cm以上で，甕棺の通常の大きさをもつこと，やや赤みを帯びた黄褐色，赤褐色を呈し，焼成が硬質であること，器面調整が，ハケ目の後ナデてハケ目をナデ消す，甕棺に独特な手法が発生していること等があげられる。」としている。KⅢa式の特徴としてあげた次の点がKⅢ期全体にほぼ共通している。

「器壁がやや厚くなり 10mm 前後のものが多い。器面の調整はハケ目の後ナデて，ハケ目をナデ消す手法は共通している。焼成は硬質で，色調は淡黄色，黄白色を呈するものが多く，この段階でさらに甕棺製作技術が進んだことを示している」。K Ⅳ期は甕棺葬の終焉していく時期であるが，甕棺製作技法は K Ⅲ期のものを引きついでいる。

以上の各期の諸特徴は，当時地域差を軽視していたわけではないが，結果としてはやや一般的であり，福岡，春日近辺の甕棺を中心にして記述している点は免れない。

甘木朝倉地方の甕棺は器形そのものは福岡，春日近辺のものと非常に近いという特徴は全期間を通じていえる。しかしながらこの地域の K Ⅱ期（中期前半）の甕棺は，先にあげた点とは反対に，器壁が厚く，したがって底部のしまりが悪く，スマートさがない。つまり薄くスマートに仕上げられない技術の拙劣さが認められる。逆に器壁が厚く重厚になってくる K Ⅲ期には器壁をきわめて薄く仕上げるが，焼成が軟質といえる。またタタキ痕がよく残り，ハケ目はナデ消していない。

立岩近辺では福岡，春日地域からもたらされたと考えられる器形，技法ともに共通する甕棺とともに，140cm を超えるような超大形でかつ器壁も分厚く，焼成もよい独特の甕棺がみられる[4]。これらには大形のタタキ痕とともに，やや小形で工具原体に刻目をいれたと思われるものがあり，ハケ目をナデ消していないものが多い。

嘉穂地方における大形甕棺の使用は中期中頃（K Ⅲ a 式）以後であって，それまでは土壙墓，木棺墓が主体であり，甕棺としては日常容器の大形器を転用したものしかなかった[7]。それ以後も立岩堀田周辺を中心にして特殊に甕棺墓群を形成するのみで，この地域は基本的には甕棺葬地帯とはいえない。この地域での大形棺使用の最も早い例としてスダレ遺跡の K3 は，報告当時は他地域からの導入か，独自に作り出されたのかの判断は非常に難しいとしたが[7]，器形，成形技法，調整技法からして，福岡，春日近辺から導入された可能性が高い。したがって独自に甕棺を作り出すに至った契機は，「この地域の人々の甕棺への憧憬と，大形棺製作への努力」であったことにはかつて言及した[7]。基本的に甕棺葬地帯からはずれている周辺の地域で甕棺墓群が形成されるときに

は副葬品をもつものが多く，これらが首長層の墳墓であったと想定できる。したがって次第に権力の強化されつつあった首長層にとっては，とくに甕棺に対する憧憬は強いものであったといえる。

　甘木朝倉地方は甕棺葬地帯の一角を形成し，KⅡ期（中期前半）の段階では確実に甕棺葬は開始され普及している。しかし甕棺にはさきにみたような諸特徴がみられ，「甕棺への憧憬と，大形棺製作への努力」が，嘉穂地方とはちがうかたちで表現されたものといえる。

　註
（1）　橋口達也「甕棺製作技術についての若干の所見」福岡県教育委員会『九州縦貫自動車道関係埋蔵文化財調査報告』ⅩⅩⅤ，1978年
　　　 橋口達也「甕棺製作技術について」福岡県教育委員会『九州縦貫自動車道関係埋蔵文化財調査報告』ⅩⅩⅩⅠ，1979年
（2）　橋口達也「甕棺製作技術について」福岡県教育委員会『九州縦貫自動車道関係埋蔵文化財調査報告』ⅩⅩⅩⅠ，1979年
（3）　橋口達也「甕棺製作技術についての若干の所見」福岡県教育委員会『九州縦貫自動車道関係埋蔵文化財調査報告』ⅩⅩⅤ，1978年
（4）　福岡県飯塚市立岩遺蹟調査委員会編『立岩遺蹟』1977年
（5）　1979年度，甘木市教育委員会によって調査された。報告書は近刊予定。現在未発表のものであるが，甘木市教育委員会および調査担当者の馬田弘稔氏の御好意により，使用させていただいた。
（6）　福岡県教育委員会『九州縦貫自動車道関係埋蔵文化財調査報告』ⅩⅩⅣ，1978年
（7）　穂波町教育委員会『スダレ遺跡』穂波町文化財調査報告書第1集，1976年

7 小児骨に伴ったゴホウラ製貝輪
—— 福岡市金隈 146 号甕棺の調査 ——

1) 発見と調査の経過

　この遺跡は福岡市博多区大字金隈字日焼にあり，1968年に予備調査，1969年に第1次調査，1970年に第2次調査が行なわれた。これらの概要はすでに報告され[1]，甕棺を主体とする埋葬遺跡として著名になり，現在国の史跡指定を受けている。

　1971年夏，史跡指定に必要な資料作成のため，遺跡をたびたび踏査していた折尾は，駐車場造成による土取りのため，遺跡東南隅で甕棺数基が破壊されているのを発見した。そのうち全壊を免れた1基の小児甕棺にきわめて保存良好な頭骨を確認し，九州大学医学部解剖学教室第2講座に，その旨連絡した。

　1971年7月26日，医学部から永井昌文，北條暉幸，橋口が現場に行き，折尾とともに調査を行なった。その結果，ゴホウラ製貝輪の出土など特筆すべき成果を得たのでここに報告する。

　既調査においては145基の甕棺が調査されている[2]。したがって本例は146号とする。

　146号甕棺はA－4区の東側にあり，遺跡の東南隅に位置する。この付近は弥生中期前半の甕棺が集中し，とくに小児棺が多い地点であった。

　なお，146号甕棺を含む遺跡東側は，過去に削られ破壊された急崖に面して危険なため，既調査では未掘部分としてとどめていたところである。

2) 出土状態 (図56, 57, 58)

　工事によって竪壙と甕の大部分は破壊されていたが，下甕と横壙は辛うじて破壊を免れていたので埋葬状態は一応観察できた。まず竪壙を掘り，その一隅に横壙を掘り下甕を挿入し，遺体を納棺して上甕を蓋せ，合せ口を粘土で密封し，墓壙を埋め戻すという甕棺葬に通有の埋葬法をとっている。残っている上甕の口縁部は下甕と形も大きさもほぼ同じである。したがって高さ50cm程度の同形，同大の甕2個を用いた接口式の合せ口小児甕棺であり，本来の長さは

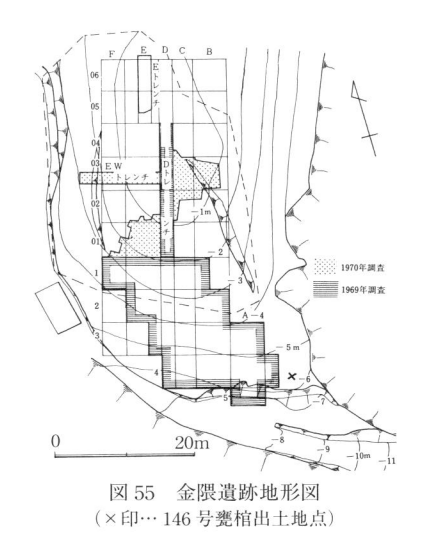

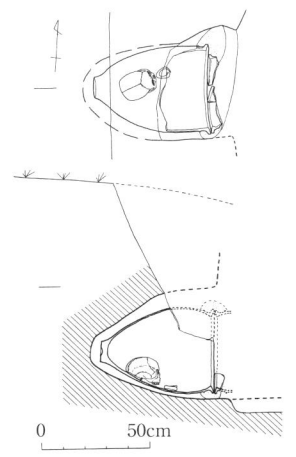

図 55　金隈遺跡地形図
（×印… 146 号甕棺出土地点）

図 56　金隈 146 号甕棺出土状態

約1mほどのものであったことがわかる。主軸はほぼ東西の方位で，傾斜は下甕が若干高位にある。

　遺体は下甕に頭部から納入している。いま残存する骨は頭骨のみで，後頭骨は完全になく，下顎骨の保存もよくないが，他の部分の保存状態は良好である。小児の頭骨である。

　頭骨の左前方にゴホウラの縦型貝輪1個が出土したが，着装していた形跡は認め難い。

　いままで出土した貝輪着装人骨は残りがよいことが多く，たとえ悪くても貝輪を着装していた部分（前腕骨）の保存状態だけは良好な場合が多い。この甕棺から前腕骨の残片は一片も確認できなかった。したがってこの貝輪は着装していた可能性よりも，むしろ副葬品と考えたほうがよい。

3）甕棺，人骨，貝輪

　a．甕　棺（図 59，60）
　上甕は破壊されて口縁部の一部しか残っていない。口縁径は 39.5cm，口縁内径 33.2cm で下甕とほぼ同じである。したがって高さも 50cm 程度と推定さ

図57　金隈146号甕棺出土状態

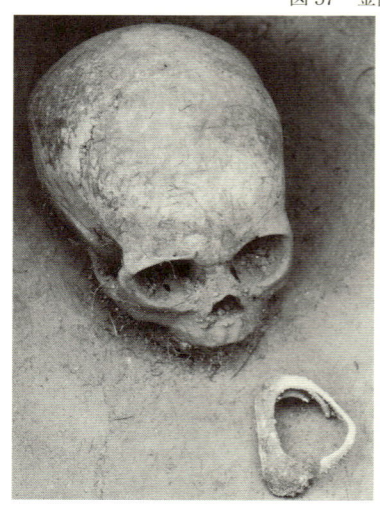

図58　金隈146号甕棺内人骨、貝輪出土状態

れる。口縁はL字状を呈するが、内に低く傾斜している。口縁下4〜5cmのところに1条の三角凸帯を貼付している。胎土には砂粒を含み、焼成は軟質であり、表面は淡い黄褐色を呈する。細かいハケで調整を施しているが、口縁直下、凸帯上下部は横ナデしてハケ目が消されている。この甕の一部には丹塗りの痕跡が認められる。

　下甕は完形品である。口縁径39.8cm、口縁内径32.8cm、高さ53.3〜54.2cmを測る。口縁はL字状をなし、内に低く傾斜するのは上甕と同様であるが、口縁平坦面が数mm上甕より長い。口縁下4〜5cmのと

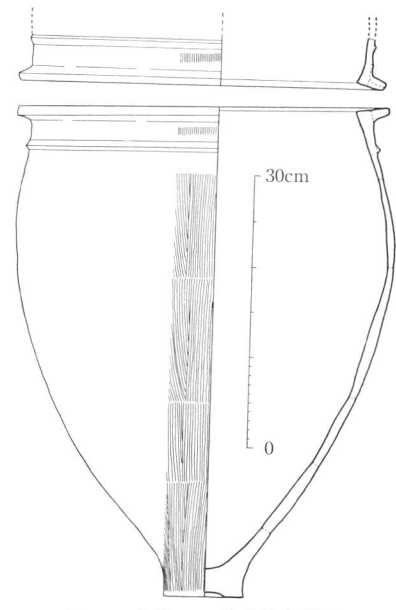

図59　金隈146号甕棺実測図　　図60　金隈146号甕棺下甕

ころに1条の三角凸帯を貼付している。口縁から胴部にかけてわずかにふくらみ，胴部に最大径がある。胴部最大径は上から三分の一ほどのところにあり，40.4cmを測る。底径は8.5cmで4mmほど上げ底を呈する。胎土には砂粒を含み，焼成は軟質で色調は淡い黄褐色を呈する。7～15cmほどの粘土帯を6段，輪積みにして製作しているが，その接合部はわずかに凹んでおり，表面からも観察できる。表面の調整は細かいハケで施されているが，口縁直下，凸帯上下部は横にナデてハケ目が消されている。胴部最大径を示す付近から下部に数ヵ所，煤の付着した部分が認められる。これは大形甕棺には認められず，小児甕棺のみに知られるものである。したがって日常容器の小児用甕棺への転用と考えられる。

　この甕棺は上下ともにL字状の口縁をなすが，下甕の胴部はややふくらみ，底部は若干上げ底を呈する。この型式の甕棺はかつて折尾が第1次概報で中期前葉（城之越式，汲田式），第2次概報で金隈Ⅱ式とした範疇に属するものである。金隈遺跡出土の小児甕棺で城之越式の典型的なものはK42である[3]。K42

とこの甕棺は、口縁が内傾し、最大径が胴部上半にあるところはよく類似するが、K42の底部は細くひきしまって高く、不安定な感じを与え、また深い上げ底を呈している。この底部の特徴は前期末の亀の甲式、中期初頭の城之越式に特有のものである。K146下甕の底部はこれらの特徴を残してはいるが、底部が低くなり安定した感じを与え、また上げ底も浅くなっている。したがってこの甕棺は城之越式より後出のもので、いわゆる中期前半の汲田式に属するものである。

b. 人　骨（図61, 62）

頭骨だけが残存した。甕の壁面に接していた後頭骨はほぼ完全に腐食し、下顎骨の保存状態は非常に悪い。ただ下顎の歯は萠出歯のすべてと、未萠出の歯冠7個（図62）を収拾できた。他の部分の保存状態はきわめて良好なものである。

詳細な報告は後日を期すとして、いま残存する歯より年齢の推定を簡単に述べよう。

萠出歯の歯式は次のとおりである。

$$\frac{\text{mmc-i}\ |\ \text{-icmm}}{\text{Mmmcii}\ |\ \text{iicmmM}}$$　（-は歯槽は明らかに存し、歯のみ亡失せるもの）

上顎　乳歯は右側切歯と左中切歯を欠く。左右犬歯ともに黒色をおび腐食しかけている。これは下顎が腐食したことにより、これらの歯が直接甕壁面に接していた結果によると考えられる。欠失した上記2個は他よりはやく腐食が進行したものであろう。

左右ともに第1大臼歯はまさに萠出せんとする段階にあり、咬耗が認められない。

下顎　収拾した乳歯は完全にそろっている。一般に上顎歯より下顎歯の萠出がはやいといわれている通り、第1大臼歯はすでに萠出し、わずかな咬耗がある。

未萠出の永久歯は歯冠部のみ7個収拾した（図62）。左第1小臼歯が存在す

図 61　金隈 146 号甕棺人骨

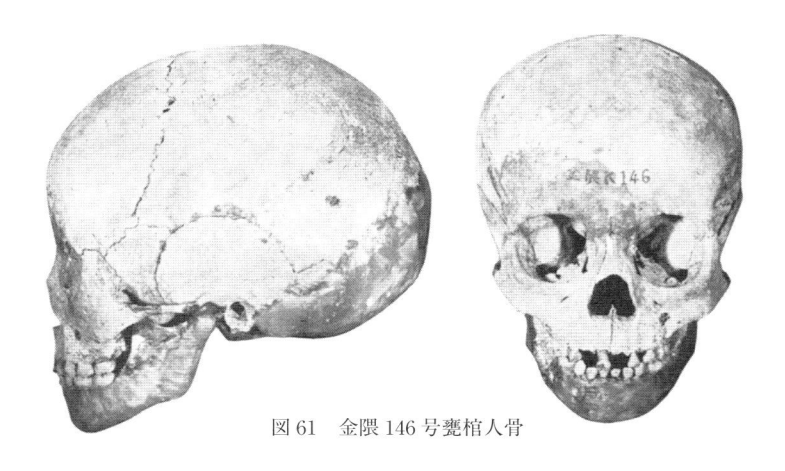

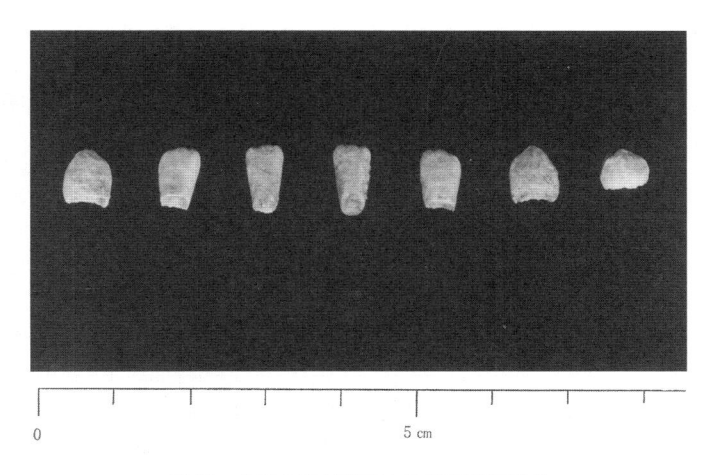

図 62　金隈 146 号甕棺人骨下顎未萌出歯

るから，右第 1 小臼歯も本来はあったと思われる。
　以上より年齢は，まず第 1 大臼歯の萌出の様相から 6 歳前後と推定される。
　次に下顎の第 2 小臼歯歯冠のエナメル質の形成が不完全なために，腐食の進行が早く，第 2 小臼歯歯冠は収拾し得なかったと解する。このことから 6 歳前の年齢が与えられよう。
　以上 2 点より，この人骨の年齢はおおよそ 5 歳半〜 6 歳と推定される。

性別は小児であるため不明であるが，ゴホウラ製貝輪をもつことから，男児の可能性が考えられる。

c. 貝　輪（図63，64）

　甕の内壁面に接していた部分が腐食し，若干破損しているが，全形を窺うには支障はない。外径65mm×49mm，内径40mm×35mm，高さ20mm内外（16～22mm）の小形の貝輪である。平面形は殻軸を軸として線対称をなさず，横断図における曲線や，螺塔部を貝輪内方からみた縫線の螺旋角（spiral angle）はゴホウラとしていい角を有し，少なくともイモガイなどのそれでは決してない。この貝輪は一端が連結せず，玦状ともいうべき形をとり，ゴホウラ製貝輪としては新例に属する。この部分は製作上自ずから生じたものであって破損によるものではない。

　ゴホウラの縦型貝輪で一般的に多いのは，殻背・殻腹部を殻口面に平行に磨り落とし，この貝の肩部にある一大結節を含んだ部分を貝輪として利用したものである。これに反し，この金隈例は殻口面に対しむしろ垂直で，殻軸に近い部分を利用したものである（図65）。この製作法は基本的に土井ケ浜124号人骨着装貝輪[4]と同様なものであるが，土井ケ浜のそれは前期末に属し，同じく前期末に属する金隈K103人骨着装貝輪[5]などと同様ゴホウラの原形をよくとどめ，かつ雄大なもので，殻背の利用部分は幅広い。したがって貝輪としての高さはきわめて高い。このように全体に幅広くとれば不連結の部分は生じないのだが，この金隈の貝輪の場合は基本的には土井ケ浜124号人骨着装貝輪と同様な製作法を取りながら，全体に20mm程度に仕上げたために自然に螺塔部とは反対側のつまり水管溝側にあたる部分が連結しなくなったものである。いま土井ケ浜出土の貝輪横断面にこの貝輪の横断面を復原しやや拡大して重ね合わせてみると（図66），土井ケ浜124号人骨着装貝輪とこの貝輪の製作法が基本的に同じであることが一目瞭然である。したがって中期前半の頃まで前期末に多い不定型な形を踏襲した貝輪が存在したことがわかる。

　この貝輪は非常に小形のものであるが，沖永良部産のゴホウラのなかで比較的小さな殻高12.6cmのものを使って実験的に製作した模造品の長さは8.0cmになる。この貝輪の長さは6.5cmであるが，このような小形の貝輪をつくるな

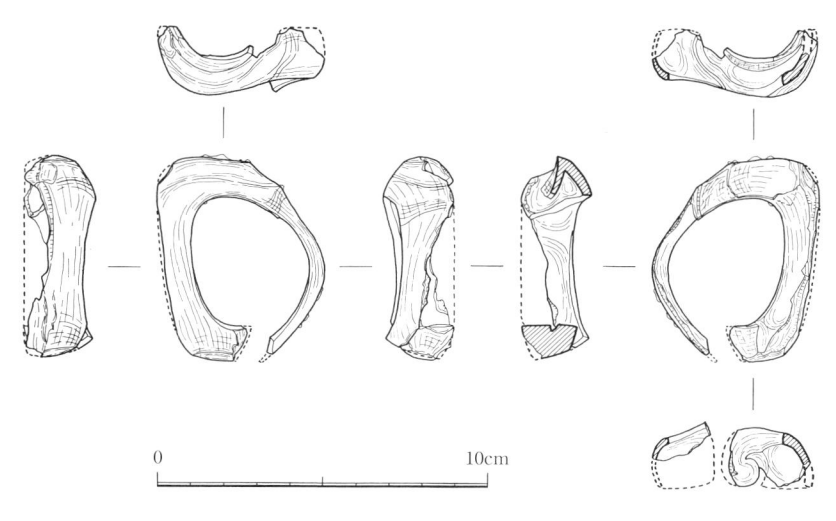

小児骨に伴ったゴホウラ製貝輪　159

図 63　金隈 146 号甕棺内出土の貝輪実測図

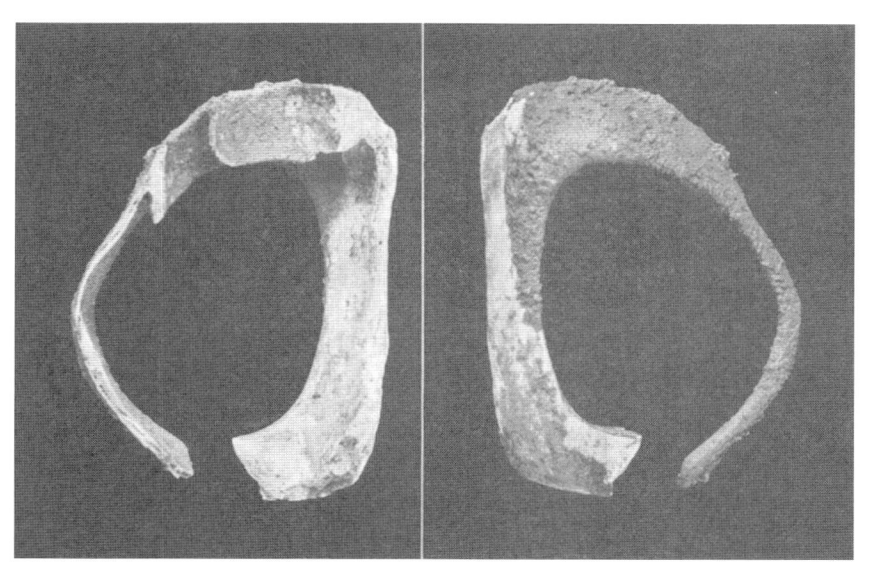

図 64　金隈 146 号甕棺内出土の貝輪

160　Ⅱ　甕棺をめぐる諸問題

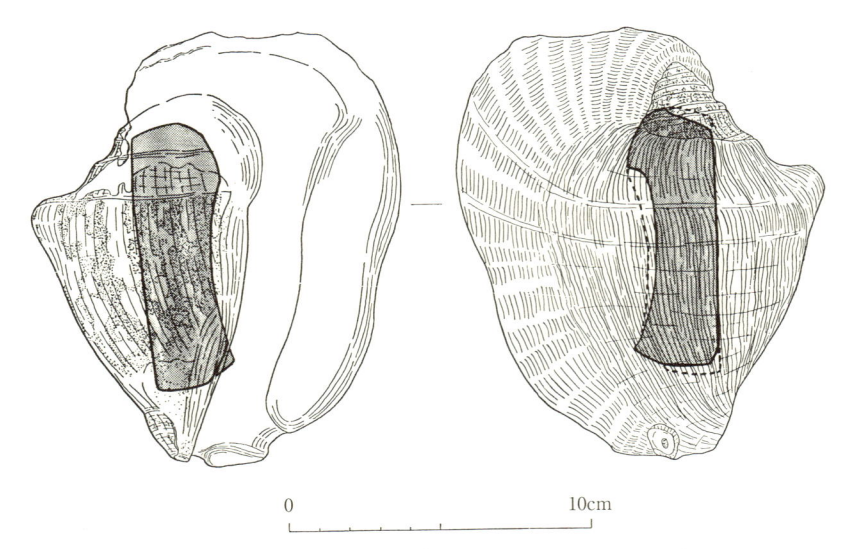

図65　貝輪としての利用部位（スケールはゴホウラのもの）

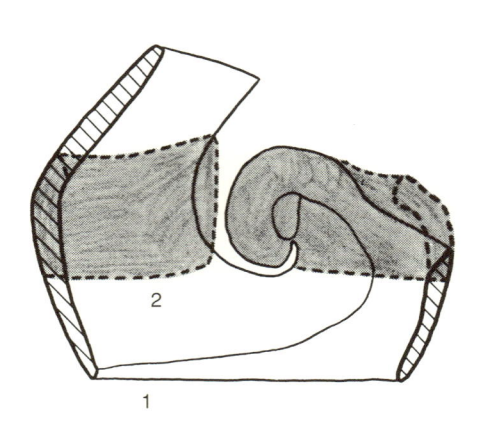

図66　土井ケ浜貝輪横断面と金隈146号甕棺貝輪横断面との比較（1：土井ケ浜　2：金隈）

らば殻高10cm程度の幼弱なゴホウラを用いなければならないだろう。これを証明するかのように，この貝輪の厚さはきわめて薄い。

　さきに着装した形跡は認めがたいとした。しかしながらもし着装するならば，この貝輪の形態は左手用に適している。これは利用部分が殻軸より外唇側にずれているためである。ゴホウラ製貝輪のほとんどすべてが右手着装であり，形態的にもそれに適していることからすれば，この貝輪はこの点でも特異な存在である。

4）考　察

a．上甕と下甕

金隈146号甕棺は下甕がやや高位にあるとさきに述べた。読者はこれを奇異に感じられるかもしれない。

かつて墓壙がほとんど注意されず，甕棺の本体のみを発掘していた頃には甕棺自体の高低によって上甕・下甕が決定されていた。1962年に行なわれた須玖岡本遺跡の調査以来甕棺の墓壙が注目されるにいたった[6]。これは出土状態の項でも述べたように，まず方形・長方形の竪壙を掘り，その一端に横壙をもうけ，下甕を入れ遺体を納め上甕で蓋をし，合せ口を粘土で密封し墓壙を埋め戻すという葬法をとっている。石蓋，木蓋などの単棺の場合においても基本的には同じである。したがって横壙にいれるものを下甕，蓋として使用するものを上甕とすべきものである。

ところが横壙にいれた下甕が高位にある場合が古期の甕棺に少なくないにもかかわらず，今日でもしばしば甕の高低によって上下が決められることがある。これは正さなければならない。

金隈第2次調査報告書においてK103の上下を逆転していたので，この機会に訂正しておきたい。

最近の甕棺墓群の調査成果によれば，前期から中期中葉（伯玄社式～須玖15号タイプ[7]）にかけては水平に埋置されるものが一般的であり，その中で前期～中期前半にかけては下甕が若干高く，頭が下甕に位置することが少なくない。汲田式（中期前半）の直後に位置づけられる須玖15号タイプの甕棺になると，同じくほぼ水平に埋置されるが下甕がわずかに低く，頭はまだ下甕に位置することが多い。次の中期中葉の須玖式に至って上下の高低が明確になり，頭位も上甕に位置するようになり，立岩式（中期後半），桜馬場式（後期初頭），三津永田式（後期前半）と次第に傾斜が急になる傾向が一般的に認められる。金隈遺跡でも以上のような傾向が一般的には認められた。

以上のような甕棺の傾斜，頭位などは直立，倒立の甕棺の多い唐津地方をのぞけば，北部九州甕棺埋葬法変遷のおおよその傾向といえる。

b. 南島産巻貝製貝輪を有する小児の意義

北部九州，中国地方西部においては弥生時代前期末に南島（種子・屋久以南）産巻貝（ゴホウラ・イモガイ）製貝輪が出現し，中期に盛行する。女性が主に着装し，遺跡によっては女性のほとんどが着装している例もある縄文時代の二枚貝ないしカサガイ系の貝輪と異なり，この南島産巻貝製縦形貝輪はほとんどが男性の着装品であり，各遺跡における着装者も1～2・3例でしかないのが通例であり，磨製石鏃，銅剣，鉄製武器などの武器，舶載鏡などとともに出土することも少なくない。上記の武器，鏡などとともにきわめて貴重なものの一つであり，各地域における首長層の着装品であったことが想定される。

南島産巻貝製貝輪が出現する弥生前期末には，朝鮮系の多鈕細文鏡，銅剣，銅矛，銅戈などの副葬も開始される。

これより以前，朝鮮においては多鈕粗文鏡，細形銅剣A様式[8]が存在し，鹿児島県高橋貝塚からは前期前半の高橋Ⅰ式土器と伴出してゴホウラ製貝輪，同未製品が出土しており[9]，前期前半の段階ですでにこれらのものを移入する外的条件は存在したにもかかわらず前期末になってようやくこれらが移入されるようになったのは，それなりの理由があると考えられる。

当初から体系化された水稲耕作を開始したとはいえ，弥生時代前期は西日本一帯に水稲耕作が波及し，かつ水稲耕作を主体とした農耕が定着しつつあった段階としてとらえられる。しかし狩猟，漁労，萌芽的農耕に依存した前代の縄文晩期に比較して，大陸系磨製石器，鉄製工具，機能的に分化した木製耕具などの発達した生産用具，これらに支えられた生産技術の発展などによって生産力は飛躍的に増大し，自然的，社会的な限界をも切り開いて，余剰生産物，人口増などを産出するに至った。

前期末には水稲耕作を主体とする農耕はさらに安定の度を加え，この時期に農耕社会として定着するという画期をつくりだす。この頃に社会的分業としてとらえられる今山，立岩などの石器生産の開始，新しい所有形態の発生を示すと考えられる住居跡に付属する貯蔵穴の出現[10]，大形甕棺の出現等々の諸現象があらわれる。

この弥生時代成立以来，前期末に至る弥生社会の発展によって，北部九州を中心とする地域に，朝鮮系の青銅製武器，鏡，南方系の貝輪などを移入する内

部的要因が醸成され，階級分化が激しく進行していく弥生中・後期の社会発展の基礎を築いた時期といえる。

　青銅製品，貝輪などを有する首長層の共同体成員からの分化過程を弥生時代全般にわたって把らえられる遺跡は存在しないが，各地域ごと，ないしは北部九州全体からみれば甕棺葬が終焉する後期前半までは，首長層の共同体成員からの分化，首長層内部の階層分化は比較的順調に進行したとみてよい。

　前期末以後の階級分化，階層分化が激しく胎動するなかで，世襲的な要素の出現を考慮する必要性を痛感するが，現在のところ実証性がきわめて乏しい。

　ただ，金隈K146号甕棺人骨は5歳半〜6歳ぐらいの小児であるが，小形のゴホウラ製貝輪を有し，この年で死なずに生きのびているならば，将来を約束されていたであろうことを想定させて興味深い。この貝輪を有する小児人骨は中期前半代に世襲的要素が出現していたことを示すものであろうか。

註
（1）　福岡市教育委員会『金隈遺跡第一次調査概報』1970年
　　　福岡市教育委員会『金隈遺跡第二次調査概報』1971年
（2）　福岡市教育委員会『金隈遺跡第一次調査概報』1970年
　　　福岡市教育委員会『金隈遺跡第二次調査概報』1971年
（3）　第一次調査概報　第37図参照
（4）　金関丈夫・坪井清足・金関　恕「14. 山口県土井ケ浜遺跡」『日本農耕文化の生成』所収, 1961年
（5）　福岡市教育委員会『金隈遺跡第二次調査概報』1971年
（6）　福岡県教育委員会『福岡県須玖・岡本遺跡調査概報』1963年
（7）　森貞次郎「弥生時代における細形銅剣の流入について」（『日本民族と南方文化』1968年）などにみられるように，現在このタイプの甕棺を含めて汲田式とする見解が有力であり，折尾も第二次概報で，金隈Ⅱb式としてほぼ同様の見解をとった。1972年に福岡県教育委員会の行なった調査で，このタイプのほぼ単純な甕棺遺跡が発見されており，今後適当な型式名が決まると思われるが，とりあえず代表的な甕棺の番号をとって便宜的にこのようによんでおこう。

　　　折尾の金隈Ⅱb，Ⅲa式の両者，切通4号などがこれに相当すると考えられ，中期中葉の古期に位置づけられよう。

　　　汲田式の甕棺はまだ高さがそう大きくなく，胴部三角凸帯は1条しかなく，また伯玄式の肩部，金隈Ⅰa式の肩部凸帯，金海式の下部沈線と同様に胴部上半に位置し，前期の壺から発展した大形甕棺の系列上にあることがしのばれる。

このタイプは高さが大きくなり，胴部凸帯はほぼ胴の中心部にあり，2条のものが多くなる。口縁直下の凸帯などがないことから須玖式甕棺など（金隈Ⅲb，Ⅲcなど）と区別される。またここで論じるように，甕棺の傾斜などにも差異が認められる。
(8)　森貞次郎「弥生時代における細形銅剣の流入について」『日本民族と南方文化』所収，1968年
(9)　河口貞徳「鹿児島県高橋貝塚発掘概報」『九州考古学』18，1963年
　　河口貞徳「鹿児島県高橋貝塚」『考古学集刊』3－2，1965年
(10)　住居に付属する貯蔵穴の代表例としては福岡県犀川町犀川小学校校庭遺跡，同町本庄下高井遺跡などが知られていたが，近年福岡県三沢遺跡で新例を加えている。福岡県教育委員会『福岡県三沢所在遺跡予備調査概要』1971年

8 甘木朝倉地方甕棺についての若干の所見
―― とくに栗山遺跡出土甕棺を中心にして ――

1）はじめに

著者は6節で甕棺のタタキ痕を取り上げ，これを通してみた立岩周辺，甘木朝倉地方の甕棺の地域性について言及した[1]。

甘木市所在の栗山遺跡では中期初頭から後期初頭にまで及ぶ80基近くの甕棺が発掘され，甘木朝倉地方の甕棺を観察する好資料を得たので，形態，成形・調整手法などをさらに深くたちいって検討し，この地域における甕棺の特徴についてみていきたい。

2）形　態

栗山出土の甕棺は著者の編年[2]によるKⅡa式～KⅣa式の各期にわたっている。以下順を追ってみていく。

a．KⅡ期の甕棺

KⅡa式（図67）　この型式の甕棺はK24，K25の2基がある。福岡，春日などを中心とする地域の甕棺と対比すると，まず口縁部の外側への発達がやや目立つ。次に凸帯の位置が低く，かつ見かけ2条造り1条の凸帯であることが外見上の特徴としてあげられる。底部径は11～12cmで通常の大きさであるが，器壁は10mm前後で分厚い。K24下は胴部上半のすぼまり方などに古相を残すが，4固体ともに口縁部の内径は小さく，KⅡa式としては新しい要素をもつといえる。

KⅡb式（図67）　大形棺としては5基分ある。福岡，春日を中心とする地域のものに対比すると，K12下の口縁の外側への張り出しが顕著であり，またK16下の口縁の内側，K18上下の口縁などに独特な要素がうかがえる。凸帯の位置はKⅡa式のものに比しやや上位にあるが，見かけ2条造り1条のものが存在する。底部径は11～12cmのものが多いが15cm近いものもあり，全体としてしまりが悪くスマートさがない。器壁は10mm前後で分厚い。K30，K35

166　Ⅱ　甕棺をめぐる諸問題

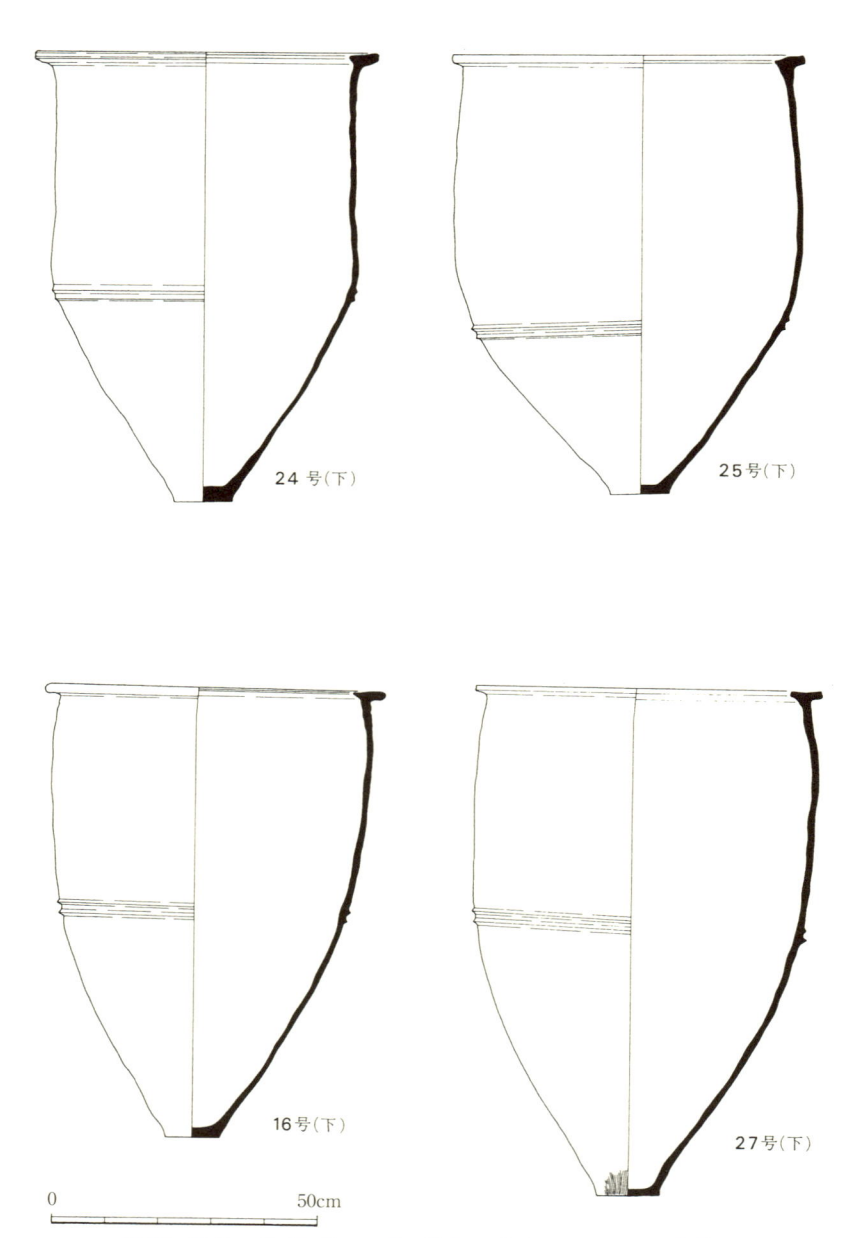

24号(下)

25号(下)

16号(下)

27号(下)

0　　　　　　50cm

図67　KⅡa式（24下，25下），KⅡb式（16下，27下）の甕棺

中，K37は丸味をもつ甕棺であり，大きさは別項で分類した小形棺[3]の範疇にはいる。

KⅡc式（図68）　大形棺としては8基ある。K2下の口縁の外側への張り出しが顕著であること，見かけ2条造り1条の凸帯がある点をのぞけば，福岡，春日を中心とする地域のものと外見上はほぼ変わらない。ただ底部径が13〜14cmと大きくややしまりのないものが存在し，器壁も10mm前後の分厚いものが多い。K17，K31は小形棺で丸味をもつ甕棺である。

b．KⅢ期，KⅣ期の甕棺

KⅢa式（図68）　大形棺は7基ある。K53下の口縁はやや古相を残し，口縁下凸帯のないこと。K26下，K61下の胴部凸帯が見かけ2条造り1条の凸帯である点などをのぞけば，福岡，春日を中心とする地域の甕棺と対比して，ほとんど外見上の差はないといってよい。しかし底部径が15cmをこえるものがあり，全体にしまりがなく，また器壁は10mm以下のものが多く，この時期のものとしては薄い点が特色としてあげられる。

KⅢb式（図69）　大形棺4基，小形棺1基がある。福岡，春日を中心とする地域の甕棺と対比して，外見上の差異はほとんど認められない。ただ底部径が15〜20cmのものがあり，しまりがなく，また器壁が7〜8mm前後の薄いものが多い。

KⅢc式（図69）　大形棺7基分がある。福岡，春日近辺のものと対比して底部径がやや大きめのものが若干あるが外見上の差異はほとんど認められない。ただ器壁は7〜8mmでこの時期のものとしてはきわめて薄い。

KⅣa式（図70）　大形棺としてはK64，1基のみで，K44，K55，K60などは小形棺の範疇にはいる。外見上の特徴は福岡，春日近辺のものと差は認められないが，器壁は薄い。小形化は甕棺の終焉傾向とも対応する現象であろう。

3）成形・調整手法

a．KⅡ期の甕棺

　この時期の大形甕棺はK32（KⅡc式）1例をのぞき，最終的にはナデ仕上げを行なっている。成形時のタタキ痕が観察できるのはK24上下（図71参照），

168　Ⅱ　甕棺をめぐる諸問題

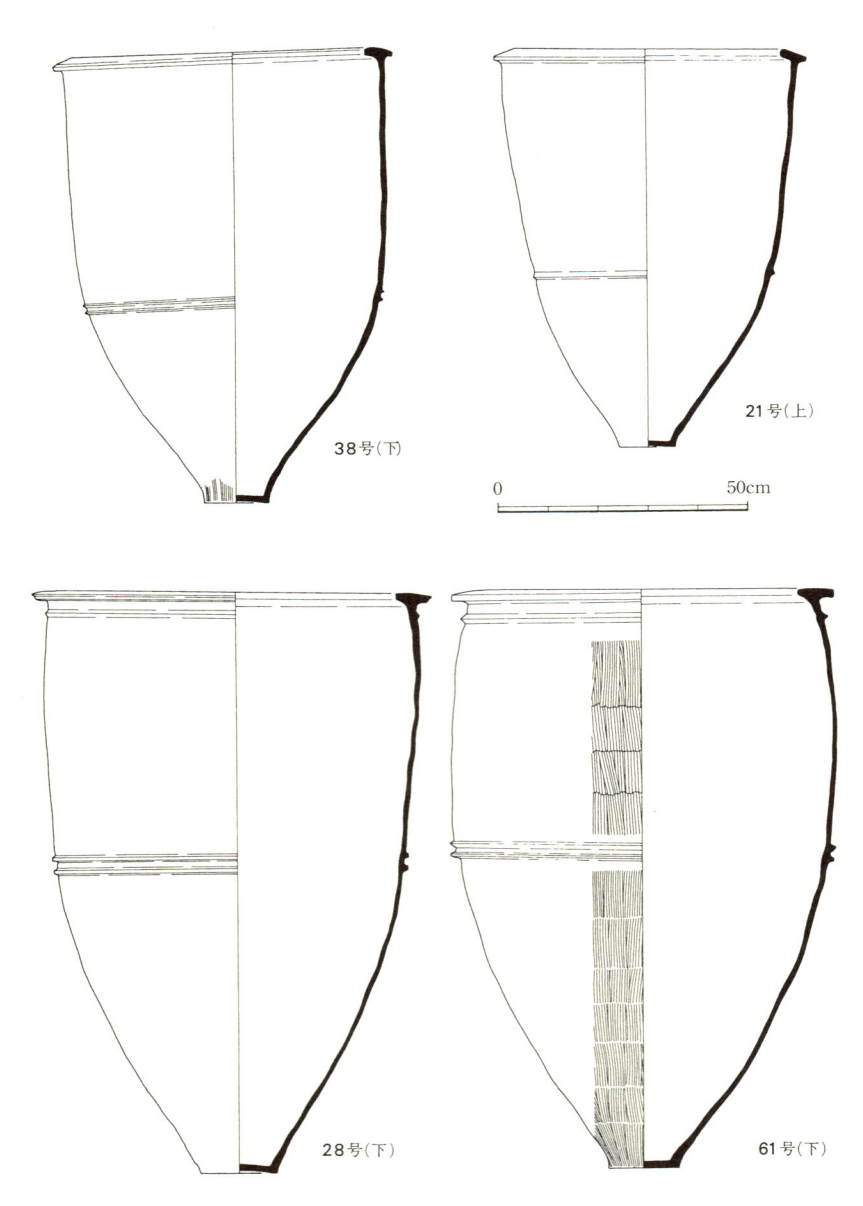

図68　KⅡc式（38下，21上），KⅢa式（28下，61下）の甕棺

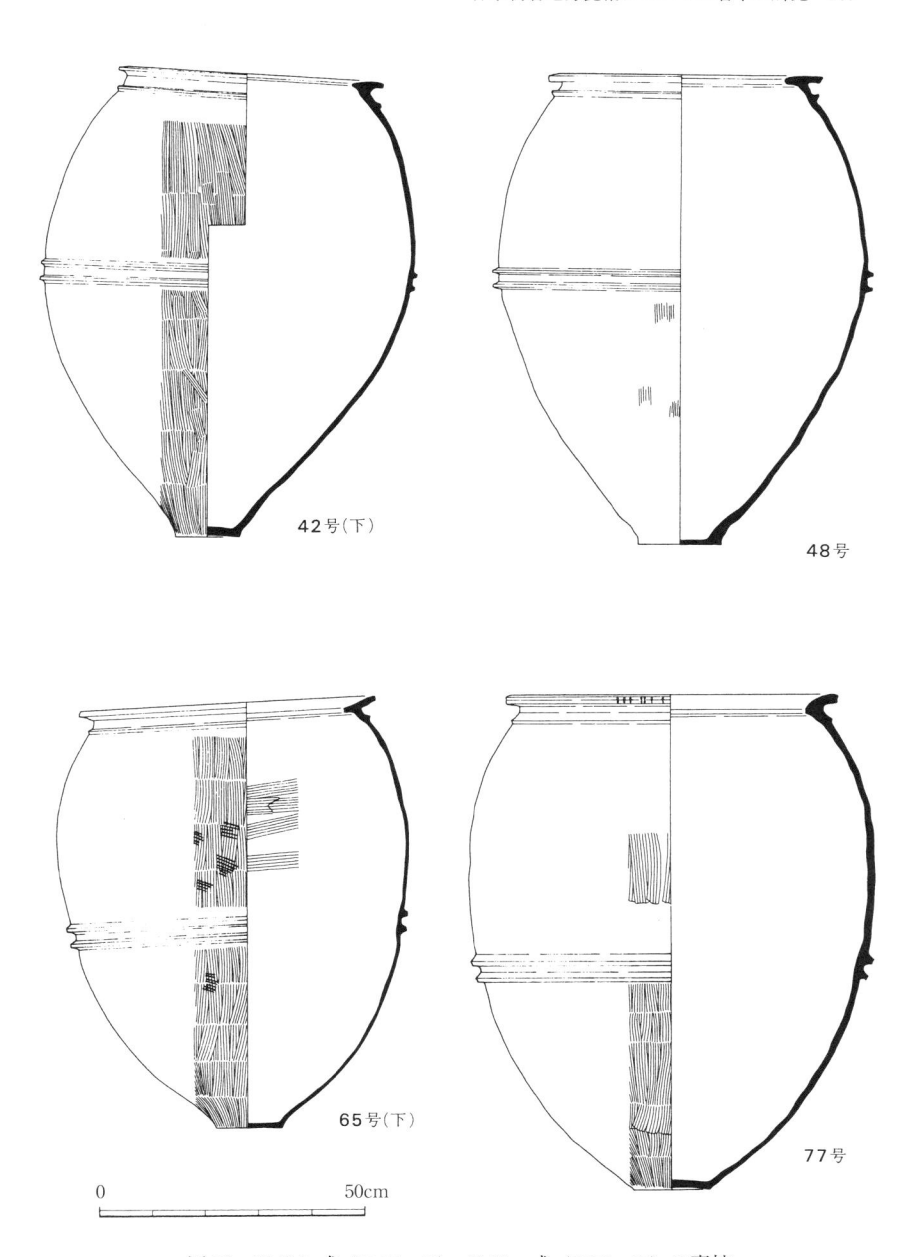

図69 KⅢb式 (42下, 48), KⅢc式 (65下, 77) の甕棺

170　Ⅱ　甕棺をめぐる諸問題

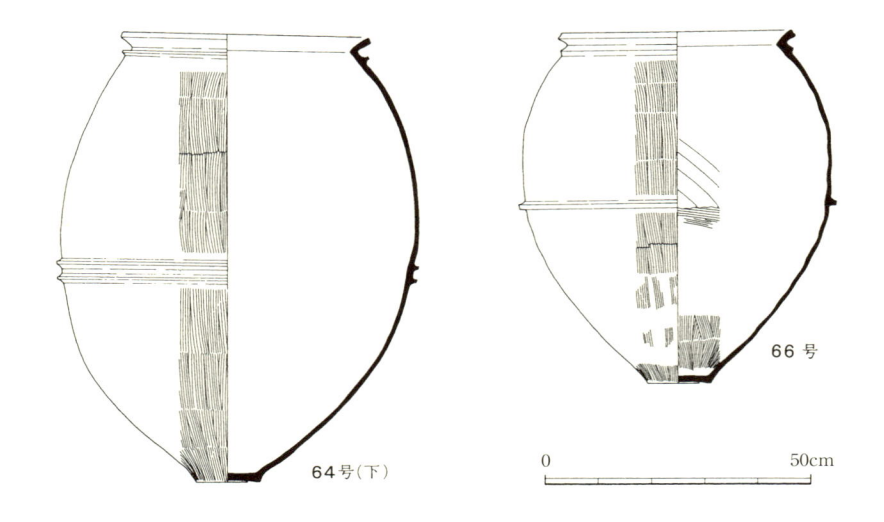

図70　KⅣa式の甕棺

K25上，K12下などであるが，いずれも大形甕棺に通常みられる大形のタタキ痕である。その後ハケ目でタタキの凹凸を掻き消し，さらにナデ調整を加えてハケ目を消す。K32だけはハケ目調整の段階で終わっている。

　この時期の小児棺をみるとK10上に使用された壺の底部に，日常容器に普通にみられる小形タタキ痕が認められる。K10はKⅡc式併行期の土器である。

b．KⅢ期・KⅣ期の甕棺

　KⅢa式においては，タタキ痕をハケ目で掻き消しナデ調整で仕上げを行なうのを踏襲すると同時に，器表の調整をハケ目の段階でとどめるものが半数近く出現してくる。この時期のタタキ痕はK53下，K75上などで観察できた。K53下は胴部凸帯の上位の一部に小さなタタキ痕が認められる。器表は胴部上半を縦方向に，下半を横・斜め方向に強くナデているが，ハケ目の起点の痕跡があり，タタキ→ハケ目→ナデの順に調整が行なわれたことがわかる。底部にはきわめて粗いハケ目状を呈する板状工具による擦過痕が認められる。この擦過痕は通常内面に見られるものである。内面はハケ目をナデ消しているが，ハ

甘木朝倉地方甕棺についての若干の所見　171

K 10 上 タタキ痕 　　　　　　　K 51 上 タタキ痕

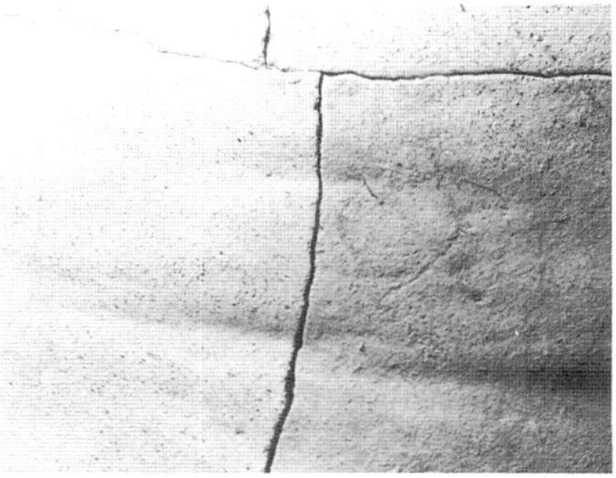

K 24 上 タタキ痕 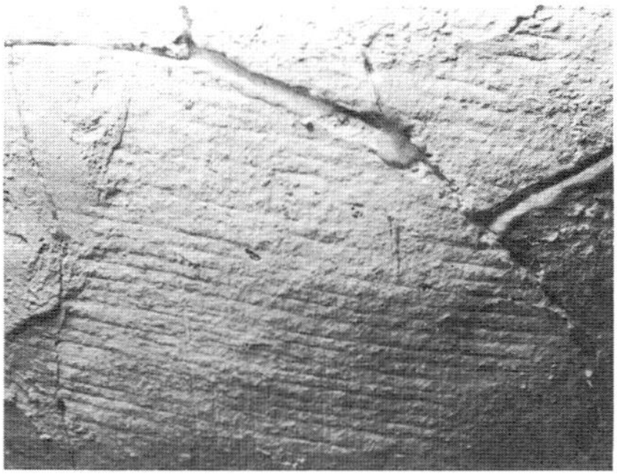　　　　　　　K 65 上 タタキ痕

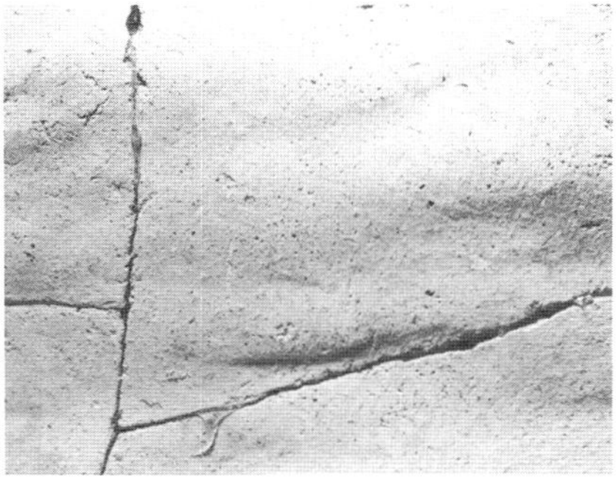

K 24 下 タタキ痕 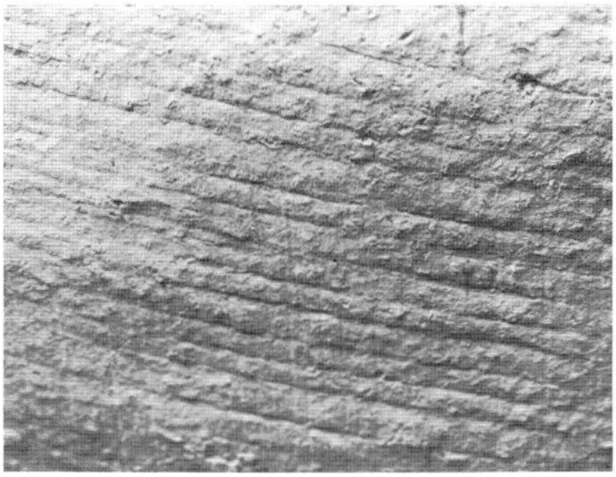　　　　　　　同上拡大

図71　栗山遺跡甕棺のタタキ痕

ケ目が残る。K75上は大形棺に通常みられる大きなタタキ痕を粗いハケ目で搔き消し，さらに斜め方向の粗っぽいナデ調整を加えているが凹凸はなはだしく，仕上げが悪い（図72参照）。

　KⅢb式以後になると，ナデ仕上げまで行なうものは少なく大半はハケ目調整の段階にとどめている。タタキ痕は大形のものと小形のものと両者があるが，日常容器に通有な小形のタタキを甕棺にも用いるのは甘木朝倉地方の特色といえる。

　K51上とK65上下のタタキ痕を図71，72に示したが，K51はKⅢc式併行期（中期末）の小児棺，K65はKⅢc式の甕棺であるが上甕は日常容器の大形器を転用したものである。

4）ま と め

　栗山出土の甕棺の形態，成形・調整手法を時期ごとにみてきた。
　KⅡ期の甕棺は口縁部の外側への張り出しが強いものがあること，胴部凸帯に見かけ2条造り1条の凸帯が多く，かつ凸帯の位置が下位にあること，底部径の大きいものがあり全体にしまりが悪くスマートさに欠ける。また器壁が10mm前後と分厚く，焼成はあまりよくない。福岡，春日近辺のKⅡ期の甕棺は「KⅡa式〜KⅡc式甕棺に共通していえることは，口縁下に凸帯を付さないこと（きわめて稀に例外はある）。次に器壁がきわめて薄く，底部が細くスマートになり，かつ器高80cm以上で，甕棺の通常の大きさをもつこと，やや赤みを帯びた黄褐色，赤褐色を呈し，焼成が硬質であること，器面調整が，ハケ目の後ナデでハケ目を消す甕棺に独特な手法が発生していること」[4]などがあげられる。栗山出土のKⅡ期の甕棺は全体的に見るならば，福岡，春日近辺の甕棺に似せてつくる努力をしており形態的にはさきほどみたような差が認められるにすぎない。しかしながら器壁が薄く，底部がよくしまり，スマートさのある福岡，春日付近のその時期のものに比べると，薄く仕上げられず，この結果が底部径の大きさなどに現われているものと考える。

　見かけ2条造り1条の凸帯は筑前，筑後，肥前の三国境の付近から筑後にかけて多いものであり，三国境付近との交流も考慮すべきである。

　KⅢ期・KⅣ期になると福岡，春日付近のものと外見上の差異はほとんど認

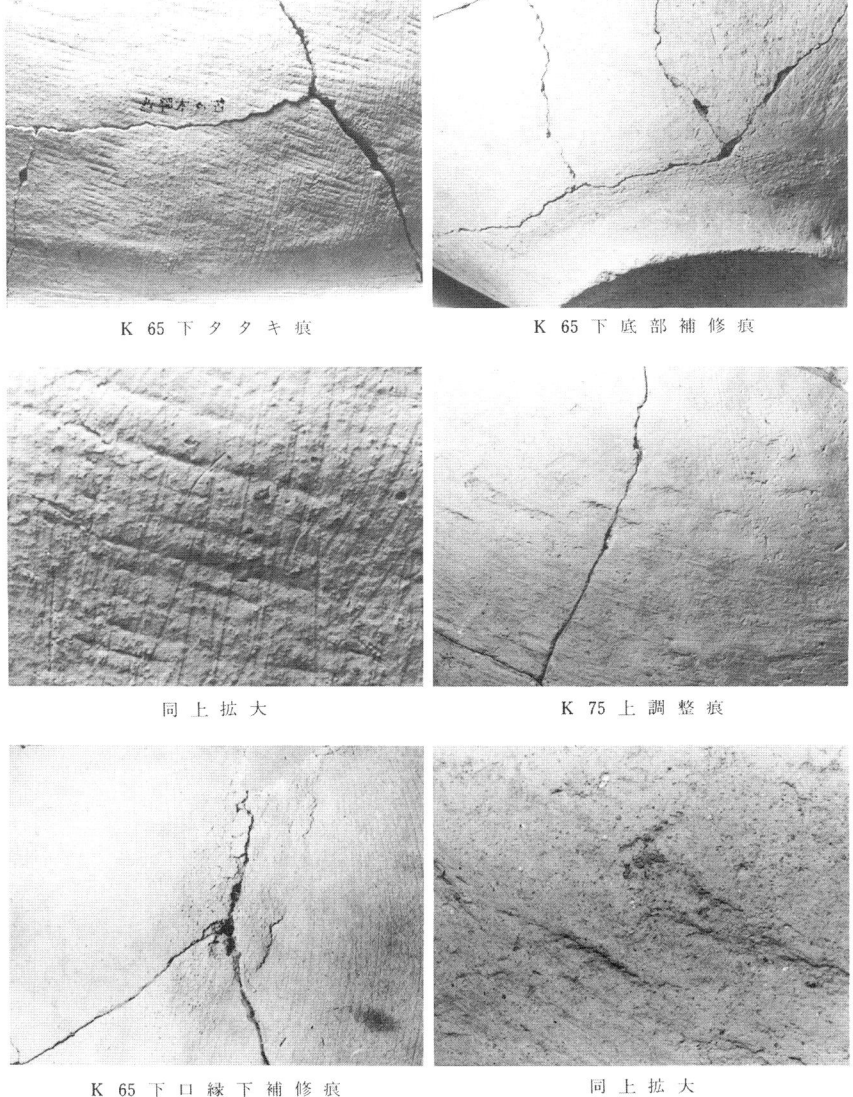

K 65 下 タタキ痕	K 65 下底部補修痕
同上拡大	K 75 上調整痕
K 65 下口縁下補修痕	同上拡大

図72 栗山遺跡甕棺のタタキ痕・補修痕・調整痕など

められないほどになってくる。しかしながら福岡，春日近辺のこの時期の甕棺は「器壁がやや厚く，調整はナデ仕上げまで行い，焼成は硬質で，色調は淡黄色・黄白色を呈し，甕棺製作技術はさらに発展している」[4]のに比し，甘木朝倉地方のこの時期の甕棺は，器壁を薄く仕上げ，ハケ目段階で調整を止めているものが多い。焼成はあまりよくなく，やや軟質といえる。またタタキ痕は大形棺に通常みられる大形タタキ痕とともに，日常容器に通有な小形のタタキ痕も大形棺に多く認められ，小形器と同様の工具を多用したことがわかる。

　北部九州に甕棺葬の風習が盛行した当時，その周辺部では甕棺に対する憧憬があったものと思われ，日常容器の大形器を転用して甕棺としたり，大きさがたりないので3個連ねたり，または独自に作り出す努力を行なった様子が各地でうかがえる。甘木朝倉地方では弥生中期のはじめから確実に甕棺葬は開始されているが，この地方では外見上の形をよく似せて作ることに努力したようであるが，甕棺製作技術としては各期にわたり拙劣さが認められることは否めない。

註
(1)　橋口達也「甕棺のタタキ痕」森貞次郎博士古稀記念『古文化論集』1982年
(2)　橋口達也「甕棺の編年的研究」福岡県教育委員会『九州縦貫自動車道関係埋蔵文化財調査報告』ⅩⅩⅩⅠ　中巻, 1979年
(3)　橋口達也「1　分類の基準」福岡県教育委員会『九州縦貫自動車道関係埋蔵文化財調査報告』ⅩⅩⅤ, 1978年
(4)　橋口達也「甕棺の編年的研究」福岡県教育委員会『九州縦貫自動車道関係埋蔵文化財調査報告』ⅩⅩⅩⅠ　中巻, 1979年

9　南筑後における甕棺の編年

1）はじめに

　著者は3節で甕棺の編年的研究を行ない，甕棺の型式をKⅠ～KⅤ期の5期に大別し，それぞれをKⅠ～KⅣ期についてはa～c，KⅤ期についてはa～fに細分し計18型式に分類した[1]。その後タタキ痕など，製作技法からみた嘉穂地方，甘木朝倉地方の甕棺の地域的特徴などに言及してきた[2]。

　瀬高町ではかつて鏡山猛によって鉾田の甕棺がとりあげられ[3]，この地域においても甕棺が分布することは知られていた。最近行なわれた発掘調査によって瀬高町堤遺跡[4]，権現塚北遺跡で中期初頭～後期初頭の甕棺が，立花町曲松(よこまつ)遺跡[5]で後期後半以後の甕棺が多く出土し，南筑後における甕棺の編年と地域性を論ずるに足る資料に恵まれた。この地域における甕棺の特徴を把握することは，大牟田～玉名付近の甕棺，また熊本地方の甕棺との関連を追及する上できわめて重要な位置を占めるものと考える。したがって簡単ではあるが南筑後における甕棺の編年と地域的特徴についての所見などを論じてみたい。

2）甕棺の編年

　南筑後においては著者がKⅠ期とした前期の甕棺は知られておらず，また今後も出土する可能性はかなり弱いと考えられるので，KⅡ期～KⅤ期に対応する甕棺を，それぞれ南筑後KⅠ期～KⅣ期として設定する。したがって南筑後KⅠ期は中期前半，KⅡ期は中期後半，KⅢ期は後期前半，KⅣ期は後期後半以後の甕棺である。以下順を追って説明を加えよう。

　南筑後KⅠa式の甕棺　（図73）　権現塚北K4によって代表される。口縁は逆L字状というよりは三角口縁というべきもので，粘土帯を口縁外側に貼付したものといえる。胴部はほぼ中央部に三角凸帯1条をめぐらしている。胴部上半はすぼまる傾向にあるが顕著ではない。器壁は13～15mmと厚く，底部の径は11cm前後であるが厚み50mm前後ときわめて厚い。調整は内外ともにナデ仕上げを行なっている。この三角口縁ともいうべき甕棺はハサコの宮K16

176　Ⅱ　甕棺をめぐる諸問題

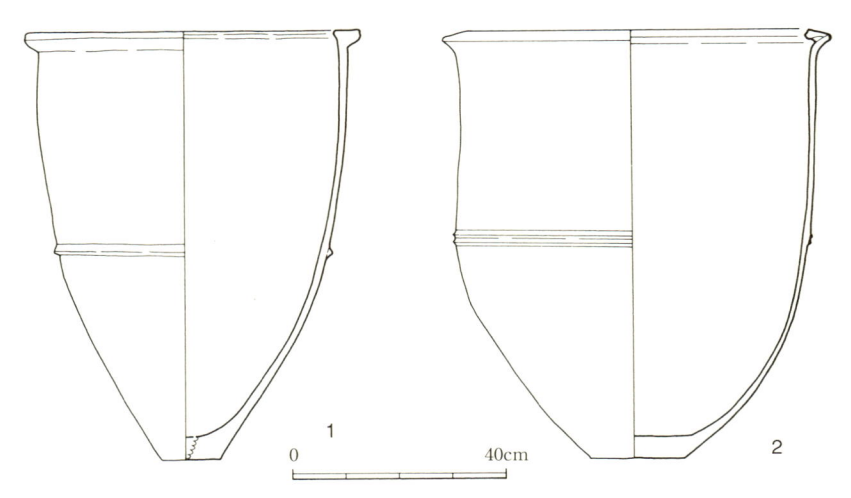

図73　南筑後KⅠa式の甕棺（1：権現塚北K4　2：羽山台）

下などと同様の手法をもつもので(6)，筑前，筑後，肥前の三国境付近で成立し，筑後，肥後北部（玉名付近）に分布し，この地方に分布の中心をもつ三角口縁を呈する甕と関連あることは疑いない。

　また羽山台遺跡(7)でみられるような口縁はやや外に低く傾斜し，外にはほとんど発達せず内側に大きく張り出し，口縁平坦面にはX状の連続文を外側には刻目を施す甕棺も存在するものと思われるが，現在のところ瀬高付近では出土例がない。この種甕棺については西健一郎によって口縁内側の突出の大きいこと，胴部の張りが弱いことなどを理由に中期初頭より若干後出すると批判が行なわれている(8)。しかしこの種甕棺の口縁部は内側に粘土帯を貼付する前期の甕棺に連なるもので，器形，製作手法ともに中期初頭つまり著者の編年によるKⅡa式の甕棺に併行する筑後南部，肥後北部の地方色ある甕棺であることは明らかである。

　乳幼児用の甕棺は図示しなかったが権現塚北K2，K3などに代表される。明らかに三角口縁の甕の系列のもので，底部はひきしまりわずかに上げ底を呈している。

　南筑後KⅠb式の甕棺（図74）　権現塚北K46と堤K2を図示した。権現

図74　南筑後KⅠb式の甕棺
（1：権現塚北K46　2：堤K2）

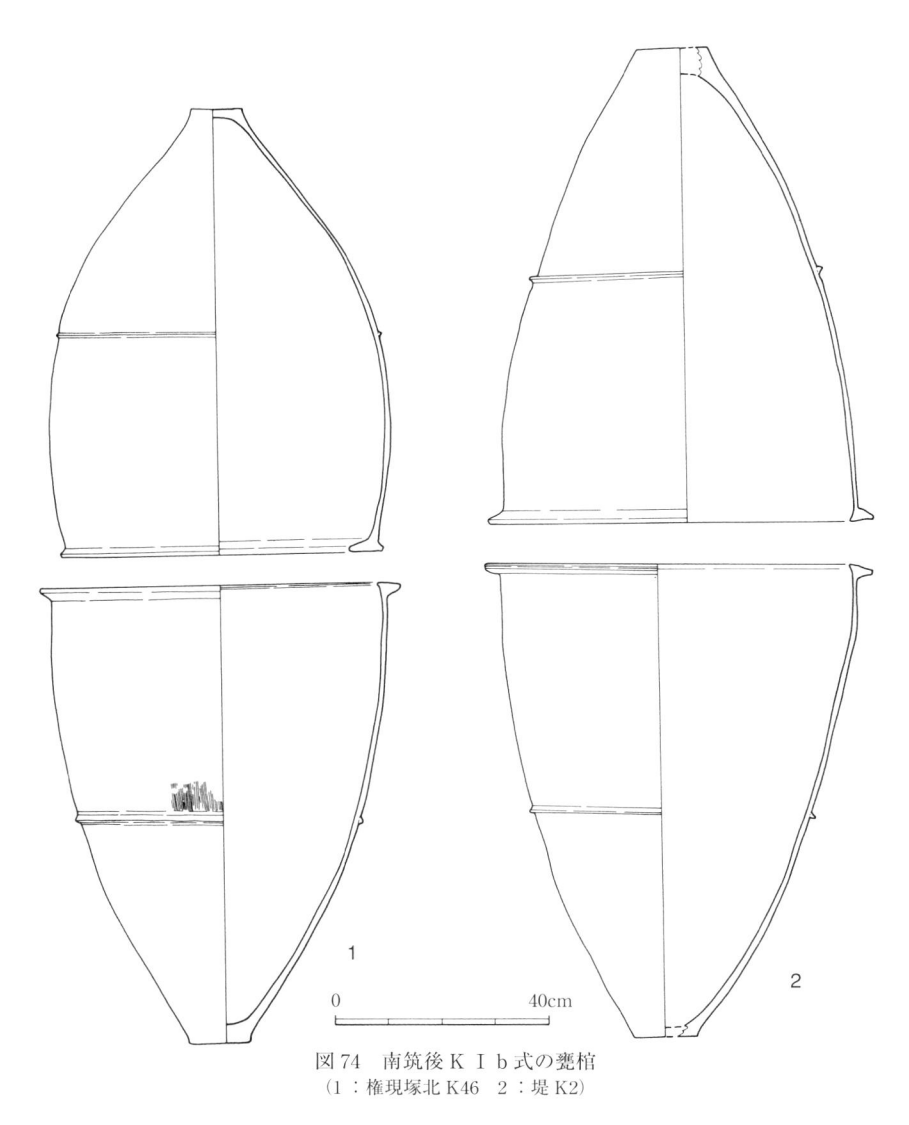

塚北K46上は著者の編年によるKⅡb式そのものである。つまり口縁部はほ
ぼ平坦で，外側には未だほとんど発達しないが，内側に大きく張り出す傾向が
生じる。口縁下はややすぼまり，胴部中央に小さな三角凸帯1条をめぐらして
いる。器壁は薄く，底径は9.6cmで厚みも15mmである。内外ともにナデ仕

上げを行なっている。

　権現塚北 K46 下，堤 K 2 などはこの地方に特徴的な甕棺である。口縁は南筑後 K Ⅰ a 式の三角口縁から発達するもので，外側へ大きく張り出して逆 L 字状を呈するが，外に低く傾斜している。胴上半はほぼ直立している。胴部の中央に 1 条の三角凸帯をめぐらしている。器壁はやや分厚く，底径は 11 ～ 13cm 程度であるが，底部の厚さはきわめて厚く 40 ～ 50mm ほどのものが多い。

　乳幼児用の甕棺は現在のところ適当な資料を欠いており，今後の検討課題としたい。

　南筑後 K Ⅰ c 式の甕棺（図 75）　権現塚北 K17，K43 下，堤 K 1 を図示した。口縁は南筑後 K Ⅰ b 式のものに比し繊細となり逆 L 字状として定着し，ほぼ平坦もしくは若干内に低く傾斜する。口縁外側の張り出しが強くなる権現塚北 K43 などはこの型式内での新出の要素といえよう。胴部上半はやや外開き気味で著者の編年による K Ⅱ c 式と対応する。胴部のほぼ中位からやや下がった位置に太目の三角凸帯 1 条をめぐらしている。器壁は 10mm 強と未だやや厚く，底径は 11 ～ 13cm としまっているが，底部の厚みはやや減少の傾向にあるとはいえ 30 ～ 50mm と未だに分厚い。器面調整は，内面はナデ仕上げを行なっているが，外面はハケ目を残し，またはハケ目を丁寧にナデ消さず粗雑化の傾向が生じているといえよう。

　乳幼児用の甕棺は図示しなかったが，権現塚北 K 6 , K49 などがあげられる。これらの甕棺の口縁は内に低く傾斜し，あたかも蓋受け状に口縁平坦面のまん中をやや凹ましている。胴部上半ではやや張り気味で，底部は細くひきしまり，上げ底を呈する。底部の厚みは 50mm ほどできわめて分厚い。内面はナデ，外面はハケ目を基調とする。権現塚北 K22 は口縁端がやや細くなり，次の南筑後 K Ⅱ a 式に属する K19 へ連なる新出の要素がある。

　南筑後 K Ⅱ a 式の甕棺（図 76）　権現塚北 K45 と K21 を図示した。K45 は南筑後に特徴的な甕棺の系列に属する。口縁は逆 L 字状を呈し，外側への張り出しがさらに強くなっている。口縁は内に低く傾斜している。胴上半はほぼ直立もしくはややすぼまる傾向が生じている。胴部のほぼ中位に大きな三角凸帯 1 条をめぐらす。器壁は 6 ～ 8mm と薄く仕上げられるが底部の厚さは 50mm

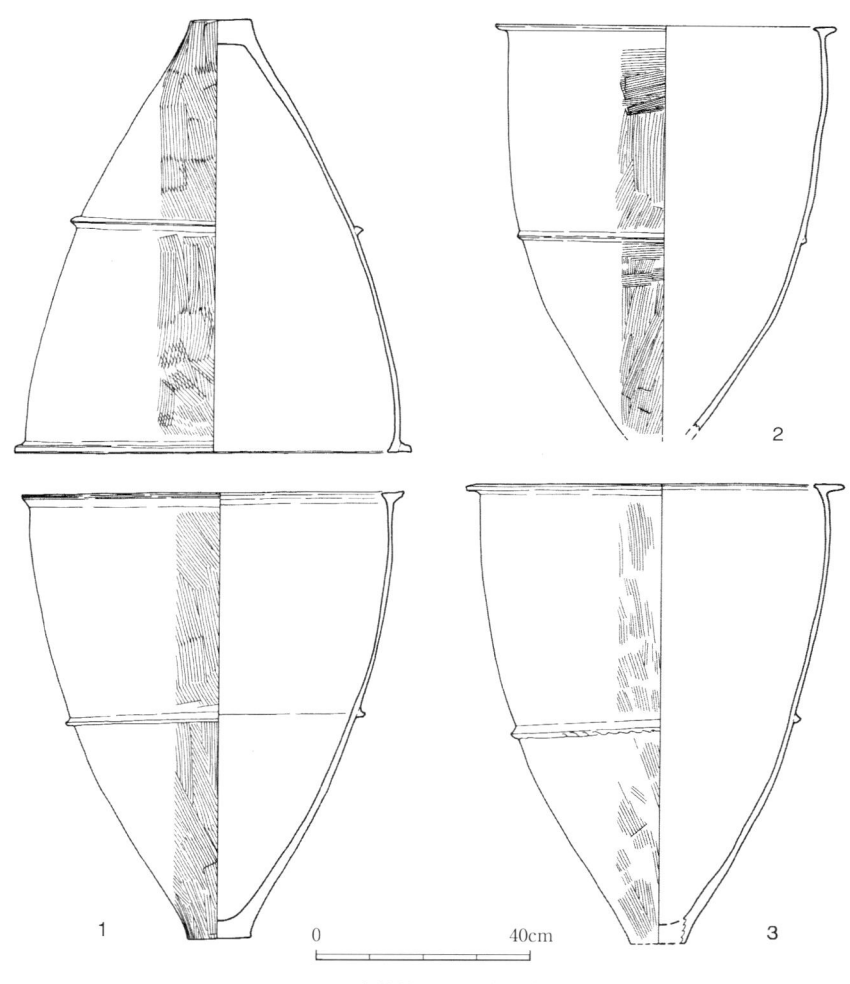

図 75　南筑後 K Ⅰ c 式の甕棺
(1：権現塚北 K17　2：権現塚北 K43 下　3：堤 K1)

前後で，南筑後 K Ⅰ 期の流れのなかにあることがわかる。底径は 11 〜 12cm 前後で細くしまっているが，上下ともやや上げ底を呈している。内面はナデ調整を施すが，外面はハケ目を残すか，またはナデ仕上げを行なうがきれいにハケ目を消していない。

180　Ⅱ　甕棺をめぐる諸問題

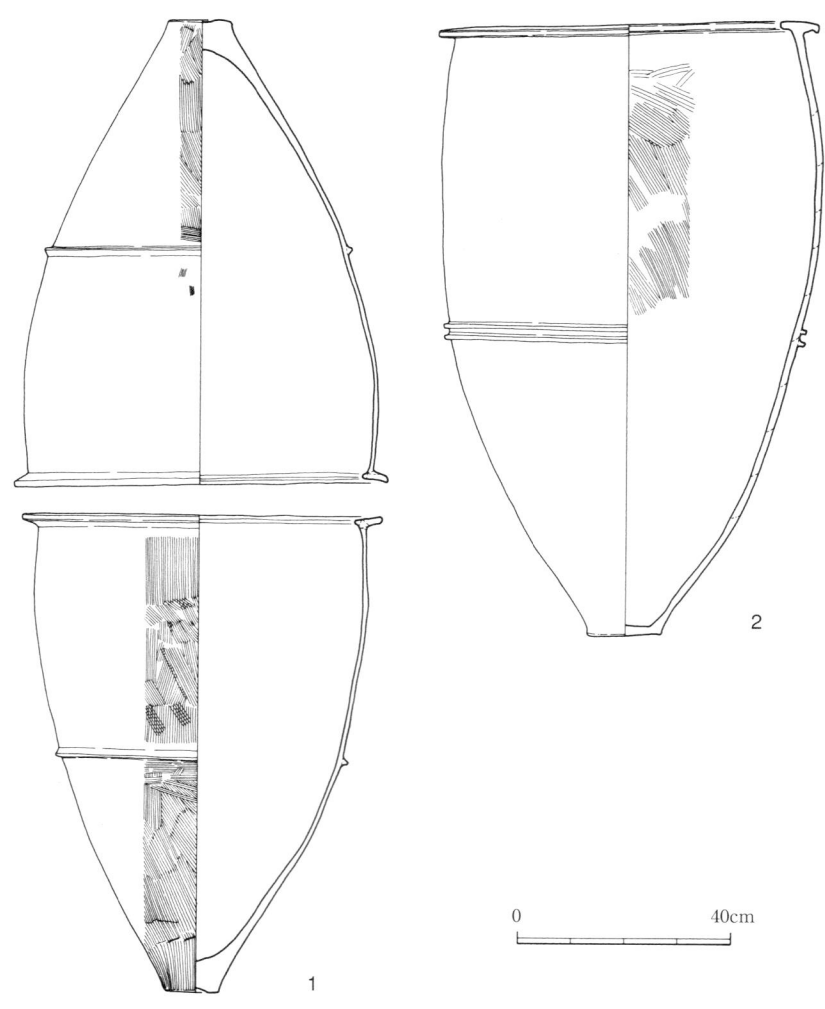

図76　南筑後KⅡa式の甕棺
(1：権現塚北K45　2：権現塚北K21)

　K21は著者の編年によるKⅢa式に属する甕棺であるが，口縁下に凸帯を貼付しないなど細部の点で福岡，春日などの甕棺と異なる。口縁は内外に張り出したT字形口縁で外にやや低く傾斜している。胴上半はややすぼまる傾向にある。胴部の中位にはコ字形凸帯2条をめぐらす。器壁は12〜13mmとやや分

厚くなり底径は 14cm とやや大きいが，底部の厚さは 20mm 前後と薄く仕上がり，焼成もよい。内面にはハケ目を残すが外面は丁寧にナデ仕上げを行なっており，口縁下の凸帯をのぞき諸特徴は著者の編年によるＫⅢa式に共通している。

乳幼児用の甕棺は図示しなかった。完形の好例を欠くが権現塚北 K19 などがあげられる。口縁は内に低く傾斜する。蓋受け状の凹部は目立たなくなり，また口縁端は細く繊細となっている。底部は細くしまり，上げ底が深くなる。厚みは 40mm ほどでかなり分厚い。

南筑後ＫⅠb～ＫⅡa式の丸味を帯びた甕棺 (図77)　権現塚北 K26 下は口縁が内に低く傾斜し，著者がＫⅡb式とした永岡 K19 などと形態的には共通する。器壁は薄く仕上げられるが，底部は 40mm ほどと分厚く南筑後の甕棺に共通する。内面はナデ仕上げであるが，外面はミガキ風に仕上げられ福岡，春日などにみられる丸味を帯びた甕棺の調整手法と異なる。

K42 は土壙墓の木口に使用されていたものである。この甕棺は著者がＫⅡc式の丸味を帯びた甕棺としたものに口縁形態，器壁・底部の薄さ，内外ともにナデという調整とも共通している。

K13 下は口縁が内に低く傾斜し，口縁が外側に強く張り出すなど南筑後ＫⅡa式の特徴に一致する。器壁は薄く仕上げられるが，底部の厚みは 30mm 強と厚く，外面をミガキ風に仕上げる手法は K26 などと共通し，福岡，春日などを中心とする地域の甕棺とは異なっている。

南筑後ＫⅡb式の甕棺 (図78)　権現塚北 K29 を図示した。口縁は内に低く傾斜したＴ字形口縁で，胴部上半は大きくすぼまる。口縁下には凸帯はなく胴部中位に 2 条のコ字形凸帯をめぐらす。器壁は 5～10mm ほどで薄く仕上げられている。内面はナデ仕上げであるが，外面にはハケ目がよく残り，丁寧にハケ目をナデ消していない。この甕棺は口縁下に凸帯をもたないが著者の編年によるＫⅢb式に相当する。しかしこの型式の福岡，春日などを中心とする地域の甕棺は器壁が厚く仕上げられ，ハケ目は完全にナデ消し，焼成もきわめてよい。権現塚北 K29 に示される特徴はいずれかというと甘木朝倉地方のこの型式の甕棺に共通し，甕棺分布地域の周辺現象と解すべきものである。

南筑後ＫⅡc式の甕棺は現在のところ好例を見いだせない。甕棺の終焉する

182　Ⅱ　甕棺をめぐる諸問題

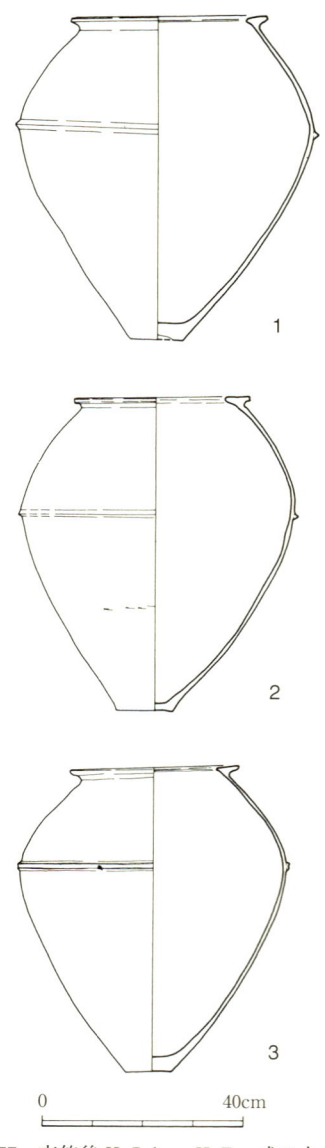

図77　南筑後KⅠb〜KⅡa式の丸味
　　　を帯びた甕棺
(1：権現塚北K26下　2：権現塚北K42
　3：権現塚北K13下)

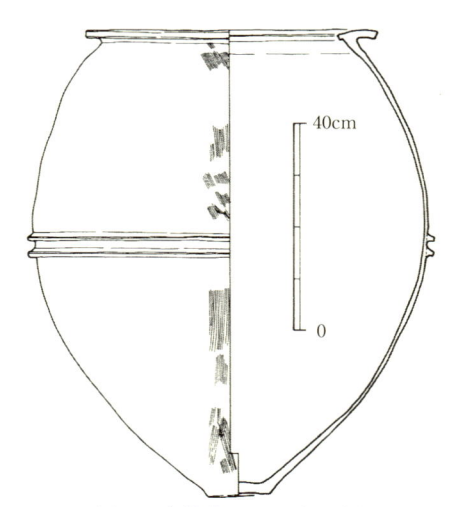

図78　南筑後KⅡb式の甕棺
　　　（権現塚北K29）

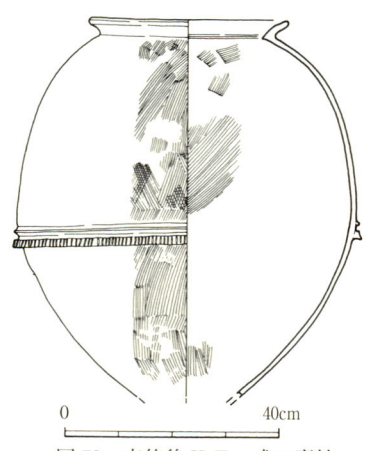

図79　南筑後KⅢa式の甕棺
　　　（権現塚北D3蓋）

傾向が生じる時期なので本来数量的にも少ないものと考える。

南筑後KⅢa式の甕棺（図79）　甕棺として使用されたものではなく3号土壙墓の蓋として用いられたものを図示した。本来は甕棺として製作されたことは疑いない。口縁はく字形を呈し，器形は全体に丸味をもつ。胴部中位には2条のコ字形凸帯をめぐらす。下位の凸帯には刻目を施している。器壁は6～9mmと薄く仕上げられている。内面はハケ目の後ナデを加えているが，ハケ目はよく残している。外面はハケ目調整である。口縁下に凸帯をめぐらさない点をのぞけば著者の編年によるKⅣa式に相当するが，さきにもあげたように福岡，春日を中心とする地域のこの型式の甕棺は器壁は分厚く仕上げられ，外面は丁寧にナデを加え，焼成はきわめてよい。これに対しこの甕棺の諸特徴はむしろ甘木朝倉の甕棺と共通し，甕棺分布地域の周辺現象と解すべきものである。

南筑後KⅢb式～南筑後KⅣa式に相当する好資料は現在のところ見いだせない。この時期には甕棺葬は，糸島地方などに例外的に残存しているが，他地域ではほぼ終焉している時期であってこの地域でもいったんは甕棺葬がとだえているものと考えられる。南筑後KⅣb式～KⅣf式にいたって再び甕棺葬がみられる。これは著者の編年によるKⅤb式～KⅤf式に対応するものであるが，著者が主としてとりあげた糸島地方の甕棺とは若干趣を異にする面もあるが，基本的な点では共通していると考える。

南筑後KⅣb式の甕棺（図80－1）　曲松K16を代表例として図示した。口縁は外反し，長胴形を呈し，底部は平底をなすが丸底化の傾向が生じているといえる。口縁下に三角凸帯1条，胴部中位にコ字形凸帯2条をめぐらす。口縁端と胴部凸帯の上の1条に刻目を施している。内面はハケ目，外面はタタキの後ハケ目を施し，タタキ痕が胴下半によく残っている。口縁部が他の地域のものに比し長大でないことがこの地域の特徴と考えられる。

南筑後KⅣc式の甕棺（図80－2）　曲松K14を代表例として図示した。口縁は外反し，長胴形を呈し，底部は丸底化の傾向が生じているが，未だ平底の様相を呈している。口縁下には三角凸帯1条，胴部にはコ字形凸帯1条をめぐらす。口縁と胴部凸帯には刻目を施している。内外面ともにハケ目調整。他地域のものに比し前者同様口縁部が長大でないことが指摘できる。

184　Ⅱ　甕棺をめぐる諸問題

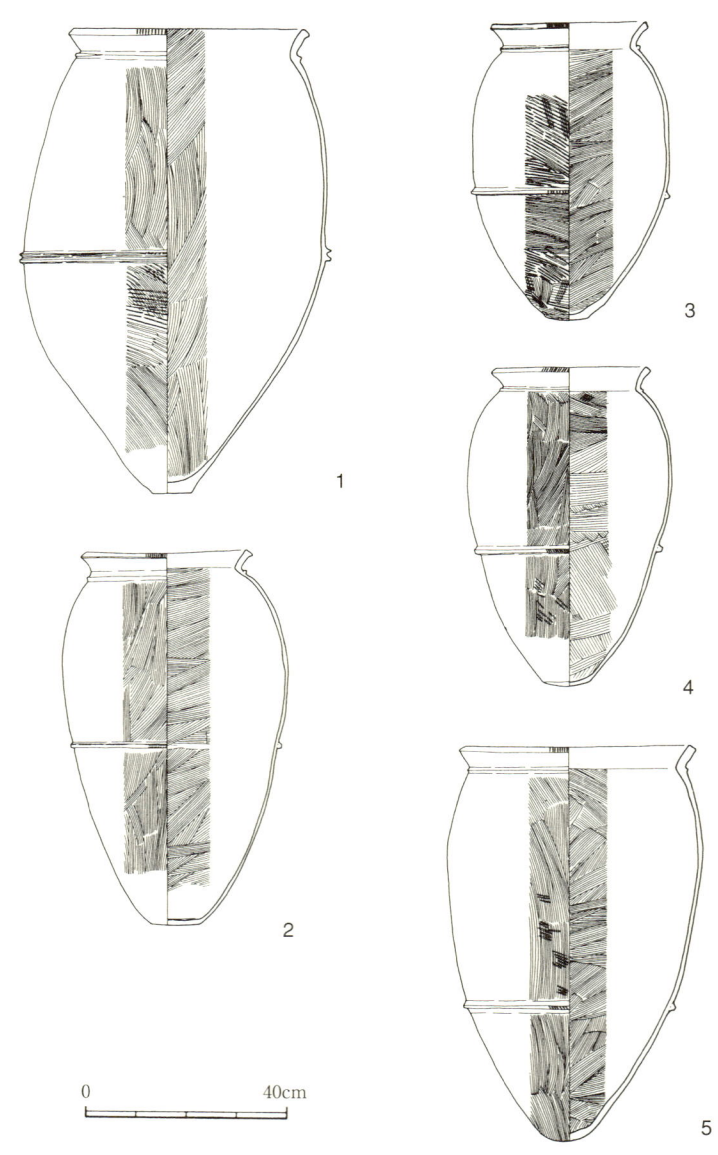

図80　南筑後KⅣb～KⅣf式の甕棺
(1：曲松K16　2：曲松K14　3：曲松K7　4：曲松K24　5：曲松K19)

南筑後ＫⅣd式の甕棺（図80-3）　曲松Ｋ７を代表例として図示した。口縁は外反し，長胴形を呈し，底部は丸底化がかなり進行している。口縁下には三角凸帯１条，胴部中位よりわずかに下がったところにコ字形凸帯１条をめぐらす。口縁，口縁下凸帯，胴部凸帯には刻目を施している。内面はハケ目，外面はタタキの後ハケ目を施すが，タタキ痕がよく残っている。口縁は前二者同様長大とはいえない。

南筑後ＫⅣe式の甕棺（図80-4）　代表例として曲松K24を図示した。口縁は外反し，長胴形を呈し，底部の丸底化はさらに進行し，ほぼ丸底といえる形態を示すが，不明瞭とはいえ未だ底部の稜が認められる。口縁下に三角凸帯，胴部中位よりやや下がったところにコ字形凸帯１条をめぐらす。口縁端と胴部凸帯には刻目を施している。内面はハケ目，外面はタタキの後ハケ目を施すがタタキ痕が部分的に残っている。底部近くはさらにナデを加えている。やはり口縁部は長大ではない。

南筑後ＫⅣf式の甕棺（図80-5）　曲松K19を代表例として図示した。口縁は外反し，長胴形を呈し，完全に丸底化している。口縁下に三角凸帯１条，胴部のかなり下位にコ字形凸帯１条をめぐらす。口縁端と胴部凸帯に刻目を施している。内面はハケ目，外面はタタキの後ハケ目を施し，タタキ痕が部分的に残る。口縁は長大とはいえず，この地域の特徴を示している。

　以上の南筑後ＫⅣ期の甕棺は，著者の編年によるＫⅤ期の甕棺とは若干異なり，本来的には甕棺として製作されたものとは考えられず，日常容器の大形品を転用したものと思われるが，多くの点で筆者がＫⅤ期とした甕棺と共通している。とくに底部の丸底化の進行過程はほぼ同様といってよい。

3）まとめ

　南筑後における大形甕棺の製作は現在のところ中期初頭から開始されている。南筑後ＫⅠ期とした中期前半の甕棺は筑前，筑後，肥前三国境付近で成立した三角口縁を呈する甕棺を源流として成立し，その系列の下に南筑後ＫⅡa式まで発展する。これらの甕棺は器壁が厚く底部にいたっては5cmもあるほど分厚い。また南筑後ＫⅠb式，南筑後ＫⅡa式にこの地域独自の甕棺とは異なる著者の編年によるＫⅡb式あるいはＫⅢa式に属する甕棺も見られ，

併行関係が把握される。ところがKⅢa式に属する甕棺は口縁下の凸帯をもたず，福岡，春日を中心とする地域の甕棺ではないことを示している。

瀬高町鉾田の甕棺は鏡山猛の報告によれば三角口縁，L字口縁，T字口縁で大甕は胴の中央よりやや下がったところに断面三角形を呈する凸帯が通常1条めぐっており，中期のやや古いものと新しい——典型的な須玖様式——ものまで含まれているとしている[9]。これら鉾田甕棺の特徴は南筑後KⅠa式〜KⅡa式の甕棺に一致している。

南筑後KⅡb式，南筑後KⅢa式は著者の編年によるKⅢb式，KⅣa式に対応するものであるが，いずれも口縁下に凸帯をもたず，器壁は薄く仕上げ，ハケ目を完全には消していない。この時期の福岡，春日などを中心とする地域の甕棺は器壁が厚く焼成もよく，器面はナデ仕上げで，ハケ目は完全に消されている。南筑後におけるこのような特徴はいずれかというと甘木朝倉などの特徴に共通する点が大きく，甕棺分布地域の周辺現象と解すべきものである。

南筑後KⅣ期の甕棺は弥生後期後半以後の甕棺であるとした。それでは下限はどのくらいであろうか。南筑後KⅣf式とした甕棺は著者の編年によるKⅤf式としてあげた久留米市祇園山古墳の墳裾部から出土した甕棺と共通する特徴をもつことは明らかで，時期的にも一致することはまちがいない。著者はこれを最近の三雲，御床松原などの調査結果から布留式古相に併行するものとしKⅤd式，KⅤe式を庄内式に併行関係をもつものと別稿で論じた[10]。最近また福岡市蒲田部木原B−8号住居跡からKⅤf式と共通する大甕が出土した[11]。これに共伴する土器は布留式古相に併行するものであって，KⅤf式が布留式古相と併行関係を持つことはほぼ確実といえる。

註
(1) 橋口達也「甕棺の編年的研究」福岡県教育委員会『九州縦貫自動車道関係埋蔵文化財調査報告』ⅩⅩⅩⅠ　中巻，1979年
(2) 橋口達也「甕棺のタタキ痕」森貞次郎博士古稀記念『古文化論集』1982年
　　橋口達也「甘木・朝倉地方甕棺についての若干の所見—とくに栗山遺跡出土甕棺を中心として—」甘木市教育委員会『栗山遺跡』甘木市文化財調査報告第12集，1982年
(3) 鏡山　猛「環溝住居址小論（三）」『史淵』78，1957年

(4) 川延昭人「付編・周辺遺跡の調査　1. 堤遺跡出土の甕棺墓」瀬高町教育委員会『女山・山内古墳群』瀬高町文化財調査報告書第2集，1982年
(5) 立花町教育委員会『曲松遺跡』立花町文化財調査報告第2集，1985年
(6) 福岡県教育委員会『九州縦貫自動車道関係埋蔵文化財調査報告』ⅩⅩⅩⅠ　中巻，1979年
(7) 三島　格・高島忠平・佐藤伸二・永井昌文「羽山台遺跡調査概報」『九州考古学』35，1975年
(8) 西健一郎「熊本県における弥生中期甕棺編年の予察」森貞次郎博士古稀記念『古文化論集』1982年
(9) 鏡山　猛「環溝住居址小論（三）」『史淵』78，1957年
(10) 橋口達也「北部九州における陶質土器と初期須恵器—近年の成果を中心として—」甘木市教育委員会『古寺遺跡群』Ⅱ　甘木市文化財調査報告第15集，1983年
(11) 粕屋町教育委員会『蒲田部木原遺跡』粕屋町文化財調査報告第2集，1985年

10 永岡遺跡出土の甕棺および甕棺墓

1) はじめに

　永岡遺跡は1972年，1980年，1988年の3回にわたる発掘調査が実施され，第1次調査については報告書が[1]，第2次調査については概報[2]が刊行されている。甕棺の編年的位置，二列埋葬という特徴的な墓地配列，乳幼児棺の多さ，保存良好な人骨と銅剣切先の嵌入したものなど傷害のある人骨等々，いくつかの興味深い問題が所在している。これらのうち埋葬法として北部九州の弥生前期末から中期前半にかけてみられる二列埋葬に関しては春成秀爾[3]，田中良之・土肥直美[4]らが永岡遺跡を中心的にとりあげつつ婚後居住規定の問題を論じている。

　著者も第1次，第2次の発掘調査にかかわり前述の諸問題に深い関心をいだいている。ここでは甕棺の分類，墓地の変遷，銅剣嵌入人骨をはじめとする傷害のある人骨，すなわち弥生時代に戦闘が存在したことを示す実例について論究してみたい。

2) 甕棺の分類

a．成人棺と乳幼児棺——棺の規模——

　従来，甕棺の大きさについては成人棺，小児棺に二分されることが一般的である。また大形棺と小児棺との中間のものを中形棺とする場合もある。著者はかつて大形棺，小形棺，小児棺の三者に分類した[5]。大形棺としたものは一般的には器高80〜120cmほどのもので成人，若年の埋葬に使用されたこと，小児棺は甕棺専用に製作されたものではなく，そのほとんどが日常容器を転用した甕棺で器高50cm以下のもので乳幼児の埋葬に使用されたとし，用語としては不的確であるが小児棺とする通例にしたがった。しかしながらこの規模の甕棺に小児（6〜11歳）の埋葬例は皆無に等しくやはり乳幼児棺とすべきと考える。小形棺としたものは器高50〜80cmの間にあり大形棺と乳幼児棺の中間にあるものであるが，弥生前期の大形甕棺発生時の甕棺，中期前半に未だ大形

棺が導入されていない遠賀川流域の日常容器の大形器を甕棺に転用し，成人を埋葬したと考えられる場合をのぞき，この規模の甕棺の数が少ない中期においては小児を埋葬するものが主体であろうとした。永岡遺跡の第2次調査においてもこの規模の甕棺が18基ほど存在するが，大部分は人骨が存在せず不明な点が多い。SK56は小児が，SK92は5～6歳の幼児が埋葬されており，小児用もしくは幼児用の甕棺とすべきである。

弥生時代の甕棺墓地からの小児人骨の出土例はきわめて少なく，幼児の段階を生きのびたら多くは成人に達したものと考えられるが，小児の場合いかなる規模の甕棺に埋葬されたか若干ふれてみよう。小郡市ハサコの宮K7はKⅡa式の大形棺であるが9～10歳の小児が埋葬されていた[6]。福岡市金隈遺跡では367基の甕棺のうち5基に小児骨が残存し，それらはすべてこの規模のすなわち小形棺に埋葬されていた[7]。この中には10歳もしくは10～11歳ぐらいのものもあり，小児の多くは小形棺に埋葬されるが，一部は大形棺を用いる場合もあったことがわかる。またこのように弥生時代の死亡年齢は乳幼児の段階で一つのピークを示し，その時期を過ぎると小児，若年の段階ではきわめて少なくほとんどが成人に達している。したがって永岡遺跡の18基の小形棺もそのほとんどは幼，小児用の甕棺と把握してよかろう。

以上のことから弥生時代にはすでに成人と認められたと考えられる若年のものも含めて成人棺は153基中44基で28.8％，乳児，幼児，小児棺は153基中103基で71.2％であり，弥生時代における平均的な乳幼児の死亡率は30～50％であるのに比しきわめて高い比率であることがわかる。後に詳述するが永岡遺跡では傷害のある人骨が多く，その点とも関連するものかもしれない。

b. 甕棺の編年

著者はすでに甕棺の型式をKⅠ～KⅤ期に大別し，それぞれをKⅠ期からKⅣ期についてはa～c，KⅤ期についてはa～fに細分し，計18型式に分類する大綱を示し絶対年代を付与する作業を行なった[8]。これについては部分的には若干の批判も行なわれたが，著者自身は今なお基本的に有効と考えている。いま永岡遺跡出土の甕棺について，著者の編年観にしたがって分類し，甕棺墓一覧表の時期の欄に型式を示した。甕棺個々の型式が明確となることによって

190　II　甕棺をめぐる諸問題

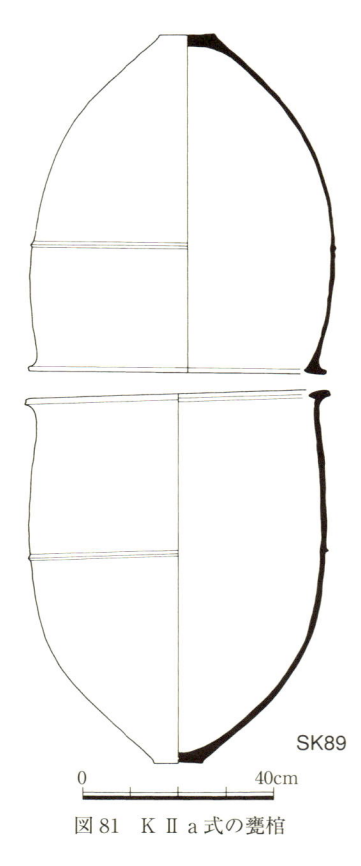

墓地変遷がさらに明瞭となり，二列埋葬という特徴的な墓地配列をもつ当遺跡の研究深化のための基礎資料となれば幸いである。

永岡遺跡は第1次，第2次，第3次調査において153基の甕棺が出土しており，KⅡa式〜KⅢa式にわたっている。以下順を追ってみていこう。

KⅡa式の甕棺（図81）　KⅡa式の大形甕棺としてはSK89，1基のみである。口縁は内に低く傾斜し，外側への張り出しは小さい。上甕は逆L字状を呈し，下甕は口縁上端に粘土帯を貼付するものである。上下ともに口縁下でややすぼまり，胴部最大径はKⅠ期の甕棺の肩の段，沈線の位置にあたる胴部上位にあり，その部分にシャープな三角凸帯を貼付している。器面調整は内外ともにナデ仕上げである。

KⅡa式併行期の甕棺（図82）　図示したSK3，SK28，SK88などのように口縁は幅が狭く未発達な逆L字状をなし，内に低く傾斜し，胴部は上位で大きく張り，底部は細

図81　KⅡa式の甕棺

くひきしまり，かなりの上げ底を呈するものが典型的といえるが，SK6下甕の口縁にみられるような筑後の三角口縁と折衷したような形態のものも存在する。上甕として使用されている壺は肩部以上を打ち欠いたものが多く，完形のものがない。

KⅡb式の甕棺（図83）　図83に示したSK15が典型的なものである。口縁はほぼ平坦となり，外側には未だほとんど発達しないが，内側に大きく張り出す傾向が生じる。口縁下はややすぼまりKⅡa式に近いが胴部のほぼ中位に細いシャープな三角凸帯，稀に見かけ2条造り1条の凸帯を貼付する。凸帯の位置もKⅡa式よりは下位，KⅡc式よりは上位にあり両者と区別できる。調整

永岡遺跡出土の甕棺および甕棺墓　191

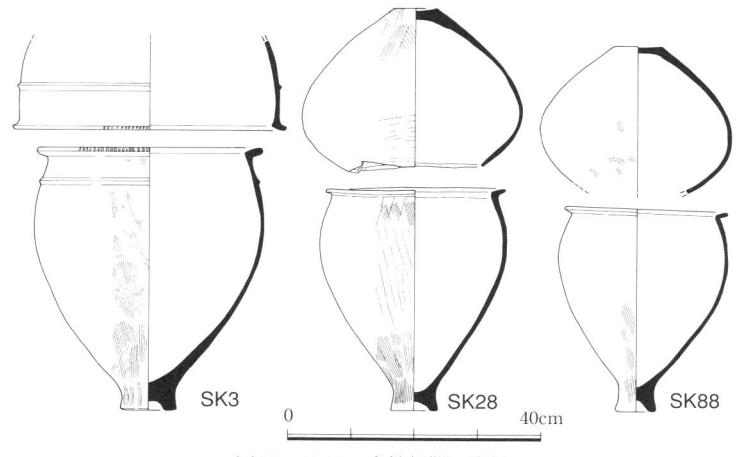

図82　KⅡa式併行期の甕棺

法は内外ともにハケ目の後ナデで仕上げるが，一部底部付近にハケ目が残存するものがある。典型的なものは上述の通りであるが，SK40上，下甕（図83）のように口縁は未だ発達せず，内に低く傾斜し，口縁下のすぼまり方もきわめてKⅡa式に近いものもあるが，凸帯の位置が胴部中位にありKⅡb式としては古い形態を示すもの。SK99上，下甕（図83）のように口縁は外に低く傾斜し，口縁下のすぼまりもなく次のKⅡc式に近い形態のものがあり，同一型式内での漸次的形態変遷がとらえられる。古い形態のものにはSK19，特にその上甕，新しい形態のものとしてはSK90上甕，SK94上甕などがあげられる。

KⅡb式併行期の甕棺　（図84）　SK8上，下甕，SK25下甕に用いられた甕に示されるように，口縁はKⅡa式併行期のものに比し，やや発達した逆L字状を呈し，内に低く傾斜する。胴部の張りはやや小さくなり，底部のひきしまり具合，上げ底の度合も弱い。SK25上甕，SK67下甕に用いられた壺は，胴部最大径はやや上位にあり，口縁上端に粘土帯を貼付した鋤先状を呈する口縁はわずかに内に低く傾斜する傾向が認められる。大形棺同様，同一型式内における古い形態，新しい形態のものが存在する。

KⅡc式の甕棺（図85）　口縁は内側に大きく張り出し，外側への発達はまだなく，外に低く傾斜する。典型的なものは口縁下のすぼまりはなく，胴部上半は外に開き気味である。胴部のやや下位に細い三角凸帯1条もしくは2条を

SK99

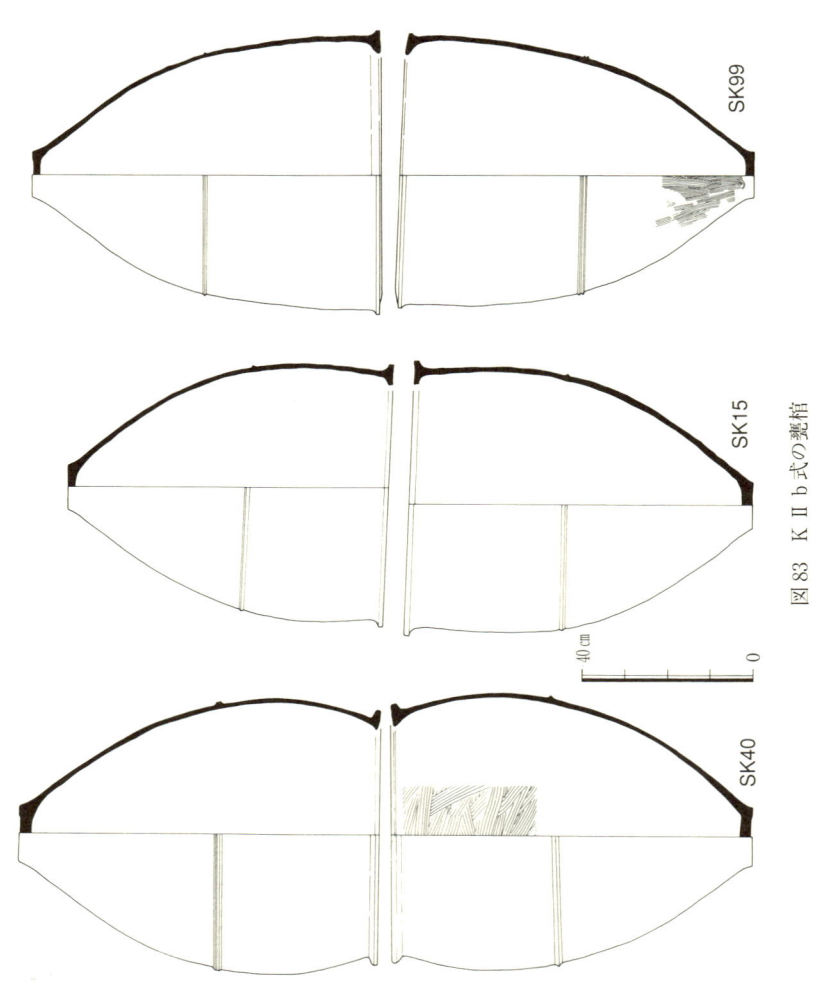

SK15

図83 KⅡb式の甕棺

0 40cm

SK40

　貼付する。調整はハケ目の後ナデて仕上げる。この型式でも口縁下がややすぼまりがちの古い形態を示すもの，また口縁外側もやや発達し，口縁下がややすぼまり口縁下に凸帯を貼付すればKⅢa式としてもよいほどKⅢa式に近い形態を示す新しい要素のものもある。永岡遺跡第2次調査出土のこの型式の甕棺SK21，SK78などは古い要素を残しているといえよう。
　KⅡc式併行期の甕棺（図86）　図示したSK35上，下，SK50下，SK64下甕に用いられた甕に示されるように口縁はわずかに内に低く傾斜する逆L字状

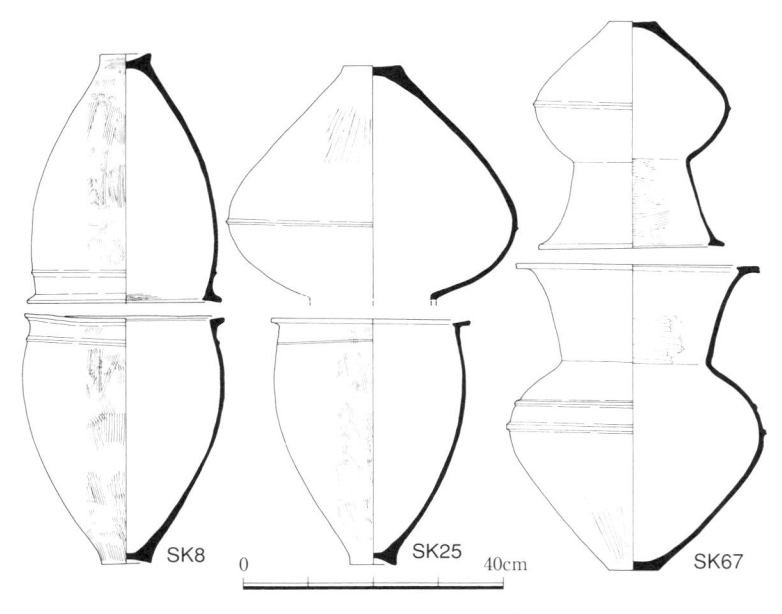

図84 KⅡb式併行期の甕棺

を呈し，胴部の張りはない。底部は先行するKⅡb式併行期のものと大差はない。SK64上甕に用いられた壺はいずれかというとKⅡb式併行期の特徴を示しており，一時期古いものが残ったものと解されよう。

KⅢa式の甕棺（図87）　第2次調査においてはこの型式の甕棺はなく，第1次調査出土のK10，K26がこの型式の甕棺としてあげられる。KⅡ期とKⅢ期を大別する主要な要素の一つは口縁下に凸帯を貼付することであるが，K10はKⅡc式の基本的形態を踏襲しながら口縁下に2条の凸帯を貼付している。口縁の外側への張り出しも大きい。K26下甕の口縁はいわゆるT字形を呈し，外に低く傾斜し，口縁下がややすぼまり口縁下に凸帯を貼付するものである。この型式から胴部凸帯がコ字形を呈するものが出現するが，K10，K26ともに三角凸帯で，この型式内では古い要素をもつものといえる。この型式の甕棺は大形化したものが多く，器高100cmをこえるものが多くなる。これにつれて上甕に鉢，壺または甕の胴上半を打ち欠いたものなどが使用される。上甕に使用される鉢の口縁は下甕と同様の形態を示し，口縁下に1〜2条の三角凸帯を

194　Ⅱ　甕棺をめぐる諸問題

図85　KⅡc式の甕棺

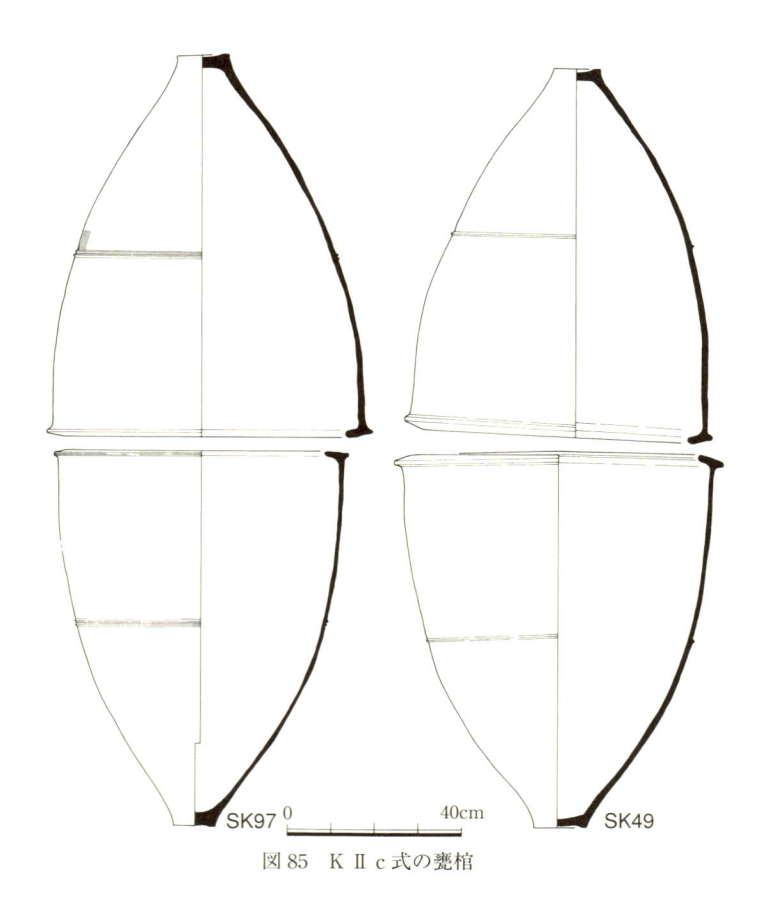

貼付するのが一般的であるが，K26の上甕には口縁下凸帯がない。

3）墓地の変遷

a．時代的変遷と墓地の造営主体

　永岡遺跡出土甕棺を型式ごとに分けた配置図を図88（巻末折込図）に示した。KⅡa式に属する成人棺SK89およびKⅡa式併行期の乳幼児棺はすべてが墓域の北端に集中している。

　KⅡb式の成人棺は15基を数えるが，墓域の北端近くから第2次調査分すなわち墓域の北半に大半があり，第1次，第3次調査分すなわち墓域の南半に

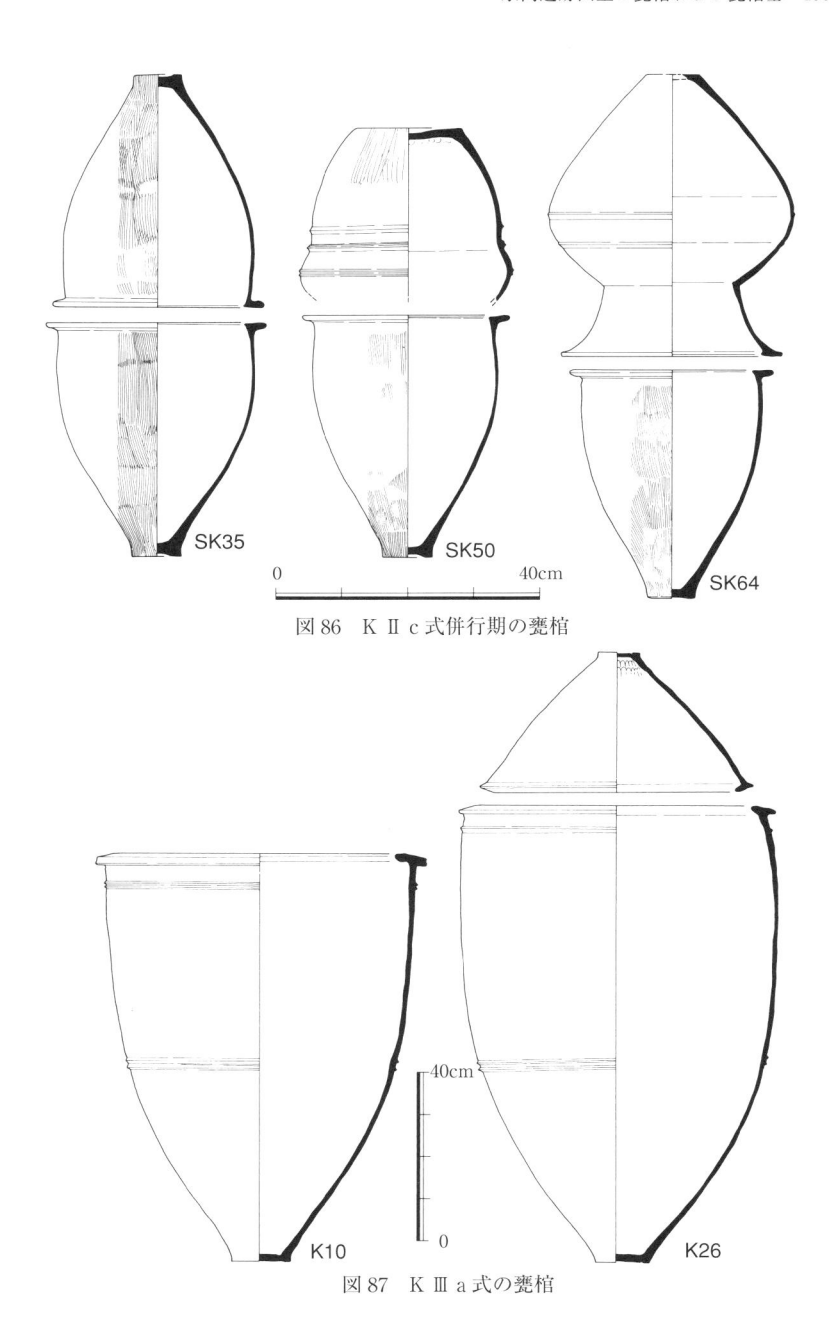

永岡遺跡出土の甕棺および甕棺墓　195

図86　KⅡc式併行期の甕棺

図87　KⅢa式の甕棺

3基ほど分布する。KⅡb式併行期の乳幼児棺は遺跡の北端から墓域の北半に集中しており，1基のみが墓域南端近くにある。

KⅡc式の甕棺は墓域の北半にも散在して分布するが，大半は墓域の南半に集中しているといえる。KⅡc式併行期の乳幼児棺も成人棺と同様の分布を示す。

KⅢa式の成人棺は墓域の南半に2基が存在する。

墓域としては若干広がる可能性もあるが，ほぼ完掘に近い状態といえる。墓地としては木棺墓も合わせ考えると，通常木棺墓は甕棺墓に先行することが一般的であり，永岡遺跡の北半部に分布する木棺墓はKⅡa式もしくはKⅡb式に併行するものと考えられる。したがってまず木棺墓だけで墓地が形成されはじめ，次に木棺墓にKⅡa式の甕棺が加わり，次にKⅡb式の甕棺を主体とし木棺墓が若干残り，さらにはほぼKⅡc式の甕棺で構成され，KⅢa式の甕棺へと継続し，全体的には北側から南側へと墓地は形成されている。しかしながら墓域北端近くの春成のグループ分けした埋葬小群第1群[9]にもKⅡc式の成人棺があり，KⅡa式→KⅡb式→KⅡc式と推移したかにみえ，また春成の埋葬小群第2群，第3群にはKⅡb式の古い形態を示すSK40，SK19などがあり，この部分には木棺も存在し，これを考慮すればここでもKⅡa式→KⅡb式→KⅡc式という順位的な変遷があり，春成のグルーピングもまた有効なものかと考えられる。ところが南半部においてはKⅡb式の甕棺は若干存在するが，KⅡa式の甕棺もしくは木棺墓は存在せず，春成のいう埋葬小群としての第6群，第7群が北半部と同時存在したとは認めがたく，やはり全体的には北から南へと時間的に推移していったと把握すべきであろう。

木棺墓は乳幼児棺との切合関係，祭祀土壙出土の土器から，中期初頭すなわちKⅡa式甕棺と併行する時期に墓地造営が開始され，甕棺墓はKⅢa式の古い形態の段階で終わっている。甕棺の一型式の期間は甕棺に副葬される前漢鏡，後漢鏡などの関係から約30年ほどと考えており[10]，永岡遺跡における墓地造営の期間はおよそ100年前後のものと考える。永岡遺跡においては木棺墓20基，土壙墓12基，甕棺墓153基が発掘されており，成人用甕棺は44基，木棺墓，土壙墓で成人用と考えられるものは25基あり，約70人ほどの大人（若年以上）がほぼ100年間に埋葬されたものといえる。弥生時代には成人に達し

てからの死亡年齢は40歳前後が最も多い[10]。12〜13歳頃すなわち数え年15歳頃に成人の仲間入りをした場合20数年，20歳頃から代替わりするとして20年前後，いずれにしても甕棺の1型式の期間よりも短い期間で世代交代が行なわれたといえる。したがって100年の間には4代〜5代にわたるものと考えられる。この間に未掘部分（第1次調査区と第2次調査区の間，すでに道路で破壊された部分）を考慮して70数人が埋葬されたとして，1世代の大人は15〜20人ほどと想定される。KⅡa式の成人用甕棺は1基，KⅡb式の成人用甕棺は15基，KⅡc式の成人用甕棺は26基，KⅢa式の成人用甕棺は2基となっており，木棺墓と土壙墓を合わせ考えればKⅡa式で成人棺15基前後，KⅡb式で成人棺20基前後とみなされ，時期を追って若干人口が増加した傾向がみてとれる。

　弥生時代には住居数棟が単位集団を構成するのが一般的であって，世帯共同体として認識されている。単位集団すなわち世帯共同体内で，1棟の住居にだれそれが何人住んでいたかという点には具体的に検証するには不明な点が多いが，弥生前期末頃から各住居に貯蔵穴が附属したり，ある住居跡は規模が大きく複数の貯蔵穴を伴い屋内貯蔵穴をもつ例があるなど，格差も生じている[11]。これらのことから考えると，世帯共同体内で各個の住居が自立しつつあるといえる。したがって各住居には自立しつつある単位といえば大人の男女つまり夫婦が生活し，その子供が同居するというのが通常の形態と考えられる。このような居住形態の場合，年長の子供が成人して婚姻関係を結んだ場合には，当時の死亡年齢の平均的年齢からいえば，親もまだ遅い子供を出産，育児している年齢であり，婚姻関係を結んだ子供は別個の住居に独立していったものと考えられる。したがって1棟の住居には夫婦とその子供が居住したと考えるのが最も妥当である。以上のことからいえば1世代すなわち同時に生存した大人が15〜20人ほどとすれば，同時存在の住居は7〜10棟ほどが考えられ，少なくて1個多くて2個の世帯共同体が100年前後にわたって造営した墓地ということができよう。丘陵地帯へと聚落が進出する場合は地形的制約などもあって，1世帯共同体が単位となって分村し，1聚落を形成する例もいくらか存在するが，大きな丘陵もしくは低地においては世帯共同体の複数のまとまりが世帯共同体群として聚落を構成するのが一般的なことからいえば，永岡遺跡の場合は2個

b. 二列埋葬の意味するところ

　北部九州の弥生前期末頃から中期前半頃にかけて，木棺墓，甕棺墓が列状をなして埋葬される墓地が知られており，その典型的なものは二列に並び中間には墓道状の空地が，両側には祭祀土壙が伴い，二列埋葬として注目されてきた。永岡遺跡はほぼ完掘されたことと人骨の保存状態が良好なこともあって，二列埋葬を対象とした研究の好材料としてとりあげられてきた主要な遺跡である。著者自身はこのような課題は不得手な分野ではあるが，さけて通れないと考えるので，あえてこの問題に言及することとした。

　春成秀爾は福岡県甘木市栗山遺跡，永岡遺跡，福岡県春日市門田遺跡の二列埋葬墓地をとりあげ「二列は時間的に併行して形成されており」，「被葬者群を2分する原理が背後にある」，その2分原理は性，年齢，階層的なものとの一致も認められないことから，「それは親族組織上の2分原理をおいて他にはない」が，「しかしそれを双分制社会というには北九州の弥生中期社会には，2つの半族が存在するそれぞれの標章を象徴する形跡が認められない」とし，「1集団内の構成員間の血縁関係の疎密に基づく可能性すなわち一列に墓地を有する集団の出身者を，もう一列に他集団からの混入者を埋葬している」と推定した。さらに「二列埋葬墓地の中にはそれぞれ埋葬小群がある」とし，永岡遺跡の場合は6～7群の埋葬小群に分けた。そして「この小群内では男女が排他的でなく，同数とはいえないまでも，ほぼ近い数字を示し，一方の列に男性が多いときは，もう一方の列には女性が多いという風に相補する傾向がある」とした。また「甕棺の細分型式にして2～3型式の間に永岡の1埋葬小群は10人前後からなるが他は6～8人であり，この埋葬小群は居住集団を構成する世帯と考える」とし，二列埋葬の「それぞれの列には男女ともに含まれていることは，婚入・婚出ともに男女ともに存在し」，すなわちこの社会が一種の選択居住婚であったことを推定し「弥生中期前葉の北九州における選択居住婚は，夫方居住婚の台頭による従来の妻方居住婚の崩壊過程に位置づけることが可能」とした[12]。

　田中良之・土肥直美は春成の前述の提起を受け，栗山遺跡，永岡遺跡の出土人骨の歯冠計測値と頭蓋非計測的小変異を用いたいくつかの形質人類学的方法

によって，春成の論説を検証した。田中・土肥によると，二列ともに血縁者とされるペアが存在し，列間においても認められることから，春成が推定した一列に墓地を有する集団の出身者を，もう一列に他集団からの婚入者をという，すなわち列が出身を表示するという考え方には否定的な見解を示し，婚後居住規定については，男女間に血縁者と推定されるペアが存在すること，また頭蓋非計測的小変異を用いた累積類似度法が比較的高い値を示すことから選択居住婚もしくは妻方に傾いた選択居住婚とした。また甲元眞之による山口県豊浦郡豊浦町中ノ浜遺跡に頭位を異にする2支群のうち一方の支群のみに小児墓が伴うことから，その支群にはその村の出身者が，他の一方には婚入者が葬られたとする分析を参考にして，永岡遺跡の小児棺を伴う成人棺と伴わない成人棺とに分け前者を集落の出身者，後者を婚入者というモデルを設定し，歯冠計測値を用いた血縁者推定法および頭蓋非計測的小変異を用いた累積類似度法の結果から，小児棺を伴う成人棺被葬者がその村に出自をもつ成員であった可能性が強いとした[13]。

いわゆる二列埋葬の列が出自を表示しているものではないことは，一列で列状をなす墓地が存在すること，また三列をなすものもあることから確実といえる。同時に列状埋葬をなす同一遺跡内の同時期の墓地に，佐賀県吉野ヶ里遺跡の墳丘墓もしくは筑紫野市隈・西小田遺跡の方形状の墓域（おそらく本来は墳丘墓であったものと考えられる）を形成し細形銅剣などを副葬するものなどがあり，列状埋葬をなす共同体の一般成員の共同墓地と，墳丘などをもつ首長層の墳墓との間に社会的地位，階層差を示す厳然たる格差が存在することをまずみてとらねばならない。しかしながら，共同体の一般成員が何故列状をなす埋葬法をとるのかはまた別の問題であり，春成，田中・土肥らの問題提起はこの課題に関する研究の一つの方法を示したものとして貴重な成果といえる。

したがってここで田中・土肥らの成果により永岡遺跡の血縁関係をみてみよう。

田中・土肥は図89，90のように東西列別および南北の配置を示す形で図示しているが，SK98，SK99は南北の配置が逆転しており，SK98の配置はSK99よりも南側，春成の埋葬小群第3群に属している。したがって春成の第1群から第3群，第5群，第6群で複数の埋葬小群に入り交じって血縁関係が存在す

ることとなり，永岡遺跡においてはグループ分けするよりもやはり全体的には北から南へと墓地が形成されたと把握するのが妥当である。

いま田中・土肥が列別，南北の配置で図示したものを甕棺の型式にあわせて並びかえると図91，92のようになる。

これからみるとKⅡb式のK9は熟年の男性，KⅡc式のK12は熟年男性であり，年代幅，被葬者の年齢を考慮すると父と息子もしくは叔父と甥という関係，K11（熟年女性），K12（熟年男性），K33（成年女性），K35（成年男性），K36（熟年女性），K38（成年女性）は兄弟姉妹もしくはK9被葬者の甥，姪として従兄弟関係にあるものと考えられ，KⅡc式のK36（熟年女性）とK25（若年，性別不明もしくは女性）との関係は母，娘もしくは叔母，姪の関係，KⅡc式のK38（成年女性）とK4（性別不明，4～5歳の幼児）との関係はK4がK12（熟年男性）とも関係があることからいえば母子，もしくは叔母という関係を推定できる。K38とK33の被葬者は姉妹もしくは従姉妹という関係が考えられることから，K4の幼児は血縁者（叔母の可能性が強い）であるK33に付随する形で埋葬されたとも推定できよう。

第2次調査分においてはKⅡb式のSK15（成年女性）とKⅡc式のSK100（若年男性）は母と息子もしくは叔母，甥の関係，KⅡb式のSK55（熟年女性）とKⅡc式のSK97（熟年男性）は母と息子もしくは叔母と甥，KⅡb式のSK55とSK92（性別不明，5～6歳の幼児）は母と子もしくはSK55はSK92の叔母，SK92とKⅡc式のSK97は兄弟もしくは従兄弟の関係が推定される。SK92はさらにKⅡb式のSK98（成年男性），SK99（成年女性）とも強い関係にあり父，母もしくは叔父，叔母の関係が推定できる。KⅡb式のSK98（成年男性），SK99（成年女性）はKⅡc式のSK49（成年女性）との間に強い関係があり父，母，娘もしくは叔父，叔母，姪の関係が推定される。またSK98とKⅡb式併行期のSK101（性別不明，4～5歳の幼児）は強い関係にあり，SK99とSK101は比較的強い関係にあり，SK101はKⅡc式のSK49と比較的強い関係にあり，SK98，SK99とSK101は父，母，子もしくは叔父，叔母，甥または姪，SK101とSK49は兄弟または従兄弟という関係が推定できる。KⅡb式のSK55（熟年女性）とSK98（成年男性）との間にも強い関係があり，SK99とSK98との間には比較的強い関係が存在する。

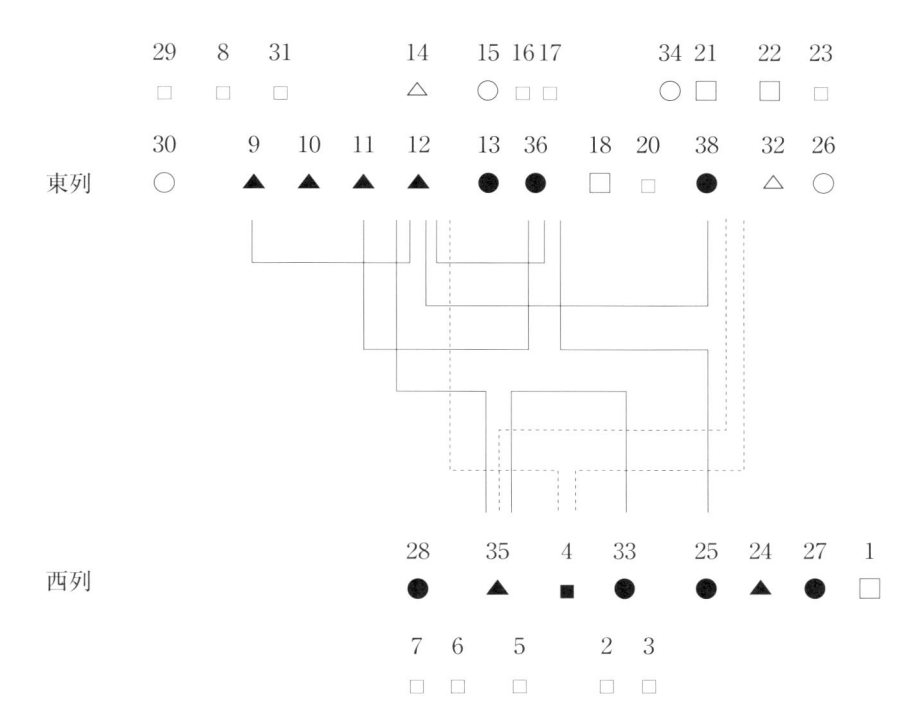

```
            29   8  31        14   15 16 17     34  21    22  23
                 □   □   □         △    ○  □  □      ○   □    □   □

            30       9   10  11  12   13  36   18   20   38   32   26
東列          ○      ▲   ▲   ▲   ▲    ●   ●    □    □    ●   △    ○
```

```
            28   35   4   33    25   24   27    1
西列          ●   ▲   ■   ●     ●   ▲    ●    □

             7    6   5         2    3
             □    □   □         □    □
```

△ 成人男性　○ 成人女性　□ 性別不明成人・若年　□ 幼〜小児
（ベタは分析に使用した個体）

図89　歯冠計測値を用いた血縁者推定法による永岡遺跡被葬者の血縁関係（1次調査分）

　以上のように墓域の広範囲にわたって血縁者の可能性が高い関係が存在し，埋葬小群が認められないとすると，かなり血縁関係の強い親族集団を主体とした墓地であると考えられ，さきにみた2個の世帯共同体からなる集落の100年前後にわたる墓地とする推定は妥当なものと考えられる。

　栗山遺跡の場合は春成のグループ分けしたA2群，A3群の間には明らかに空閑地がありグループ分けは可能と思われるが，田中・土肥によるとこのA1群，A2群，A3群の間で血縁関係の強い被葬者が存在し，永岡遺跡同様血縁関係の強い親族集団を主体とした墓地であるといえる。栗山遺跡ではグループ分けはできるようであるが，発掘面積がせまく墓域の全容を把握するには若干無

202　Ⅱ　甕棺をめぐる諸問題

東列　●49　■101　▲97　■100　▲98　●99

西列　●15　■92　▲90　●55

▲ 成人男性　● 成人女性　■ 性別不明若年　■ 幼〜小児

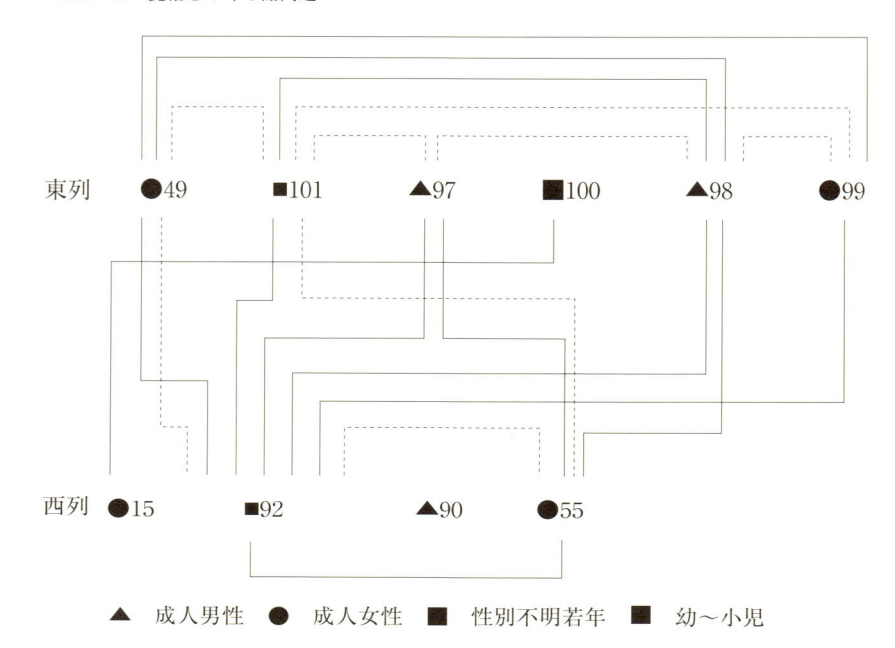

図90　歯冠計測値を用いた血縁者推定法による永岡遺跡被葬者の血縁関係（2次調査分）

KⅡb式　　▲K9
　　　　　熟年

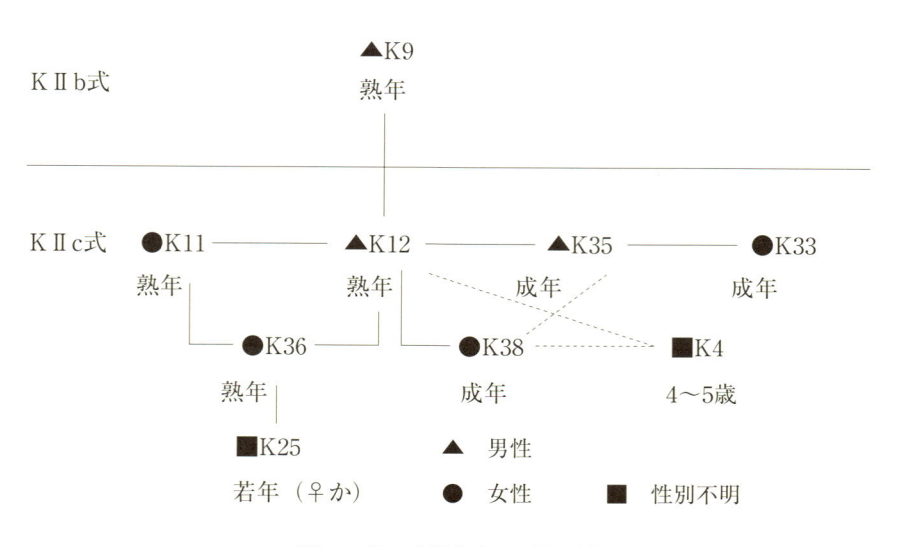

KⅡc式　●K11　　　▲K12　　　▲K35　　　●K33
　　　　熟年　　　　熟年　　　　成年　　　　成年
　　　　　　　　●K36　　　●K38　　　■K4
　　　　　　　　熟年　　　　成年　　　　4〜5歳
　　　　　　　　■K25
　　　　　　　　若年（♀か）　▲ 男性　● 女性　■ 性別不明

図91　第1次調査分の血縁関係

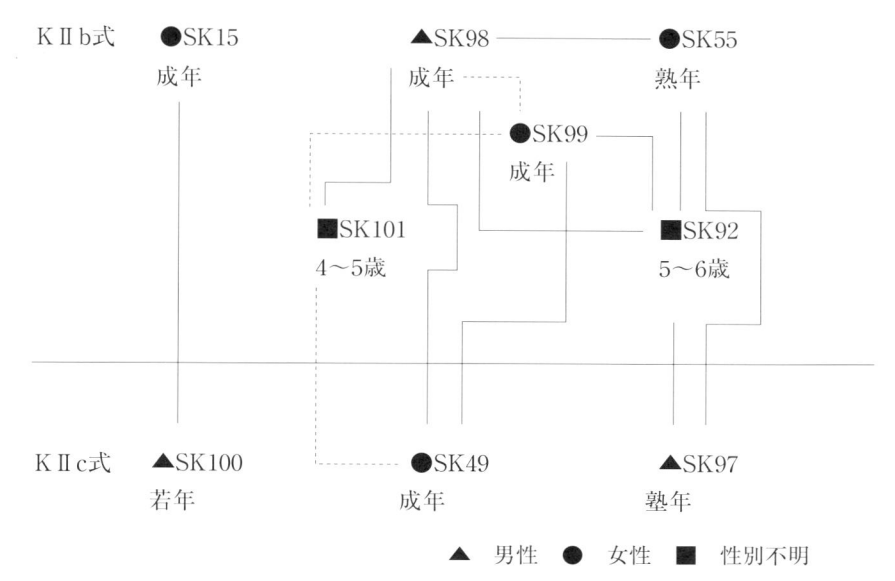

```
KⅡb式    ●SK15          ▲SK98──────────●SK55
         成年            成年                    熟年
                                    ●SK99
                                    成年
                    ■SK101              ■SK92
                    4～5歳              5～6歳

KⅡc式   ▲SK100         ●SK49              ▲SK97
        若年           成年                塾年
```

▲ 男性　●　女性　■　性別不明

図 92　第 2 次調査分の血縁関係

理な点もあるように思われる。

　以上は田中・土肥の形質人類学的方法を用いた血縁関係推定法に拠っており，考古学者には検証し得ない側面もあり，この点に関しては形質人類学者との共同研究による今後の検証がまたれるところである。春成は弥生中期前葉における北部九州における選択居住婚は夫方居住婚の台頭により従来の妻方居住婚の崩壊過程に位置づけられるとし，田中・土肥は選択居住婚もしくは妻方に傾いた選択居住婚と位置づけているが，著者は前期末には首長権が成立し，中期前葉の福岡市金隈146号甕棺に埋葬された6歳前の小児にゴホウラ製貝輪が伴ったことから世襲的要素の出現を推定した[14]。このことからいえば細形銅剣，矛，戈，多鈕細文鏡などを副葬し，ゴホウラ製貝輪を着装した被葬者が出現する，すなわち首長層が出現した前期末の段階で基本的には母系制から父系制へと移行しているものと考えている。以上の点をも含めて今後の課題としたい。

　さて二列埋葬の列が出自を表示したものでないとすれば，他にどのような意味を持つのであろうか。一つにはさきにみたように首長層の墳墓ではなく，一

般成員の共同墓地であることがあげられる。前期末にはすでに首長層は成立しており[15]，この点からいっても首長層と一般成員との間に埋葬形態の差が存在することは当然といえる。また列状埋葬の消滅する中期後半には三雲南小路，須玖岡本，立岩堀田などの副葬品を多量にもつ被葬者が出現している。前期末に成立した農業共同体は各水系ごとの地縁的結合の共同体であって，その後熾烈な衝突，抗争をくりかえしながら，さらに広域の地域的まとまりへと統合していく過程が中期前半から中期後半への時期であり，中期後半頃には末盧国，伊都国，奴国などで示される領域は基本的には成立しており，これらの盟主的首長が三雲南小路，須玖岡本などの甕棺内被葬者であることは明らかである。列状埋葬が前期末から中期前半に存在し，中期後半には消滅していることと時間的に符合していることからもこの点は補強される。

　前期末～中期前半は土地争い，水争いによる聚落間の戦闘が最も激しく行なわれた時期であり，また墓地の占地にも永岡遺跡では埋葬小群というグループ分けは否定したが，広域に調査された吉野ヶ里遺跡，隈・西小田遺跡などでは全体的にみれば首長および共同体からの一定の規制が働いているとはみてとれるものの，それでもなお中期後半以降に比較してまず土地利用の面において大らかさが存在する。つまりまだ利用できる土地が広大であったことから列状をなして面的に拡大できたものと考えられる。中期後半以降の土地利用には規制が強化され，さらに墓域が限定されることによって甕棺が密集して埋葬され，限定された墓域内では甕棺だと棺同士が切り合うわけにいかず，次第に土壙墓などの他の埋葬法を求めざるを得ず，甕棺葬終焉の方向に進んだものと考えられる。

　永岡遺跡においては埋葬小群は存在しないものと考えられるが，列状をなす埋葬遺跡を大局的にみれば世帯共同体を単位とする墓域の規制は存在し，墓域にはまた大小があり，墓地を構成した聚落の大小をも表わしている。また最も大きな墓域は首長層が居住した拠点聚落の造営したものと考えられるが，首長層はその共同墓地には埋葬されず，突出して別区画の墓域に墳丘墓などを営んだものと考えられる。前期末に成立した農業共同体は水系を単位として新たに作り上げられた地縁的結合の共同体であるが，それを構成する各聚落は永岡遺跡，栗山遺跡でみられたように血縁的紐帯で強く結ばれた親族集団からなって

いた。

4）弥生時代における戦闘を示す好資料
―― 銅剣嵌入人骨，外傷例など ――

　第1次調査において出土したK10人骨の前額部から右眼窩上壁に達する大きな傷痕があり，しかも治癒機転の営まれた形跡もあり，右橈骨下端骨折の痕跡も認められた。他の人骨にも骨折，下顎関節異常などいくらかの痕跡が認められ[16]，発掘，整理の時点からきわめて強い関心を抱いていた。幸いにも第2次調査にも関係するところとなり，銅剣切先の嵌入した人骨などの発掘に第1次調査に引き続き立ち会うことができた。著者は弥生前期後半から中期前半に流行した副葬の一形態と考えられていた棺内出土の石剣，銅剣などの切先例を，福岡県嘉穂郡穂波町スダレK3人骨の第2胸椎右側椎弓板に嵌入した石剣を1975年に調査して以来，これらが副葬品ではなく，人を殺傷に及び刺突時のショックによって折損し人体内に残ったものと認識し類例の収集に努めてきた[17]。スダレK3人骨例に加え，永岡遺跡第2次調査では銅剣切先嵌入例2例が出土し，銅剣が実用の武器であったことを証明することとなった。第1次，第2次調査人骨の銅剣切先嵌入例，外傷例を取り上げ，弥生中期前半における戦闘を示す実例について若干説明を加えたい。各々の形質人類学的所見については中橋孝博が詳細な観察を行なっているので参照されたい。

　K10はKⅢa式の成人棺で被葬者は熟年の男性である。発掘時の所見では前額部から右眼窩上壁に達するかなり大きな傷があり，眼窩上壁には一部骨の癒合が認められ，さらに右橈骨下端骨折の痕跡もあった。前額部の傷は細形銅剣，矛，戈などによる斬傷痕，刺突痕ではなく，もう少し刃部に厚みのある利器による傷痕という感じを受けた。鈍器でないことは明らかであるが，いまこの傷がいかなる利器によるものかにわかには決め難い。

　K32はKⅡc式の成人棺で被葬者は熟年の男性である。この人骨の左橈骨下端に骨折痕が認められた。

　K9はKⅡb式の成人棺で被葬者は熟年の男性である。この人骨の右第2中手骨に強度の変形治癒骨折例が認められた。

　SK95はKⅡb式の成人棺で被葬者は熟年の男性である。この人骨の右腸骨

稜・上前腸骨突起のほぼ直下に青銅利器切先が右外側やや下方より斜め上方へと刺突された状態で陥入していた。発掘時の所見では残存長 14mm，幅 13mm，厚さ 2.5～3mm をはかり，この青銅利器が細形銅剣の切先であると考えられた。中橋はこの銅剣切先の周囲に少し骨増殖が認められるとしており，これが致命傷ではなかったことを示している。またこの人骨は保存状態はあまりよくはなかったが，頭蓋の部分が当初からなく，発掘時にも頸を切られた可能性を考えたが，その時点（1980年）では類例がなく慎重にならざるを得なかった。今日では福岡県小郡市横隈狐塚遺跡で後期初頭の甕棺内人骨に確実に頸を切られた傷痕があり[18]，永岡遺跡と同時代の筑紫野市隈・西小田遺跡，佐賀県吉野ヶ里遺跡では頭骨だけを小形の甕棺つまり通常の乳幼児棺に埋葬した例があり，SK95 人骨例も埋葬時点から頸のなかった可能性が強い。

　SK100 は K Ⅱ c 式の成人棺で被葬者は若年の男性である。この人骨の左仙腸関節部に細形銅剣が後方から刺突され，仙骨左外側部に切り込み，ほぼ仙腸関節の後端の位置に丁度関節を跨ぐ形で 6mm ほど先端が突き出ている。残存長は 53mm を測る。人骨を取り上げると左大腿骨頭部付近から磨製石剣の切先が出土した。磨製石剣は凝灰岩質で残存長は 135mm，幅 33mm，厚さ 10mm を測る。棺内出土の切先例の中で 15cm 内外のものと，5cm 前後以内のものとが存在するが，刺突の際骨に突き刺さったものはショックで短く折れ，腹部貫通など骨にあたらなかったものは 15cm 内外で折れたものと考えている。したがってこの石剣例はおそらく腹部に刺突されたものと考えられる。中橋の観察では骨が保存不良なため治癒機転の有無は確認することは困難だとされるが，おそらくは銅剣，石剣を同時に刺突され即死に近いものだったと考えられる。

　SM11 は木棺墓であるが，第 2 次調査区の中央部のやや南側に寄った位置にある。この木棺墓には人骨は残存していないが石剣の切先が出土した。石剣は粘板岩質のもので先端がつぶれており，残存長 132mm，幅 37mm，厚さ 8～9mm を測る。棺内出土の石剣切先および石鏃などで先端のつぶれた例は多く，この石剣も人体に刺突された際につぶれたものと考えられる。

　K10，SK95，SK100 の被葬者の傷および銅剣切先嵌入例は弥生時代に戦闘の行なわれたことを示す確実な例といえる。SM11 の切先例も人体に刺突されたことは明らかであろう。また宝器，非実用品と考えられることの多かった細形

銅剣, 矛, 戈が実用の武器であった確実な証拠を提供したものであり, 重要な成果であったといえる。

橈骨下端骨折, 中手骨骨折が戦闘における傷か否かについては決め手はないが, 可能性も含めて説明を加えた。

これらの棺内から剣切先などとともに完形品の武器が同時に出土する例がいくらか知られている。これらについては戦闘において果敢に戦い, 敵から剣などで刺されて死に至った被葬者の栄誉をたたえてその武器が副葬されたものと考えられる。また切先を欠失した銅剣, 石剣などを副葬した甕棺, 木棺などもあるが, この場合はこの被葬者は加害者であると同時に被害者でもあったと考えられる。つまり戦闘によって切先を相手（被害者）の体内に刺突した加害者の側も, 同時に瀕死の重傷を負って死に至り, その栄誉をたたえられてその武器が副葬されたものであろうと考えている。したがって将来, 切先と基部が合致するものが出土し, いずれの聚落間で戦闘が行なわれたか明らかになる場合があると考えている。加害者が無傷もしくは軽傷の場合は切先を欠いた銅剣, 石剣などは当然のこととして研ぎ直されるものと考えられる。以上の観点から細形銅剣, 矛, 戈などを見直すと, 研ぎが加えられ先端が菱形を呈するもの, 短くなったり, 身幅が狭くなったりしたものがかなり多い。この点については機会を改めて論じてみたいとは思っている。

弥生時代前期後半から中期前半を中心とした甕棺, 木棺墓などからの切先出土例とその背景および土地争い, 水争いを通じて首長権が確立されていく過程は別稿で論じている[19]のでここでは割愛したい。参照していただければ幸いである。

註
（1） 福岡県教育委員会『福岡南バイパス関係埋蔵文化財調査報告』第4集, 1976年
　　 福岡県教育委員会『福岡南バイパス関係埋蔵文化財調査報告』第5集, 1977年
（2） 筑紫野市教育委員会『永岡遺跡』筑紫野市文化財調査報告書第6集, 1981年
（3） 春成秀爾「弥生時代九州の居住規定」国立歴史民俗博物館研究報告第3集, 1984年
（4） 田中良之・土肥直美「二列埋葬墓の婚後居住規定」永井昌文教授退官記念論文集『日本民族・文化の生成』1988年

(5) 橋口達也「Ⅲ－2－(2)－A　甕棺」福岡県教育委員会『九州縦貫自動車道関係埋蔵文化財調査報告』ⅩⅩⅤ，1978年
(6) 福岡県教育委員会『九州縦貫自動車道関係埋蔵文化財調査報告』ⅩⅩⅩⅠ　中巻，1979年
(7) 福岡市教育委員会『史跡金隈遺跡』福岡市埋蔵文化財調査報告書第123集，1985年
(8) 橋口達也「甕棺の編年的研究」福岡県教育委員会『九州縦貫自動車道関係埋蔵文化財調査報告』ⅩⅩⅩⅠ　中巻，1979年
(9) 春成秀爾「弥生時代九州の居住規定」国立歴史民俗博物館研究報告第3集，1984年
(10) 橋口達也「甕棺の編年的研究」福岡県教育委員会『九州縦貫自動車道関係埋蔵文化財調査報告』ⅩⅩⅩⅠ　中巻，1979年
(11) 橋口達也「聚落立地の変遷と土地開発」岡崎敬先生退官記念論文集『東アジアの考古と歴史』中，1987年
(12) 春成秀爾「弥生時代九州の居住規定」『国立歴史民俗博物館研究報告』第3集，1984年
(13) 田中良之・土肥直美「二列埋葬墓の婚後居住規定」永井昌文教授退官記念論文集『日本民族・文化の生成』1988年
(14) 橋口達也「聚落立地の変遷と土地開発」岡崎敬先生退官記念論文集『東アジアの考古と歴史』中，1987年
　　　橋口達也「クニの成立と青銅器の生産・流通」『季刊考古学』27，1989年
　　　橋口達也・折尾　学「小児骨に伴ったゴホウラ製貝輪―福岡市金隈出土146号甕棺の調査―」『九州考古学』47，1973年
(15) 橋口達也「聚落立地の変遷と土地開発」岡崎敬先生退官記念論文集『東アジアの考古と歴史』中，1987年
　　　橋口達也「クニの成立と青銅器の生産・流通」『季刊考古学』27，1989年
(16) 永井昌文「出土人骨について」福岡県教育委員会『筑紫野市所在永岡甕棺遺跡』（本文編）　福岡南バイパス関係埋蔵文化財調査報告第5集，1977年
(17) 穂波町教育委員会『スダレ遺跡』穂波町文化財調査報告書第1集，1976年
(18) 小郡市教育委員会『横隈狐塚遺跡』Ⅱ－下巻　小郡市文化財調査報告書第27集，1985年
(19) 橋口達也「聚落立地の変遷と土地開発」岡崎敬先生退官記念論文集『東アジアの考古と歴史』中，1987年
　　　橋口達也「クニの成立と青銅器の生産・流通」『季刊考古学』27，1989年

III 弥生時代年代論

1 弥生文化開始期における東アジアの動向

1) はじめに

　弥生文化は，大陸・朝鮮半島からの影響すなわち外的要因と，縄文文化の中からの内部的発展という二つの要因が緊密にからみあって成立したものである。この二つの要因のいずれに重点を置くかは研究者によって見解が異なるところであるが，弥生文化を規定する最も重要な要素である水稲耕作をはじめ，農耕具・支石墓など大陸・朝鮮半島にその源流を求め得るものが多いことなどから，外的要因に重点を置く研究者が多い。しかしながら縄文後期後半～晩期にかけて，土掘り具と想定される扁平打製石斧が急増するなど，原始的・萌芽的農耕が存在し，かつそれが発展しつつあったという内部的条件の醸成によって，体系化された水稲耕作を受け入れる素地が形成されつつあった。したがって弥生文化とは，縄文後・晩期以来の原始的・萌芽的農耕の発展を土台とし，縄文後・晩期以後徐々に朝鮮半島からの先進的文化の流入があり，それを在来的要素と融合させながらつくりあげた日本独自の文化であり，弥生文化の成立については主体は内部的条件の発展であり，外的要因は従であったと著者は考えている。しかし内部的発展と外的要因いずれにも正当に眼を向けて評価すべきであることはいうまでもない。

　本章では弥生文化開始期前後の東アジアの動向ということで，外的要因すなわち大陸・朝鮮半島の状況も念頭に置いて，弥生文化を規定する大きな要素であるコメ・金属器などの問題を取り上げてみたい。

2）日本へのコメの伝播ルート

　弥生文化を規定する最も重要な構成要素は水稲耕作である。稲作はかつて夜臼式以前に遡るか否かの長い討論を経てきたが，福岡県板付，佐賀県菜畑，福岡県曲り田遺跡などの近年の調査から，今日では弥生早期の段階で稲作が行なわれたことは異論のないところとなっている。さらに最近では縄文中・後期のイネの存在も話題にあがっている。弥生早期のいくらかの遺跡では著者の分類による縄文晩期Ⅵ式の土器が少量ながら確認されており，熊本県ワクド石，北九州市長行遺跡などでは晩期Ⅵ式の土器にコメ・籾痕のあるものが存在している。以上のことからみて縄文中・後期のコメは存在自体は比定できないものの，体系化された水稲耕作の開始は弥生早期からであり，直前の晩期末（晩期Ⅵ式）までは遡りうる可能性をもっていると考える。

　弥生早・前期の炭化米・籾圧痕はその計測値からみてすべて短粒米であり，日本においては稲作開始当初から短粒の日本型のコメが栽培されていた。

　韓国においては無文土器時代の欣岩里遺跡12号住居跡からコメ・麦・コウリャンが，14号住居跡から炭化米が，松菊里遺跡54－1号住居跡からは多量の炭化米が，松菊里および大坪里遺跡などから籾圧痕土器などが出土している。最近の調査でも同時代の籾圧痕土器などは類例を増しつつある。朝鮮民主主義人民共和国においては，無文土器時代前期に属する平壌市南京遺跡36号住居跡から炭化したコメ・粟・コウリャン・大豆・黍などが出土し，朝鮮半島南部はもちろんのこと，西北部をも含めて無文土器時代初期から稲作が行なわれていたことは明らかである。これらの炭化米・籾圧痕は最近発掘の例をも含めてすべて短粒の日本型のものであり，日本の稲作と朝鮮半島の稲作は同一の起源をもち，朝鮮半島西・南部を経て北部九州へと伝播したことを示す一つの証拠といえる。では朝鮮半島へはどのようなルートを通じて稲作が伝えられたか，議論の分かれるところであるが，重要な課題といえる。

　コメの伝播ルートとしては従来から，①南方ルート，②江南ルート，③北方ルートが唱えられている。江南地方から南西諸島を経て九州に伝わるという南方説および江南地方から直接朝鮮半島および北部九州へ伝播したとする江南ルート，とくに後者については支持者は多いが，可能性はきわめて少ないと考え

られる。というのは長江流域には日本型（ジャポニカ）・インド型（インディカ）両者のコメが存在し，そこから直接に来たならば朝鮮半島においても九州においてもインド型のコメが存在してもいいはずであるが，現在出土しているものはすべて日本型のコメである。したがって中国新石器時代の仰韶期，竜山期を経て長江流域から華北へともたらされ，寒冷地にも適するように一定の訓育を受けて品種改良を加えられた日本型のコメが山東半島方面から南京，欣岩里などの朝鮮半島西部に伝えられたとするのが現在考えられる最も妥当なルートであろう。南京遺跡は現在知られている朝鮮半島初期稲作の北限であるが，藤口健二は気候・植性・土壌・近現代における作物の生理と栽培状況から朝鮮半島西北部は自然条件の上からも稲作可耕地であり，南京遺跡の炭化米も水稲の可能性を否定できないとしている。町田章が近年山東半島から遼東半島を経て南京遺跡など朝鮮半島西北部への伝播を考えているが，以上の考え方と別に矛盾するものでもない。真夏日，雨量など水稲耕作を規定する自然条件なども含めて今後の検討が望まれる。

3）青銅器

北部九州では弥生前期末頃に細形銅剣，銅矛，銅戈などの武器および多鈕細文鏡などが甕棺などから副葬品として出現する。その後，青銅器は武器，祭祀品として用いられ，弥生時代を象徴する遺物の一つとして知られている。さて甕棺などから出土する副葬品ではないが，現在のところ日本における青銅器の初現は福岡県宗像郡津屋崎町今川遺跡出土の有茎両翼式銅鏃と遼寧式銅剣の茎を再利用した銅ノミがあり，弥生前期初頭の板付Ⅰ（古）式の包含層中からの出土である。弥生早期から中期前半頃に対応する朝鮮半島における青銅器を中心とした副葬遺物の組合せをみると，次のように大まかに把握できる。

(1) 　遼寧式銅剣，磨製石剣，有茎の柳葉形磨製石鏃に加えて丹塗り磨研壺がセットとなる松菊里，鎮東里など

(2) 　細形銅剣，多鈕粗文鏡のほかに防牌形銅器，剣把形銅器など，無茎式の磨製石鏃に円形粘土帯土器，黒色磨研の長頸壺がセットになる大田槐亭洞，牙山南城里，禮山東西里，扶餘蓮花里，清州飛下里，沿海州イズヴエストフ丘など

212   Ⅲ　弥生時代年代論

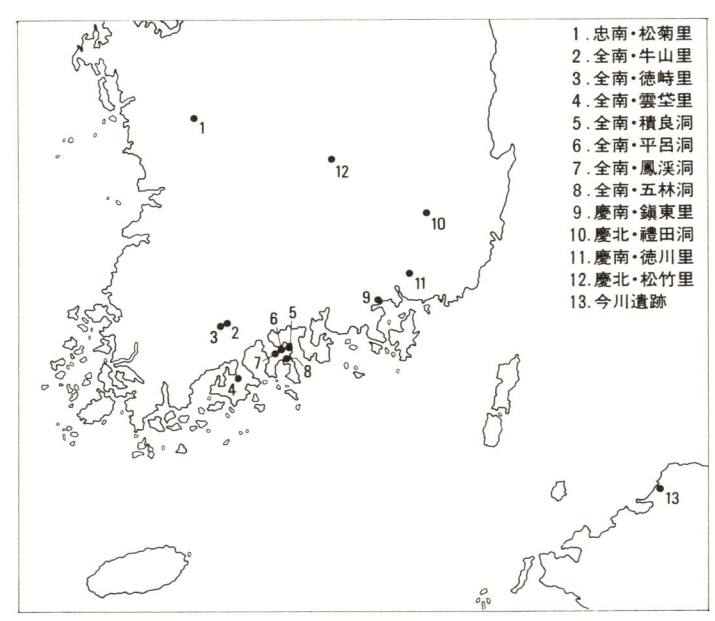

図93　朝鮮半島南部における遼寧式銅剣の出土分布

(3)　細形銅剣，銅矛，銅戈，多鈕粗文鏡，多鈕細文鏡などのほか，銅ノミ，銅鉇に加えて黒色磨研長頸壺のやや退行型式のものがセットになった扶餘九鳳里など

(4)　細形銅剣，多鈕細文鏡，銅鉇，銅斧，鉄斧などがセットになる黄海道鳳山松山里，和順大谷里など

　先述した弥生前期末頃出現する細形銅剣，銅矛，銅戈，多鈕細文鏡などは(4)の鳳山松山里，和順大谷里などの副葬遺物の組合せと基本的には同じであり，これらを北部九州の前期末～中期前半頃に対応させてよい。円形粘土帯土器は曲り田遺跡で板付Ⅰ（新）式に伴うと考えられるものが出土しており，日本側ではこれが上限で多くは前期末～中期初頭に集中している。また無茎の磨製石鏃は金隈遺跡，中・寺尾遺跡などで前期後半の甕棺から出土している。したがって(2)の大田槐亭洞などの副葬遺物の組合せは板付Ⅰ（新）式～板付Ⅱ式に対応するものと考えられる。(1)は今川遺跡出土の銅鏃，遼寧式銅剣の茎を再利用したノミなどの例から板付Ⅰ（古）式以前に対応するものと考えられ

弥生文化開始期における東アジアの動向　213

る。以上のことから著者の弥生時代推定年代から，(1)は紀元前300年頃以前，(2)は紀元前3世紀前半頃，(3)は紀元前3世紀後半頃，(4)は紀元前2世紀初頭～中頃に，北部九州との対比からその下限を推察できる。

　北部九州では(4)の細形銅剣，多鈕細文鏡，銅鏃などの副葬遺物の組合せは前期末頃に出現し中期前半頃にみられるが，これより古い(1)，(2)，(3)の副葬遺物の組合せは北部九州で将来的に出土し得るだろうか。とくに遼寧式銅剣の出土はあり得るのか，いま著者は非常に強い関心をいだいている。遼寧式銅剣に共伴する有柄式磨製石剣，有茎式の柳葉形磨製石鏃は，弥生早期～前期初頭の支石墓，木棺墓などの副葬品として知られており，今川遺跡では銅鏃および再利用したものとはいえ遼寧式銅剣の茎を用いたノミがある。一方，韓国全羅南道，慶尚南道ではすでに南端の沿岸部まで遼寧式銅剣が分布している。このような状況からいえば，それはいつ北部九州に流入してもよく，早期～前期初頭頃の墳墓の副葬品として出土してもおかしくはないといってもいいかもしれない。しかしながら著者は遼寧式銅剣はもちろんのこと，多鈕粗文鏡を共伴する細形銅剣の段階までは，それらが北部九州で副葬品として出土する可能性は少ないものと考えている。その最も大きな理由は，稲作開始後の生産力の発展を主要因として引き起こされる土地争い，水争いが早期末～前期初頭頃にはすでに生じていたとはいえまだそれほど激しくなく，集落間の戦闘行為が激化したのは前期後半頃以降であって，まだ優秀な武器の入手にそれほど必要性を感じていなかったものと考えている。

　ただ同じような視点で韓国の無文土器時代前半期を見てみると，遼寧式銅剣，有柄式磨製石剣などで研ぎ直されて変形したものがかなり存在している。全羅南道昇州郡牛山里支石墓群8号墓出土の遼寧式銅剣は特に先端部に研ぎ直した痕跡が明瞭であり，38号墓出土品も含めて，何回か破損し研ぎ直しを加えて現状にまで変形した様子がうかがえる。

　以上のことから，北部九州の弥生前期後半～中期前半に生じた分村，それに起因する集落間の戦闘と同様の現象が韓国においても稲作開始後，無文土器時代前半期すなわち支石墓が墓制の主体であった頃存在し，これらの戦いを経て，例えば松菊里石棺墓の被葬者などに示されるような首長層の出現もあったものと著者は推察した。その段階では予察ということに留めておいたが，最近慶尚

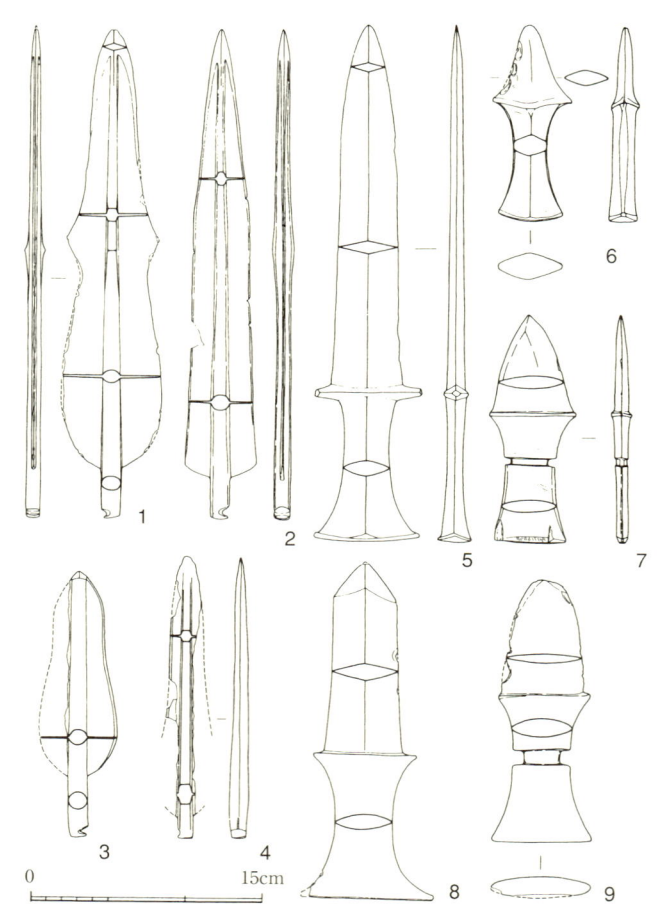

図 94　遼寧式銅剣と磨製石剣および研ぎ直されて変形したもの
1・5：松菊里石棺墓　2：慶南・義昌郡鎮東里　3：全南・昇州郡牛山里 8 号支石墓
4：同，牛山里 38 号支石墓　6：忠北・忠州市丹月洞　7：京畿・華城栗岩一里
8：慶南・晋陽大坪里　9：慶北・慶州市

南道昌原郡徳川里遺跡では 56 × 17.5m の L 字状に残る石組みとその外側には板石の石敷きで墓域を画した支石墓が発掘されている。おそらくは長方形の墳丘墓と考えられるが，その墓域内には 1 基の支石墓しかなく，首長個人の突出した墳墓といえる。北部九州でいえば須玖岡本，三雲南小路などの墳墓に対比

されよう。そしてこの支石墓群の中で16号石槨墓からはかなり変形した遼寧式銅剣が出土しており，さらに特筆されるべきことは，11号石槨墓から大腿骨と骨盤，上腕骨など各部位の人骨が出土したが，その残存状態はよかったにもかかわらず，頭骨，歯の痕跡が見出せず，調査者の李相吉も頭骨のなかった可能性を指摘している。

　現在北部九州では頭部がなく首を切られたもの，切られたと考えられるもの，または首だけを乳幼児用の小形甕棺に納めたものなどが類例を増しつつあり，明らかに戦いの一環として首狩の風習があったことが確認されている。したがって著者がさきに韓国無文土器時代前半期に土地争い，水争いがあり，これらの戦いを経て首長層が出現すると予察しておいたことはほぼ確実なものといえるのではなかろうか。さらに首長層の発展は個人が突出するにいたるまで階層分化が進んでいたことを徳川里1号支石墓の例は示している。

　以上のことに関連していうならば，近年発見が相次いでいる検丹里遺跡例などの韓国の環濠集落も，土地争い，水争いなどの戦いの反映として防禦施設として出現するのは北部九州と同様である。北部九州に先だって韓国側に環濠集落が存在するからといって，弥生文化の開始とともに聚落形態として北部九州に伝来したとする議論には納得できない。稲作開始後，生産力の発展による集落の増大，水田可耕地の開発などによって必然的に土地争い，水争いが引き起こされてくるが，それまでには一定の時間を要している。したがって環濠の役割を第一義的に防禦施設と考えるならば，土地争い，水争いが開始されることを契機として環濠が設けられるのであって，知識としては知っていたとしても，集落形態として弥生文化開始と同時に伝来してきたものと考えるべきではない。

4）鉄　　器

　日本では稲作の開始つまり弥生文化成立当初から鉄器が導入され，使用されている。たとえば弥生早期の福岡県二丈町石崎曲り田遺跡からは板状鉄斧の頭の部分と考えられる鉄器片が，前期初頭の熊本県斎藤山遺跡からは鉄斧の刃部片が出土している。これらは鉄鉱石原料の鍛造品であると分析されている。斎藤山の鉄斧はその形状から鋳造品ではないかとの疑問が当初から出されてはい

るが，一応分析結果に基づいて鍛造品と考えると，曲り田，斎藤山ともに紀元前4世紀～紀元前3世紀前半のものであり，中国の戦国時代に相当する。

朝鮮半島での鉄器使用の開始については，朝鮮民主主義人民共和国の研究者のなかには紀元前8～7世紀に求める見解もあるが，戦国時代の中国との関連のなかで朝鮮半島の鉄器使用の開始をとらえるのが一般的である。慈江道渭原龍淵洞の鉄器にみられるように鉄矛，鉇，鏃などをのぞき，斧，鎌，穂摘具，鍬，鋤は鋳造品であり，明刀銭を伴っており戦国燕の鉄器文化の影響，接触のなかで流入，成立したと考えるのが妥当である。

朝鮮半島においては南北ともに初期の鉄器は鋳造鉄器が主流を占めており，このような状況からすると，日本でも鋳造鉄器が主流を占めるべきではないかという疑問が出てくるのは当然である。ところが戦国期の中国には鋳造鉄器を主体とする華北の鉄器文化と，武器を中心として鍛造品が存在する江南の鉄器文化が存在している。朝鮮半島南部の鉄鉱石は含チタン磁鉄鉱，優秀品質の砂鉄であるとされ，江南の鉄器を受け入れる可能性は強いといえる。

曲り田，斎藤山の鉄器はともに朝鮮半島南部からもたらされたものと考えられるが，朝鮮半島にも戦国燕の鉄器文化のみならず，西南部では江南の鍛造品を含む鉄器文化がもたらされていたことは現状では資料が少なく不明な点もあるが，まちがいないものと考えられる。すなわち江南→山東半島→朝鮮半島西南部→北部九州という稲作の伝播経路と同じ経路で曲り田などの鉄器は伝来されたものと考えられる。

ところで最近，山口県豊浦郡豊浦町山の神遺跡では前期末の鉄鋤先，北九州市八幡西区中伏遺跡では中期初頭の鉄斧などの鋳造鉄器が出土し，また福岡県朝倉町上の原遺跡では鋳造鉄斧の破片利用の鉄器が多く出土している。これらは朝鮮半島で主流を占めている鋳造鉄器が出土し始めたということで，北部九州における初期の鉄器をさらに理解しやすいようにするとともに，これらの鋳造鉄斧は製品としてもたらされたと同時に，鉄素材としても用いられたのではなかろうかと著者は考えている。

2 弥生時代の年代論──甕棺と副葬品──

1) はじめに

　弥生時代の年代を推定する方法としては，放射性同位元素炭素14の半減期を利用した年代測定法，年輪年代測定法などの理化学的方法と，考古学的方法がある。炭素14測定法は開発以来現在まで数多く行なわれている。弥生時代のものでは考古学的に推定されている年代ときわめて近い数値がでている場合もあるが，層位とは逆転した数値が出る例があるなど，まだその成果の使用に慎重を期す必要がある。しかし旧石器時代，縄文時代の古い段階では多く利用されその成果にも信頼が置かれているようである。年輪年代測定法は日本では比較的近年に開発されたもので，スギ，ヒノキなどの針葉樹の年輪形成を用いた方法で木材，木器に樹皮下の辺材部が残っていた場合は木の伐採年が特定できるというものである。この年輪年代法と土器の編年による相対年代とが整合性がとれれば弥生時代の絶対年代推定に非常に有効な手段となることは間違いない。

　考古学的方法としては土器の編年と製作，使用された年代がわかっている中国戦国，漢，三国時代の文物との共伴関係から弥生時代の絶対年代を推定するものである。幸いなことに北部九州では大形土器を棺として用いた甕棺が存在しており，その甕棺に中国漢代の鏡などが時たま副葬されることがあり，弥生時代の絶対年代を推定できる有利な条件を備えている。

2) 甕棺の編年

　弥生文化の開始に伴って遺体をそのまま棺に埋葬する風習が生じ，成人は木棺墓あるいは石棺墓に，乳幼児は丹塗りの大形壺を用いる埋葬法が成立する。弥生前期の中頃にそれまで乳幼児の埋葬に用いられていた大形壺から発展して成人を埋葬する大形甕棺が成立する。この後中期に甕棺葬が盛行し，後期前半頃に基本的に終わり，糸島地方などに特殊に後期後半以後に残存している。図95に示すように，著者は大形甕棺についてＫⅠ～ＫⅤ期の5期に大別し，Ｋ

218　Ⅲ　弥生時代年代論

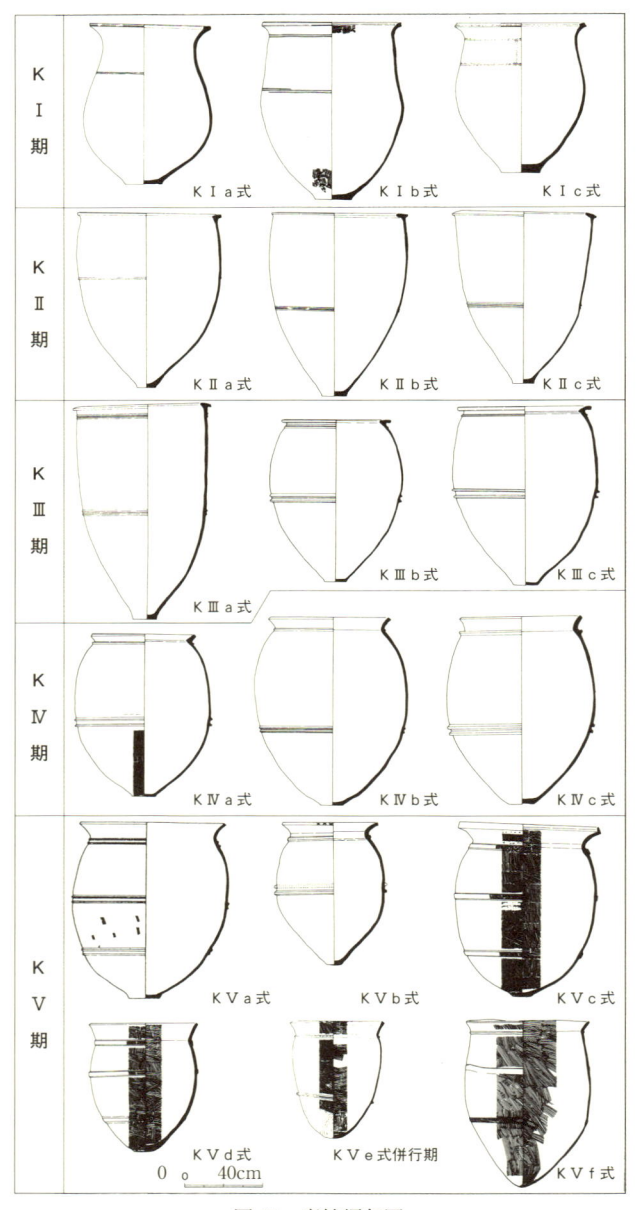

図95　甕棺編年図

Ⅰ～ⅩⅣ期まではそれぞれa～c，ⅩⅤ期はa～fに細分し，計18型式を設定し用いている。

ⅩⅠ期の甕棺は壺が大形化し，壺から発展した特徴をよく示し，残している。器面調整には壺と共通する手法，主としてヘラミガキが用いられている。焼成はやや軟質で，色調は灰黄色を呈するものが多い。

ⅩⅡ期の甕棺は口縁下に凸帯を付さない。器壁がきわめて薄く，底部が細くスマートになり，器高80cm以上で甕棺の通常の大きさをもつ。やや赤みを帯びた黄褐色，赤褐色を呈し，焼成は硬質である。器面調整はハケ目の後ナデてハケ目をナデ消す甕棺に独特な手法が発生している。

ⅩⅢ期の甕棺は基本的には口縁下に凸帯を施す。この時期の甕棺は大形化したものが多く100cmを超えるものもある。器壁が厚くなり10mm前後のものが多い。器面調整はⅩⅡ期と共通しているが，時期が下がると次第にハケ目をナデ消さないものも出現してくる。焼成はさらによくなり，色調は淡黄色，黄白色を呈するものが多いが，春日市域のものは赤っぽいものが多い。この段階で甕棺製作技術はさらに進んでいる。

ⅩⅣ期の甕棺は口縁が「くの字」となり胴部がさらに丸味を増してくる。基本的にはⅩⅢ期の製作技術を踏襲しているが，ハケ目を残すものが多くなる。ⅩⅣ期の段階で甕棺葬が終焉する傾向が生じ，福岡地方ではⅩⅣb式で，佐賀地方ではⅩⅣc式で基本的に甕棺葬が終焉する。

ⅩⅤ期の甕棺は甕棺葬が基本的に終焉した後，残存する甕棺と，糸島地方に特殊に展開した甕棺である。

ⅩⅠ期は前期，ⅩⅡ期は中期前半，ⅩⅢ期は中期後半，ⅩⅣ期は後期前半，ⅩⅤ期は後期後半から古墳時代初頭に位置づけられる。

3) 甕棺副葬品からみた弥生時代の年代論

中・寺尾遺跡でⅩⅠb式の甕棺に柳葉形磨製石鏃のやや退化した形態のものが副葬されている。ⅩⅠc式から朝鮮系の細形銅剣，銅矛，銅戈，銅鉇，多鈕細文鏡などが副葬品として出現し，ⅩⅡ期を通じて同様の状況が続く。この段階までは前漢の文物の副葬はない。ⅩⅢa式では銅剣，銅矛，銅戈の副葬は続き，中細銅矛はⅩⅢc式まで残る。しかしⅩⅢa式では鉄製武器を副葬す

るものが一部に出現し，KⅢb式では鉄製武器が副葬の主体となってくる。KⅢb式に属する隈・西小田 13 地点 23 号甕棺からは成人男性人骨が出土しゴホウラ立岩型貝輪 21 を右手に，20 を左手に着装し，重圏「昭明」鏡，鉄戈，鉄剣を副葬していた。KⅢc式に位置づけられる立岩堀田 10 号甕棺には連弧文「清白」鏡，重圏「清白」鏡などの前漢鏡 6 面，中細銅矛，鉄剣，鉄鉇，砥石 2 が副葬されていた。同じく三雲南小路 2 号甕棺からは連弧文「日光」鏡 14 面以上，小形星雲鏡 1 面，ガラス勾玉，硬玉製勾玉，ガラス垂飾などが出土している。KⅣa式の佐賀県東宮裾 1 号甕棺からは巴形銅器，海星形銅器などが出土している。方格規矩鏡 2 面，巴形銅器 3，有鉤銅釧 26，鉄刀片などを出土した唐津市桜馬場の甕棺もこの型式の特徴を示している。天明年間に出土して方格規矩鏡 21 面以上，巴形銅器，刀剣類を副葬していたと記録されている井原ヤリミゾの甕棺も，異論はあるが，著者はこの型式と考えている。

　ところで明治年間に出土した須玖岡本の甕棺および文政年間に出土した三雲南小路 1 号甕棺はどの型式に属する甕棺であろうか。須玖岡本の甕棺からは連弧文「清白」鏡，重圏「清白」鏡などの立岩堀田 10 号甕棺と共通する鏡のほか草葉文鏡，重圏四乳葉文鏡，星雲鏡などの前漢鏡 33 ～ 35 面，細形銅剣，中細銅矛，細形銅戈，ガラス勾玉，ガラス管玉，ガラス璧片などが出土している。三雲南小路 1 号甕棺からは連弧文「清白」鏡，重圏「清白」鏡のほか重圏素文鏡，四乳雷地文鏡などの前漢鏡 35 面，有柄式銅剣，中細銅矛，細形銅戈，ガラス勾玉，ガラス管玉，ガラス璧，金銅製四葉座飾金具などが出土している。須玖岡本では草葉文鏡，星雲鏡などの前漢武帝代の鏡を含み，三雲南小路では武帝代に前漢鏡の型式が確立する以前の戦国鏡式の影響の強い前漢前半代の鏡を含んでいる。このことは須玖岡本，三雲南小路 1 号甕棺に副葬された鏡の舶載された時期は武帝代以前の鏡の残る時期すなわち連弧文「清白」鏡，重圏「清白」鏡などの成立初頭の頃であり，立岩堀田 10 号甕棺の段階では武帝代以前の鏡が残らない時期のものであると考えられる。したがって須玖岡本，三雲南小路 1 号甕棺の型式は立岩 10 号甕棺より一型式古いKⅢb式の甕棺と考えられる。KⅢa式の甕棺では鏡を副葬したものは現在のところ知られていないが，先のようにみてくるならば，草葉文鏡，星雲鏡を主体として，「清白」鏡を含まない時期のものが考えられる。以上のことを前漢，後漢の墳墓など，と

くに洛陽焼溝漢墓から出土する鏡などの遺物と照合すると，KⅢa式はB.C. 108年〜B.C.65年，KⅢb式はB.C.64年〜B.C.33年，KⅢc式はB.C.32年〜A.D.6年，KⅣa式はA.D.7年〜A.D.39年を前後する絶対年代が考えられる。これは各甕棺型式の上限を示すものである。鏡の製作，舶載，副葬にいたるまで100年ほどを要したとする考え方もあったが，鏡の製作から副葬までをこのように長期間とすれば，場合によっては短期間で副葬されるものもあり，前漢鏡と後漢鏡が混在したりまたは後漢鏡が中期の甕棺に副葬されるという現象も生じ得る。しかし，このような現象はなく，甕棺編年の序列と中国における鏡の製作年代順との関係は何ら矛盾はなく，順を追って副葬されている。したがって鏡の製作，舶載，副葬の間はきわめて短時間であって甕棺の一型式の示す時間とほぼ同時間もしくはそれ以下であったといえる。弥生時代の死亡年齢をみると，まず乳幼児期に一つのピークがあり，それをのりこえると大部分は成人に達し成年，熟年でほとんど死亡している。すなわち40歳前後で死亡しているものが多い。20歳前後で首長権を継ぎ，漢に使易を通じて鏡を入手して，40歳前後で死亡して鏡を副葬すればその間は20年ほどのものと考えられる。やや幅をもたせても30年位のものである。この製作から副葬までの期間を考慮しても，KⅢc式の甕棺に方格規矩鏡などの副葬がみられない現在，KⅢc式の下限は新・王莽より前にあったといえる。

　これらのことからKⅢa式の上限はB.C.108年，KⅢc式の下限はA.D.6年，KⅣa式の上限はA.D.7年とすることができる。これに上述の幅を考慮すればKⅢa式の開始期はほぼB.C.80年頃と考えられる。KⅢa式の開始期とKⅢc式の下限との間を三等分すると甕棺の一型式は約30年ほどのものと考えられる。以上をもとにKⅢc式すなわち中期末とKⅣa式すなわち後期初頭の境を紀元前後として弥生時代の絶対年代を推定したものが表10である。

4）お わ り に

　年輪年代法の発展によって弥生時代の年代観についても大きな前進があったといえる。近年大阪府池上曽根遺跡の大形掘立柱建物が畿内Ⅳ様式に属し，その柱根の一つの伐採年が年輪年代測定法でB.C.52年とされたことから，畿内の弥生中期後半の年代の一点が紀元前にあるといわれるようになっている。そ

れと連動して，貨泉から畿内V様式の開始年代を紀元1世紀初頭ないし前半とする主張が畿内の多くの研究者から出されている。しかし著者は貨泉をその根拠に用いることには危惧をいだいている。というのは北部九州での貨泉などの出方をみると，必ずしも後期初頭ないし前半に伴うものはきわめて少なく，その多くは後期後半の土器に伴うものである。また重量を単位とする貨幣でありながら薄くて軽いものとか，径の小さいものとかがあり，これらの多くは後漢後半の経済混乱期にわが国に流入した可能性が強いからである。したがって貨泉を用いて年代を推定する場合はこれらの点を検討していただきたい。また池上曽根遺跡の大形掘立柱建物に伴うとされるIV様式の土器は北部九州の中期後半の土器と伴うものとは考えられず，豊前の安武深田遺跡などで池上曽根遺跡と同様のIV様式の土器と共伴した土器は北部九州の後期前半頃に位置づけられるものと考えられる。IV様式の一部が紀元前1世紀に遡るとは考えるが，V様式の開始は紀元1世紀の後半ないしは末頃であろうと著者は考えている。

弥生時代の年代論──甕棺と副葬品── 223

表10 弥生時代の推定年代

畿　内	推定年代	時代	北部九州	朝鮮半島	中　国
晩　期	B.C.400	縄文時代	後　期	無文土器時代 前期	春秋時代　B.C.770
			晩　期		戦国時代　B.C.476（史記） 　　　　　　B.C.453（三晋分立）
早　期	300	弥生時代	早　期	中期	
前期 Ⅰ	180〜170		前　期	後期 円形粘土帯土器	秦　　　B.C.221 前漢　　B.C.202
中期 Ⅱ	90		中期 前　半	武帝四郡設置 （B.C.108年） 三角粘土帯土器	
Ⅲ			後　半		
Ⅳ	B.C. A.D. 90		後期 前　半　漢委奴国王金印 　　　　　　（A.D.57年） 　　　　　倭国王帥升朝貢 　　　　　　（A.D.107年） 後　半	原三国時代	新・王　A.D.8 後漢　　A.D.25
後期 Ⅴ 倭国大乱			終　末		三国時代　A.D.220
庄　内	240				
布　留		古墳時代		三国時代	

3 炭素14年代測定法による弥生時代の年代論に関連して

1) はじめに

　国立歴史民俗博物館の春成秀爾・今村峯雄・藤尾慎一郎らのグループは2003年5月24，25日に行なわれた日本考古学協会での発表に先立って，5月19日に文部科学省で記者会見し，AMS法（加速器質量分析法）による高精度炭素14年代測定法の結果，弥生時代前期初頭の板付Ⅰ式土器の推定年代は紀元前800年，夜臼Ⅱ式は95％の確率で900〜750年の間に絞り込むことができる。板付Ⅱc式（前期終末期）土器の推定年代は91％の確率で紀元前790〜510年という約300年近い幅に該当しており，年代をこれ以上絞り込むことはできない，という旨の発表を行なった。またこれに付随して，弥生文化の開始期は紀元前10世紀，図示された実年代の表などによれば紀元前1000年まで遡る可能性があるとした。春成は，これらのことから弥生時代の始まる頃の東アジア情勢を，従来は戦国時代のことと想定してきたけれども，殷（商）の滅亡，西周の成立の頃のことであり，前期の始まりも西周の滅亡，春秋の初めの頃のこととなるから認識を根本的に改めねばならない。前期と中期の境界がいつになるかを判断できる炭素年代の材料はまだ少ないが，仮に紀元前400年頃にあるとすれば，これもまた従来の考えとはまったくちがって，中国では戦国時代のこととなり，朝鮮半島から流入する青銅器について，これまでの説明とはちがってくるだろう。炭素年代によって得られた前期の年代は，年輪年代とは整合的である。等々のコメントを加えている[1]。

　著者はかつて北部九州の弥生時代に盛行した大形甕棺の編年を行ない，前漢鏡・後漢鏡などの副葬品などとの関係から弥生時代の年代を推定した[2]。結論的にいえば中期後半は紀元前90年頃から紀元前後まで，後期前半は紀元1世紀初頭から90年頃までとした。甕棺の型式と前漢鏡などの副葬品の年代から甕棺の1型式は約30年という期間を導き出し，各型式にわりふると，大形甕棺の成立する板付Ⅱ（古）式は紀元前270年頃に始まり，前期末と中期初めと

の境は紀元前180〜170年頃，古墳時代の始まりは箸墓を起点とするすなわち布留式土器の始まりを紀元240年頃とした。最近は箸墓以前のすなわち庄内式土器の段階における前方後円形や前方後方形の墳丘墓が確実に存在し，これを古墳と認識すれば古墳時代の始まりは紀元200年前後と考えてよい。また大形甕棺成立以前については早期として曲り田（古）式・曲り田（新）式・夜臼式の3型式を，前期前半は板付Ⅰ（古）式・板付Ⅰ（新）式の2形式を設定した[3]。これに甕棺の場合と同様に1型式を30年としてわりふると前期の始まりは紀元前330〜320年頃，早期の始まりすなわち弥生時代の開始は紀元前420〜410年頃と考えられる（表10参照）。各型式すべて30年としていることからいえば若干の微調整はあり得るとしても，国立歴史民俗博物館が提起した年代観では1型式80年であったり，100年であったりで格差が大きいが，それほどの修正を行なう必要はなく，著者の推定した弥生時代の年代は大筋で正しいと考えている。

　ここでは，まず記者発表当初から指摘された曲り田遺跡出土の鉄器片が紀元前900年頃に遡るとすれば中国での普及以前に鉄器が伝来していたという疑問，すなわち曲り田遺跡出土の鉄器からみた早期の年代。次に遼寧式銅剣の下限と早期・前期の年代，および青銅器からみた前期末の年代。さらに前期末から中期後半にかけては炭素14年代測定法では年代を絞り込むことが難しいからということで，前期末から年輪年代法を用いているので，年輪年代との関係について。また今回の提起とは直接には関係ないが，年代論にかかわる大きな問題として，畿内を中心として貨泉からⅤ様式の年代を紀元1世紀の初頭ないし前半に位置付ける研究者が増えてきたが，貨泉を年代決定の根拠として用いることの危険性などについて著者の見解を述べてみたい。

2）国立歴史民俗博物館が提起した年代論の問題点などについて

a．曲り田遺跡出土の鉄器からみた早期の年代

　曲り田遺跡16号住居跡からここで問題とする鉄器が出土した。この住居跡は一辺5.5〜6.0mほどの隅丸方形で17号・18号住居跡などと重複し3分の2程度が残存する。上面は北から南へと傾斜した斜面にあるため深さは50〜

10cmであった。この住居跡からは曲り田（新）式の壺・埦・浅鉢・甕などの土器，砥石2・黒耀石製打製石鏃4・サヌカイト製打製石鏃2・サヌカイト製石匙などの石器が出土したが，上層には後期後半の高坏口縁片・器台片が混入し，また住居跡の床面下のものと思われる縄文前期土器の胴部片も出土しているが両者ともに量的にはわずかである。この鉄器は床面近くからの出土であり上層に混入した後期後半の土器に伴う可能性はきわめて少なく，ましてや縄文前期土器に伴うとは考えられない。したがって曲り田16号住居跡から出土した鉄器片は早期の曲り田（新）式に伴うものと考えてよい[4]。この鉄器は3cm×1.5cm，厚さ4mmほどの小片で，著者は板状鉄斧の頭の部分と考えている[5]。分析の結果は鉄鉱石原料の鍛造鉄器ということであるが[6]，近年の鉄器の出土状況などからすると鋳造鉄斧の破片を利用したものと考えられる。すなわち曲り田出土の鉄器は早期のもので，先述した著者の年代観によれば紀元前4世紀前半頃，中国では戦国時代中期の前半代に位置付けられる。したがって著者は曲り田出土の鉄器は中国戦国時代の鉄器がもたらされたものと考えている。

　国立歴史民俗博物館が提起した炭素14年代では曲り田（新）式は彼らが夜臼Ⅰ式としたものとほぼ同様のものであるから紀元前900年頃あるいはそれ以前に位置付けられる。紀元前900年といえば中国では西周の時期にあたる。では殷・西周・春秋・戦国時代における中国の初期鉄器は如何なるものであるのか，簡単にみてみよう。

　たしかに殷・西周時代にも鉄器は存在する。現在，殷・西周時代の鉄器は9例ほどが知られている。8例は鉄刃青銅器，1例は玉柄鉄剣である。鉄の分析からニッケルを含有し隕鉄とされたものが7例あり[7]，河北省藁城県台西村112号墓[8]，北京市平谷県劉家河[9]出土の鉄刃銅鉞は殷代中期[10]，1931年に出土し現在アメリカのフリア美術館の所蔵となっている河南省濬県辛村出土の鉄刃銅鉞，鉄援銅戈[11]は殷代末〜西周時代初に，河南省三門峡上村嶺虢国墓2009号墓から出土した鉄援銅戈，鉄刃銅錛，銅柄鉄刻刀[12]は西周時代末に位置付けられている。また上村嶺虢国墓2001号墓出土の玉柄銅芯鉄剣，2009号墓出土の銅柄鉄刀は塊錬鉄滲炭鋼を用いたものとされている[13]。殷・西周時代における鉄器の大部分は隕鉄を用いたもので，まだ鉄が実用的な金属とはいえず珍貴なものとして玉と同様に考えられ，玉刃青銅器などとともに儀器的性格

炭素14年代測定法による弥生時代の年代論に関連して　227

図 96　曲り田遺跡 16 号住居跡出土鉄器

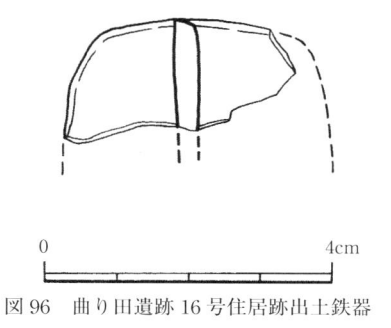

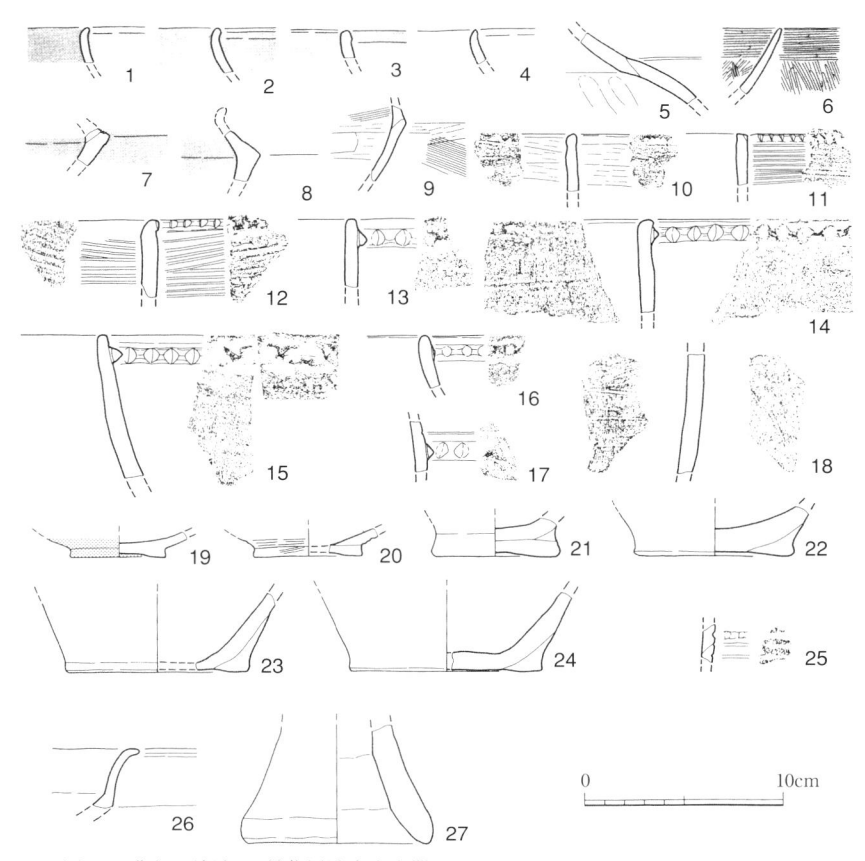

図 97　曲り田遺跡 16 号住居跡出土土器（25 は縄文土器，26・27 は後期後半の土器）

の強いものであったと言える。しかし上村嶺虢国墓出土の 2 例に示されるように，西周時代末には確実に人工鉄の使用が始まっている。塊錬鉄滲炭鋼は，鉄鉱石と木炭を低温で個体還元によって得た塊錬鉄（錬鉄）に滲炭処理を行なったものである。塊錬鉄は炭素の含有量がきわめて少なく，これをくり返し加熱・鍛打して塊錬鉄中に炭素を侵入させ表面を硬くすることによって武器などの刃物の製作にも適用できるようになったものである。このことからいえば塊錬鉄自体は塊錬鉄滲炭鋼とすくなくとも同時か，それ以前と考えてよい。したがって塊錬鉄は西周時代に存在しても当然といえるが，現在のところ春秋時代中期のものが最も古い[14]。

塊錬鉄滲炭鋼は戦国時代以後の鍛造鉄器へと発展するものであるが，何よりも中国初期鉄器時代を特徴づけるものは鋳鉄技術の発展であった。山西省候馬曲村出土の鉄器残片 2 個が白銑鉄と分析された最も古いもので春秋時代中期（紀元前 7 世紀）とされている[15]。春秋時代末になると白銑鉄を用いた鋳造鉄器はかなり増えてくる。白銑鉄を用いることによって鋳造鉄器の大量生産が可能となるが，これは炭素の含有量が高く，硬くて脆いという欠点をもっている。白銑鉄の欠点を克服するために，焼きなまし脱炭処理を施し靱性を帯びたものへと改善したものが可鍛鋳鉄と呼ばれるものである。春秋時代末（紀元前 6 世紀）には出現し，戦国時代初期（紀元前 5 世紀前半〜中頃）には農工具として使用され始めている。しかし当初は稚拙な技術段階のものであったが，鋳鉄の脆い性質にさらに改善の加えられた黒心可鍛鋳鉄へと発展し，戦国時代には可鍛鋳鉄の農工具が普及していく。

可鍛鋳鉄にさらなる改善が加えられるとともに戦国時代前半には板状・棒状の鋳鉄製品に焼きなまし処理を施し脱炭した半製品，すなわち鍛造の鉄素材である鋳鉄脱炭鋼が開発され，前漢代まで使用された。李京華は弥生時代にみられるたとえば福岡県春日市赤井手遺跡出土の板状・棒状の鉄素材が鋳鉄脱炭鋼であるとし[16]，大澤正己の分析で証明されている[17]。

しかし鋳鉄脱炭鋼は焼きなましの制御に多くの困難を伴うことから，これらを克服するものとして炒鋼法という新しい製鋼法が前漢中頃に開発され鉄器製作技術はさらに発展することとなった[18]。

以上，曲り田遺跡出土鉄器の出土状態・形状と著者の年代観，中国における

初期鉄器についての現状などについて述べてきた。これらのことから結論的にいうならば，曲り田出土の鉄器は西周代のものではないと断言できよう。また鋳造鉄器が出始める春秋時代末〜戦国時代初期のものでもなく，可鍛鋳鉄の製品がひろく普及する戦国時代中期頃の鉄器がもたらされたと考えることが最も妥当である。

b．遼寧式銅剣の下限と早期・前期の年代

前期初頭の板付Ⅰ式の推定年代が紀元前800年頃になるという問題と，前期と中期の境が紀元前400年頃にあるとすれば，朝鮮半島から流入する青銅器についてこれまでの説明とはちがってくるとされた問題についてみてみたい。

現在，日本で最も古い青銅器は福岡県宗像郡津屋崎町今川遺跡出土の有茎両翼式銅鏃と遼寧式銅剣の茎を再利用した銅鑿で，前期初頭の板付Ⅰ（古）式の包含層からの出土である[19]。遼寧式銅剣の茎を再利用した銅鑿は韓国扶餘松菊里遺跡石棺出土のものに同様のものがある[20]。松菊里遺跡では遼寧式銅剣の他に有柄式磨製石剣・柳葉形磨製石鏃などがあり，これらは今川遺跡でも出土していて両者の時期はほぼ近接していると考えられる。著者は先に，日本の弥生早期から中期前半頃に対応する朝鮮半島における青銅器を中心とした副葬遺物の組合わせを次の4段階に分類した[21]。

(1) 遼寧式銅剣・磨製石剣・有茎の柳葉形磨製石鏃などに加えて丹塗り磨研壺がセットとなる松菊里・鎭東里など

(2) 細形銅剣・多鈕粗文鏡の他に防牌形銅器・剣把形銅器など，無茎式の磨製石鏃に円形粘土帯土器・黒色磨研の長頸壺がセットになる大田槐亭洞・牙山南城里・禮山東西里・扶餘蓮花里・清州飛下里・沿海州イズヴェストフ丘など

(3) 細形銅剣・銅矛・銅戈・多鈕粗文鏡・多鈕細文鏡などのほか，銅鑿・銅鉇に加えて黒色磨研長頸壺のやや退行型式のものがセットになった扶餘九鳳里など

(4) 細形銅剣・多鈕細文鏡・銅鉇・銅斧・鉄斧などがセットになる黄海道鳳山松山里・和順大谷里など

(1) の遼寧式銅剣に共伴する有柄式磨製石剣・有茎の柳葉形磨製石鏃は北部

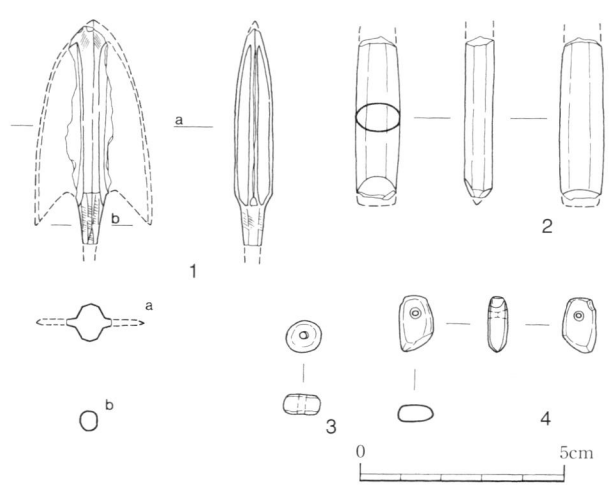

図98 今川遺跡出土の銅鏃・銅鑿および天河石製玉

　九州の弥生早期から前期初頭の支石墓・木棺墓などの副葬品として知られている。また磨製石剣・磨製石鏃はその後退化する傾向にある。今川遺跡の銅鏃・遼寧式銅剣の茎を再利用した銅鑿の例からいって，遼寧式銅剣の下限は北部九州の前期初頭つまり板付Ⅰ（古）式に位置付けられる。つまり朝鮮半島における（1）の段階は早期から前期初頭の間，著者の年代観によれば紀元前5世紀末から紀元前300年前後の頃にあたる。朝鮮半島においてはいくらか遡るであろうが，それでも紀元前5世紀の中に納まると考えられる。

　国立歴史民俗博物館の提起した年代観によれば，前期は5型式で400年間ということになっており1型式が80年と考えられるから，早期から前期初頭といえば紀元前1000年から紀元前720年頃の間，すなわち西周時代初期から春秋時代初期にあたる。

　遼寧式銅剣の初源については遼寧省寧城県南山根遺跡[22]，遼寧省錦西県烏金塘遺跡出土[23]の遼寧式銅剣などを最も古いものと位置付け，それらと共伴した中原の青銅器あるいは銅戈の切先の形態などからその年代を西周時代末から春秋時代初期あるいは春秋時代中期と様々な見解がある。中国の研究者の中でもいろいろな見解があるが，いずれかといえば多くは前者の見解である[24]。秋

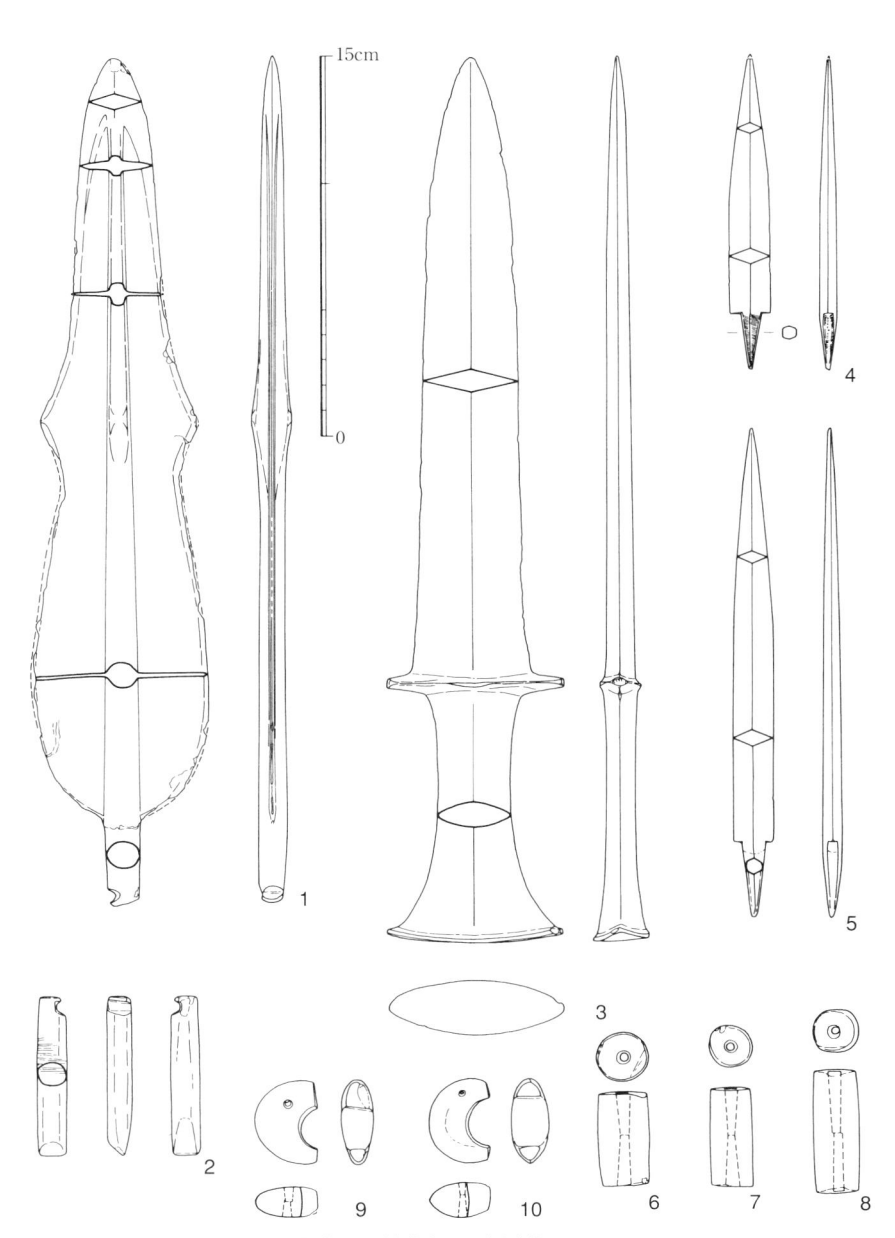

図99　韓国松菊里石棺墓出土一括遺物（柳田康雄氏原図）

山進午は烏金塘の銅戈を紀元前 7 ～ 6 世紀に位置付けるが，それが東北にもたらされ，墳墓に副葬されるまでの年代を考慮すると紀元前 5 世紀を大きく遡る可能性は少ないとした[25]。宮本一夫はほぼ前者と同様な見解である。宮本は遼寧省寧城県小黒石溝遺跡を西周時代後期，南山根 M101 を西周時代末～春秋時代初期，寧城県北山嘴 M7051 を春秋時代前期，喀左南洞溝石槨墓を春秋時代後期とし，遼西における古式遼寧式銅剣（遼寧式銅剣 I 式）の年代幅は西周時代後期から春秋時代後期，遼東における遼寧式銅剣 II 式の下限は戦国時代前期としている[26]。遼西地域で出現した遼寧式銅剣は，まもなく遼東地域でも生産され始め，朝鮮半島北部に遼東と同じ形態的特徴を示す I 式の遼寧式銅剣が紀元前 5 世紀に出現し，I 式と同様古式遼寧式銅剣の形態を示しながらも茎に抉りを持ち法量的にやや規格が大きくなった独自の特徴を持つ V 式の遼寧式銅剣が紀元前 400 年以降おそらくは紀元前 4 世紀段階で朝鮮半島南部に出現するとした[27]。岡内三眞は南山根を春秋時代中期から後期，烏金塘の上限を春秋時代中期すなわち紀元前 600 年前後の時期に位置付けており，朝鮮半島では上記二者よりやや遅れて出現するが上限は春秋時代中期とし，遼寧省における出現はやや遅れるとしながらも，朝鮮半島での出現は宮本よりも古く考えている[28]。

　いずれにしても遼寧式銅剣ははやくて西周時代末から春秋時代初期おそくとも春秋時代中期には出現したといえる。西周時代末から春秋時代初期に出現したとして，それが直に北部九州に伝わったならば，今川遺跡の青銅器の年代を国立歴史民俗博物館が提起している紀元前 8 世紀前半頃に位置付けることは可能である。しかしどう考えても今川遺跡の青銅器は韓国南海岸地域に分布の中心を持つ宮本の分類による V 式遼寧式銅剣を再利用した銅鑿および両翼式銅鏃が北部九州に流入したものであって，遼寧式銅剣としては下限を示すものといえる。岡内は遼寧式銅剣の朝鮮半島における出現を紀元前 600 年頃とし，細形銅剣の開始を戦国時代後期初めにほぼ併行する時期すなわち紀元前 320 年頃とした[29]。後藤直は早ければ紀元前 5 世紀代に遼寧式銅剣が伝えられ，細形銅剣の開始は紀元前 3 世紀初頭を下らないとした[30]。宮本は先述したように遼寧式銅剣は朝鮮半島北部で紀元前 5 世紀に出現し，宮本の分類による V 式の遼寧式銅剣が朝鮮半島南部で紀元前 400 年以降おそらくは紀元前 4 世紀段階で出現する。細形銅剣は紀元前 3 世紀に成立するとした[31]。

遼寧省を中心とした中国東北地域における遼寧式銅剣の下限はどのあたりにあるのかみてみよう。旅順市後牧城駅楼上墓では1号墓から遼寧式銅剣3口，うち1口は残欠，2口は身・柄・把頭飾共に揃った完形品と調査以前に掘り出されたもので把頭飾を欠く柳葉形のもの1口のほか，多くの青銅製の飾金具・土製紡錘車・石球の孔に銅釘を刺したもの・滑石製の垂飾などが出土。また1号墓の底板の上には3cmの厚さの木炭層があり，人骨と遺物はその上にあった。2号墓は盗掘にあっており，副葬品は青銅製の飾金具があり，封土中から鉄器残片・角器などが出土しているのみである。2号墓にも棺底に厚さ3cmの木炭層があった。3号墓からは遼寧式銅剣4口のほか，銅把頭2，斧2・鑿・刀・錐・鈴などの青銅器のほか，多くの青銅製飾金具がある。このうち円形物とされたものは3分の2ほどが残るが，径27cmで中央に径3.5cmほどの孔があり，背面の孔の近くには1鈕がある。他に鉄鎌片・土製紡錘車・壺，碧玉製の玉・貝製佩飾・瑪瑙製佩飾などが出土している[32]。調査以前，工事中に遺物が取り出されたりして1号墓と3号墓で遺物に混乱があるとされるが，3号墓からは明刀銭・鉄鎌が出土しており戦国時代に位置付けられている。遼寧式銅剣は3号墓のものが形態的に古く，1号墓のものが新しいという認識から諸々の意見が提出されている。例えば，林澐は烏恩が明刀銭・鉄鎌から3号墓は戦国時代中・後期としていることに対して，これは誤解であり，1，3号墓の遺物の一部は農民が取り出したもので明刀銭・鉄鎌は3号墓の出土品と確定できない。3号墓出土の林澐分類のA型1式の遼寧式銅剣は西周時代後期から春秋時代中期のものである。また孫守道・徐秉琨が明刀銭は火を受けており1号墓に伴うことは確実であり，1号墓出土の遼寧式銅剣は戦国時代末である。というのに対し，明刀銭から戦国時代末とは断定できず，明刀銭残欠は戦国時代初期にもあり，また明刀銭の早い・遅いもあることから1号墓の年代を戦国時代後半とすべきであるとしている[33]。李亨求は3号墓は明刀銭・鉄器から戦国時代とされているが，1号墓の遺物が紛れ込んだもので，3号墓は遼寧式銅剣の形態から紀元前8〜7世紀に比定している[34]。以上のような見解が多いが，鄭紹宗は烏金塘，十二台営子，後牧城駅3号墓出土の遼寧式銅剣は春秋時代末から戦国時代初期であるが，後牧城駅3号墓は明刀銭が出土しておりやや下がるとしている[35]。

後牧城駅楼上墓は後牧城駅村の東 100 余 m の所に「楼上」と呼ばれた東西 70 余 m，南北 20 余 m，高さ 10 余 m の土丘があり，その土取工事の際発見されたものである。図示されたものを見ると[36]，東西 34m，南北 24m の方形区画の石積の墳丘墓と考えられる。10 基の埋葬施設があり，盗掘を受けている 2 号墓が中心にあり，1 号墓は中心からやや西にずれているが，主体部の配置からいえばこの 2 基が墳墓の中心といえそうである。3 号墓は中心から北側にずれている。1，2，3 号墓の埋葬施設の造りも共通しており，副葬品の青銅製飾金具も三者で類似しており，これらの主体部は年代的には近接したものと考えられる。遼寧式銅剣の形態から 3 号墓出土の遼寧式銅剣を西周時代末から春秋時代初期，1 号墓出土の遼寧式銅剣を戦国時代中〜後期とする[37] 多数の意見に従えば，「楼上」墓では 400 〜 500 年間も一つの墳丘墓が営まれたということになり，かなりの無理がある。したがって 3 号墓もそうたいして古くはならないものと考える。1 号墓の遼寧式銅剣も変形しているとはいえ，形態的にはそう新しいものではない。いずれにしても遼寧式銅剣と明刀銭・鉄器が共伴したことには間違いなく，すくなくとも 1 号墓は戦国時代に属する点では異論はない。したがって今川遺跡出土の青銅器の年代を西周時代末から春秋時代初期に位置付けることには無理があり，中国の側から見ても戦国時代に併行するものとしてよい。板付 I（古）式は著者の年代観では，紀元前 4 世紀後半から紀元前 300 年前後で，戦国時代中期末から後期初めの頃に位置付けられる。韓国の松菊里遺跡石棺墓から出土した遼寧式銅剣などは今川遺跡よりもいくらか遡ることは間違いないが，これも西周時代末から春秋時代初期まで遡ることはなく，紀元前 4 世紀代早くても戦国時代前期末頃の紀元前 400 年前後頃のものと考えられる。

　前期と中期の境が紀元前 400 年頃にあるとすれば，朝鮮半島から流入する青銅器についてこれまでの説明とはちがってくるとされた問題についてあと一点言及したい。河北省易県に所在する燕下都辛庄頭 30 号墓から朝鮮式の細形銅戈が出土している[38]。この銅戈についての詳しい記述はないが，形態的には古いもので韓国の扶餘九鳳里[39]，咸平草浦里[40]，扶餘合松里[41]，北部九州では福岡市吉武高木 3 号木棺副葬品[42]，福岡県古賀市馬渡・束ヶ浦 E 地区 2 号甕棺の副葬品[43]，松浦資料館蔵の伝壱岐出土品などに類似する。これらの銅戈は

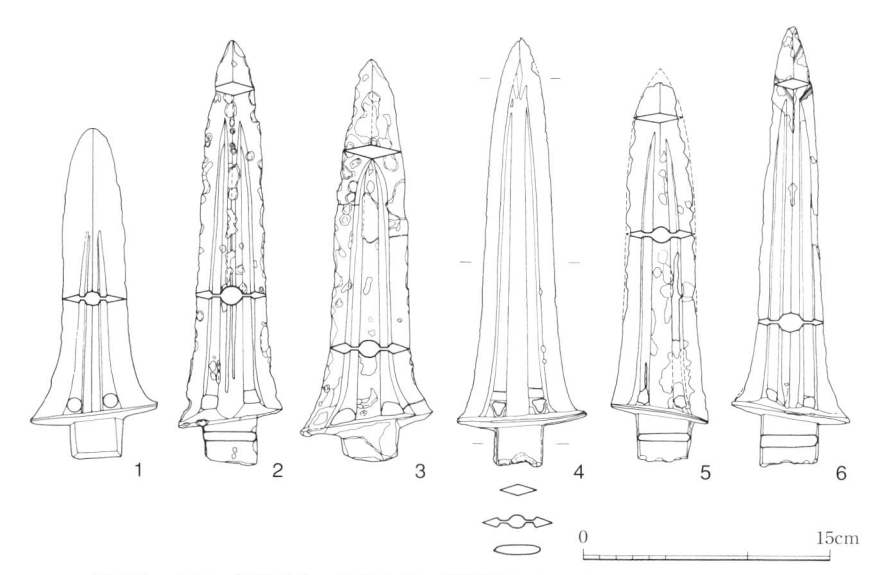

図100　中国，朝鮮半島，北部九州の細形銅戈（1は縮尺不明，2～6は1/3）
1：燕下都辛庄頭30号墓（河北省文物研究所1996）　2・3：扶餘九鳳里（李康承1987）
4：吉武高木3号木棺墓（福岡市教委1996）　5：伝壱岐出土品（松浦資料館蔵）
6：鹿部皇石宮（日本住宅公団1973）

　吉田広の分類によれば[44]，吉武3号木棺副葬品をのぞき細形銅戈Ⅰ式a1類（樋先端が開き，鎬がそのまま脊上にも通じ，刃部から胡への広がり具合が小さく，内が大きく厚いもの）とされている。吉武高木3号木棺副葬品は吉田の分類では，細形銅戈Ⅱ式a1類（樋先端が閉じ，鎬が脊上に通じず，刃部から胡への広がり具合が小さく，内が大きく厚いもの）とされるが，吉武高木例も樋先端は開いており研ぎが進行すれば脊に鎬が形成される形態のものである。確実に樋先端が閉じる例は九鳳里，合松里と同様な遺物の組合せを持つ唐津素素里遺跡[45]にも例があり，吉武大石1号木棺副葬の銅戈[46]もこの型式のものである。馬渡・束ヶ浦遺跡に近い古賀市鹿部皇石宮境内の甕棺より出土した銅戈[47]は吉田の分類によるⅠ式a1類であるが，樋が胡に直線的につくが，上記した遺跡出土のⅠ式a1類銅戈は樋が胡に対して広がりながらついている。鹿部皇石宮出土の甕棺の詳細は判らないが中期中頃のものと推定される。束ヶ浦の甕棺は著者の分類による[48] KIc式で前期末に位置付けられ，吉武高木3号木棺は中期初頭のもの

であり，樋が胡に対して広がりながらつくものが形態的には古いものと考えられる。九鳳里は先述したように青銅器を中心とした副葬品の組合せでは（3）としたものである。草浦里・合松里・素素里遺跡などは（4）に相当し，この段階が北部九州の前期末から中期前半に対応するものである。

燕下都辛庄頭30号墓は木槨墓で，盗掘を受けていたが銅礼器・編鐘などの土製仿製品多数，鉄器として鋳・鑿などの工具，剣・金柄鉄剣などの武器，釦などの飾金具など，銅器として多数の飾金具，車馬具，剣・戈・鏃のほか，錯銀銅鐏・錯金銅鏃などの武器，多数の金製飾金具，銀製飾金具，鉛器，骨器，玉・石・貝製の飾器などの副葬品が出土している。また金製飾金具の中には重さを刻した銘文をもつもの20例がある。これらのことからこの墳墓の被葬者は燕の貴族で，時期は戦国時代後期のものとしている。すなわち紀元前300年前後から紀元前3世紀後半頃に位置付けられ，朝鮮半島の青銅器を中心とした副葬品の組合せでは先にみた銅戈からいって（3），（4）どちらかというと（3）の九鳳里の段階に対応するものと考えられる。（3）の段階のものはまだ北部九州では出土例はないが，（4）の段階は北部九州の前期末から中期前半に対応する。著者の年代観では紀元前3世紀後半から紀元前2世紀後半にあたる。朝鮮半島の青銅器を中心とした副葬品の組合せの（2）の段階の大田槐亭洞[49]などでは円形粘土帯土器と黒色磨研壺が伴うが，北部九州では円形粘土帯土器の大部分は前期末に伴っている。下限は中期初頭頃であるが，福岡県二丈町石崎曲り田遺跡では板付Ⅰ（新）式に円形粘土帯土器が伴っており[50]，これが上限と思われる。板付Ⅰ（新）式は著者の年代観では紀元前300年頃から紀元前3世紀の前半であり，（2）の段階はこの頃に位置付けられ，細形銅剣もこの段階で出現する。辛庄頭30号墓では銅戈があり，（3）の段階以後と考えられるので，著者はこの墳墓の年代は紀元前3世紀の中頃のものと考える。

以上のことからいって，中国・朝鮮半島・北部九州という東アジア全体でみても著者の年代観は妥当なものである。前期と中期の境が紀元前400年頃であれば，この段階で副葬品として遼寧式銅剣が出現すべきであり，国立歴史民俗博物館の提起した年代観はこの点でも無理があると言える。

c. 年輪年代論との関係について

前期末に属する土器の推定年代は，91%の確率で300年に近い幅に該当し，年代をこれ以上絞り込むことはできない[51]。炭素14年代測定法では測定が困難な状態は中期後半まで続き，中期末から後期初頭には再び年代を高い確率で絞り込むことが可能となり，炭素14年代測定法が有効な時期にはいる[52]とし，年輪年代で紀元前52年とでた大阪府池上曽根遺跡の大形建物の柱根の炭素年代の較正値が紀元前80～40年となっていることは，年輪年代と炭素14の較正年代との間は整合性がとれているとする[53]。つまり炭素14年代測定法では前期末から中期後半までは年代を絞り込むことが困難なため整合性のある年輪年代を用いて，前期と中期の境を紀元前400年頃とするということである。炭素14年代測定法が年輪年代を大きな根拠とする「暦年較正曲線」と比較して実年代を推定するのであるから，両者に整合性があることは当然のことであるが，年代を絞り込めないから年輪年代に頼るという方法にはいささか疑問を感じる。著者は年輪年代測定法については木材・木器に樹皮下の辺材部が残っていた場合は木の伐採年が特定でき，土器の編年による相対年代とが整合性がとれれば，弥生時代の絶対年代推定に非常に有効な手段となることは間違いないと考えている。年輪年代測定法で現在までに示されている数値については[54]，特に古墳時代の開始期，弥生時代終末期頃までについては妥当なものと考える。あるいは後期中頃までは問題はないかもしれない。しかし池上曽根遺跡の大形建物の柱根の一つの伐採年が紀元前52年とされ[55]，伴出した土器はⅣ-3様式で従来考えられていた紀元1世紀代から100年近く遡り，それに伴ってⅤ様式の始まりが紀元1世紀初頭ないしは前半に遡るなどいくらかの問題が提起されている[56]。またこれより古い時期の年輪年代も従来考えられていたものよりもかなり古くなっている[57]。例えばⅣ様式初頭の滋賀県守山市下之郷遺跡出土の木製盾は辺材型でその年輪年代は紀元前223年とされ，削られた分の年輪数を概算して紀元前200年に近い伐採年代が推定できるとされた。兵庫県尼崎市武庫庄遺跡の大形掘立柱建物の柱根の一つの年輪年代が紀元前245年で，その柱根の辺材部はほぼ完存し，年代は原木の伐採年に限りなく近いとされた。伴出の土器は柱掘形内のものがⅢ様式（古）段階で，柱根埋土内のものがⅢ様式（新）段階に属する。普通に考えれば建物の建てられた時期は柱掘形内遺物の時

期をとるべきであろう。また兵庫県東武庫遺跡出土の木棺墓の小口板の年輪年代は紀元前445年で，これは前期の新段階すなわち前期末に属するものである。小口板は心材部であることから光谷は，この数値にどの程度年輪を加算すれば原木の伐採年になるのか，推定は難しいとしている。しかしこの数値を根拠にして，国立歴史民俗博物館の提起では前期と中期の境が紀元前400年頃とされたことは間違いない。中期初頭からⅣ-3様式までの実年代がはたして紀元前400年頃から紀元前52年頃として妥当であるのか検討を加えてみたい。

　国立歴史民俗博物館の記者発表資料および3月に行なわれた国際研究集会の資料[58]に示された年表によれば，中期を城ノ越式，須玖Ⅰ式，須玖Ⅱ式の3型式に分け，城ノ越式は紀元前400年から紀元前3世紀後半までの200年に近い期間，須玖Ⅰ式は紀元前3世紀後半から紀元前1世紀前半までの100数十年，須玖Ⅱ式は紀元前1世紀前半から紀元1世紀初頭頃までの100年ほどの期間を設定している。通常城ノ越式は中期初頭，須玖Ⅰ式は中期前半から中頃，須玖Ⅱ式は中期後半から中期末と考えられている。城ノ越式は1型式であり，その期間が200年近いことだけでも問題があるが，紀元前400年から紀元前3世紀後半は戦国時代前期の終わり頃から秦の成立の頃までに相当する。城ノ越式すなわち中期初頭の段階では残念ながら中国系遺物が明確な共伴関係で出土した例はない。しかしながら朝鮮系の細形銅剣・矛・戈，多鈕細文鏡，銅鉇などは出土例がある。これは朝鮮半島における青銅器を中心とした副葬遺物の組み合わせからいえば（4）に相当するが，同様な組み合わせの韓国全羅南道咸平草浦里遺跡ではこれらに加えて中国式銅剣が出土していることが注目される[59]。草浦里出土の中国式銅剣は身・柄共に扁平な造りで，韓国全羅北道完州上林里遺跡で26本一括出土した中国式銅剣[60]に類似している。中国出土の中国式銅剣は身は厚く，柄の棒状部の断面形は縦長の楕円形になるのに対し，草浦里・上林里出土例は身は薄く扁平で，柄の棒状部は横長の扁平な楕円形となり，甲張りを残しており，中国出土のものと比較すると金属の質も，鋳造後の仕上げも粗悪なことから，柳田康雄は草浦里・上林里などの中国式銅剣は朝鮮半島で倣製したものであると指摘している[61]。戦国時代末から前漢代初期のものを倣製したものと考えられる。倣製の中国式銅剣は北部九州でも共伴関係の不明なもの若干例が出土しているが，長崎県壱岐原の辻遺跡大原18号甕棺からは

鋒から 13cm ほどの仿製中国式銅剣の切先が出土している[62]。この甕棺はいままで中期中頃とされることが多かったが，著者の甕棺分類による[63] KⅡb式すなわち中期前半に位置付けられる[64]。KⅡb式の年代は紀元前2世紀中頃から後半頃に考えているが，仿製中国式銅剣としては下限であろう。草浦里遺跡などの青銅器を中心とした副葬遺物の組合せの（4）の段階は北部九州では先述したように前期末から中期前半に対応し，著者は紀元前3世紀末から紀元前2世紀後半頃に考えているが，朝鮮半島での上限はいくらか遡るであろう。青銅器を中心とした副葬遺物の組合せの例えば扶餘九鳳里などの（3）の段階は北部九州ではまだ出土例はなく，出土するとすれば前期中頃から後半の段階と考えられ，年代は紀元前3世紀前半から末頃と著者は考えているが，燕下都辛庄頭30号墓との対比から紀元前3世紀中頃と考えるのが妥当である。以上のことから前期と中期の境を紀元前400年とすることはできず，ましてや中期初頭の城ノ越式を紀元前400年から紀元前3世紀後半とすることはできない。

　国立歴史民俗博物館が提示した年表では須玖Ⅱ式は紀元前1世紀前半から紀元1世紀初頭としている。須玖Ⅱ式は北部九州編年の中期後半から中期末にあたり，甕棺内の副葬品として前漢鏡があり，年代を大きく動かす訳にはいかなかったということであろう。加えて池上曽根遺跡の大形掘立柱建物の柱根の一つの伐採年が紀元前52年とされ，伴出した土器がⅣ－3様式でそれが北部九州の中期後半と併行関係にあると近年考えられていることと関連するものと言えよう。このことからはたして北部九州の中期後半とⅣ－3様式が併行関係にあるものなのか検討することとしよう。

　中村友博は周防地方の中期後葉に位置付けられる柳井田式古段階に須玖Ⅱ式の鋤先口縁の長頸壺が共伴し，須玖Ⅱ式の下限は第Ⅳ様式まで下り，その上限も柳井田式の出現と一致する気配であるとし，これらに伴う凹線文土器は脚に矢羽根状の透かしが貫通する高坏であることから，柳井田式・須玖Ⅱ式・凹線文土器すなわちⅣ様式の三者は同時性があるとした[65]。柴畑光博は宮崎地方における中溝式土器を中期後半から後期前半に位置付け，その古段階の土器として新田原6号住居跡出土のものをあげた。中溝式土器に伴って東北部九州の須玖Ⅱ式併行の甕と，瀬戸内の中期に属する凹線文の壺口縁片，矢羽根透かしを持つ高坏脚が出土しており，これらが併行関係にあるとした[66]。西谷彰も前二

者とほぼ同様な見解であるが，これらに加えて北九州市光照寺遺跡 3B 区 1 号溝 3 層出土土器を須玖Ⅱ式と瀬戸内Ⅳ様式の共伴例としてあげた[67]。以上三者に共通するものとしては，東九州に多く分布する鋤先口縁を呈し頸・肩に多条の凸帯をめぐらす壺と瀬戸内Ⅳ様式の凹線文土器・矢羽根透かしを持つ高坏脚などである。中村があげた防府市奥正権寺遺跡の壺は口縁外側がやや下方に傾斜し，口縁幅が広く新しい要素を持っており，著者は北部九州の後期初頭に位置付けられると考える。新田原 6 号住居跡出土土器は中期後半の古い段階に位置付けられているが，それに後続する 4 号住居跡出土土器のなかに丸底化しつつある口縁が外反する壺があり，4 号住居跡出土土器は後期中頃に位置付けられる。4 号住居跡出土土器の中にも鋤先口縁を呈する壺があることおよび他の壺・甕の形態が 6 号住居跡出土土器に類似していることから，6 号住居跡出土土器は北部九州の中期後半に併行するものではなく，後期初頭から前半頃に位置付けられよう。はねあげのくの字口縁で胴部がふくらみ全体に器壁の薄い東北部九州のものとされた甕も北部九州の中期に相当するとは考えられない。南九州の中期および後期の土器は北部九州や東九州などからの影響を受けながら複雑な様相を呈する。特に甕においては北部九州の城ノ越式土器の影響を基本としながら，東九州の下城式土器の影響もあり，形態的には停滞しながら後期まで根強くそれらの要素を残していることを著者はかつて論じたことがある[68]。したがって形態的に古い要素を持つからといって山ノ口式や中溝式土器を古く持っていく必要はなく，中期のものもあるが多くは後期に属するものとみてよい。西谷が須玖Ⅱ式と瀬戸内のⅣ様式と併行関係にあるとした北九州市光照寺遺跡 3B 区 1 号溝 3 層出土土器は，頸に多条の凸帯を持ち口縁平坦面に浮文がある壺は前二者に共通し，またはねあげのくの字口縁の甕もあり，瀬戸内系のものとしては凹線文の高坏がある。ほかに，口縁外側に明瞭な稜を持つ袋状口縁の壺，丸底化しつつある底部などがあるが，これらは北部九州の後期中頃のものである。この層の出土土器は後期前半から中頃の土器が混在しており，全体としてみると後期中頃に位置付けられるものである。したがってこれらの土器は須玖Ⅱ式とはいえず，伴出した凹線文の高坏が北部九州の中期後半に併行するものとはいえない。福岡県築上郡築城町所在の安武深田遺跡 50 号住居跡出土の肩に水鳥の線刻が描かれた凹線文の壺はⅣ様式新段階に位置付け

られると思われるが，共伴した土器は北部九州の後期前半から中頃のものである[69]。北九州市守恒遺跡第2地点D－1出土の脚に未完通の矢羽根透かしがある凹線文の高坏[70]は瀬戸内のⅣ様式後半に位置付けられ，北部九州の中期後半から末の土器と共伴しているとされる[71]。しかし共伴した土器の中に丸底化した壺下半部があり，後期中頃のものと考えてよい。

　豊岡卓之が畿内Ⅴ様式の成立期が北部九州の後期初頭をやや下った頃に求められるとしてその根拠とした[72]長崎県対馬の玉調ハナデンポ2号石棺に伴った土器をみてみよう。口縁外側に稜がつき肩部には三角凸帯を持つ小形の袋状口縁壺，鋤先口縁の退化形態の高坏，脚付鉢とでもいうべき高坏，甕底部などとともに坏部の口縁は直立し脚裾は肥厚し外側はややはねあげ状を呈する高坏がある。著者は当時これらの土器を後期初頭から前葉に位置付けたが[73]，袋状口縁壺の口縁の稜・肩部の凸帯などの特徴から前葉とするのが妥当であると考えている。口縁が直立する高坏は遠賀川以東の土器で瀬戸内の影響を受けて成立したものと思われるが，現在の所対比すべき資料に乏しい。安武深田遺跡50号住居跡出土の高坏に脚部は欠失しているが坏部の形態が類似するものがある。これらのことからいってこの高坏はⅤ様式のものとするよりはⅣ様式のもので北部九州の後期前半に併行すると考えるのが妥当である。他に北部九州の後期初頭から前半とⅤ様式が伴ったものとして板付遺跡F5D Ⅶ区SD31出土土器[74]，那珂遺跡SE03下層出土土器[75]などがよく例示される[76]。板付遺跡SD31出土土器には平井によると鬼川市Ⅰ式新段階の讃岐産の凹線文高坏に，頸が短くなり長胴化した袋状口縁壺と底部が脚台状を呈する甕が伴っている。この袋状口縁壺は後期初頭から前半におけるものではなく，この形態の壺はすでに底部が丸底化しつつある段階のものと考えられ，後期中頃から後半に位置付けられる。脚台付甕も後期中頃から後半のものである。那珂遺跡SE03下層出土の土器には平井によると鬼川市Ⅰ式新段階の讃岐産の壺に板付遺跡SD31出土のものに類似する袋状口縁壺などがあり，同じく後期中頃から後半頃に位置付けられる。

　以上のことから畿内，瀬戸内のⅣ様式・Ⅴ様式と北部九州の土器との関係を要約すると，Ⅴ様式の開始は北部九州の後期中頃で，Ⅳ様式の大部分は北部九州の後期初頭から前半に併行し，Ⅳ様式の開始期が北部九州の中期末頃と重複

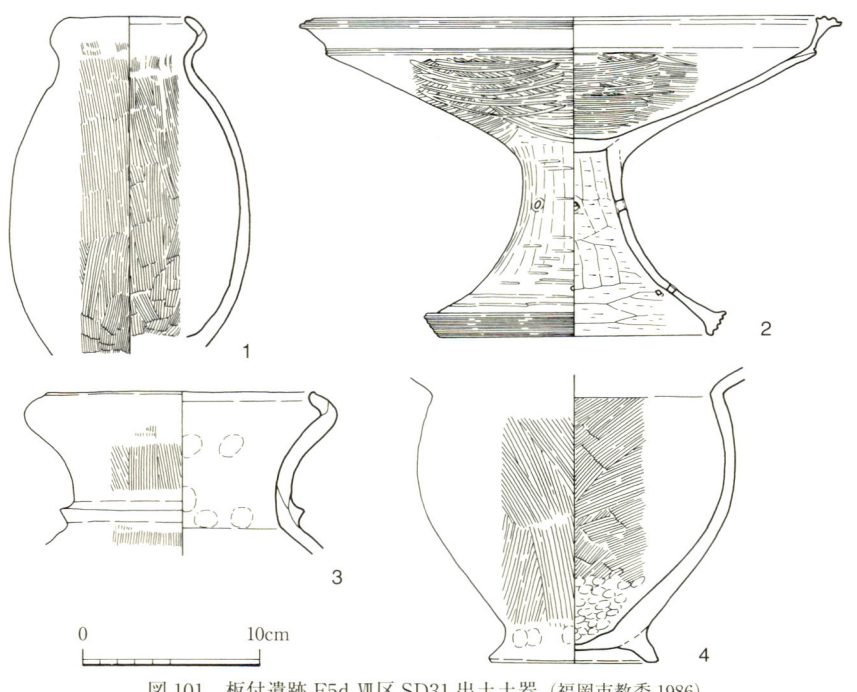

図 101　板付遺跡 F5d Ⅶ区 SD31 出土土器　(福岡市教委 1986)

するものと考えられる。実年代でいえばⅣ様式の開始期が紀元前1世紀の後半から末頃に遡る可能性があると言える。しかし池上曽根遺跡の大形掘立柱建物の柱根に伴ったとされるⅣ－3様式の実年代を紀元前52年頃とすることには無理があると著者は考えている。年輪年代については著者が提起した年代観と後期中頃までは近い年代が出ていることは先述したとおりであるが，Ⅳ－3様式以前でかなり大きな差が生じているのが実態である。年輪年代論の方法については著者らがなんら立ち入れるところではないが，今後も注意深く年輪年代の成果と考古学的方法による相対年代と整合性がとれるのか否か慎重に見まもっていきたい。

　　d．貨泉を年代決定の根拠として用いることの危険性
　貨泉を中心とする王莽銭は本来は新代に短期間に流通したもので，鋳造後ま

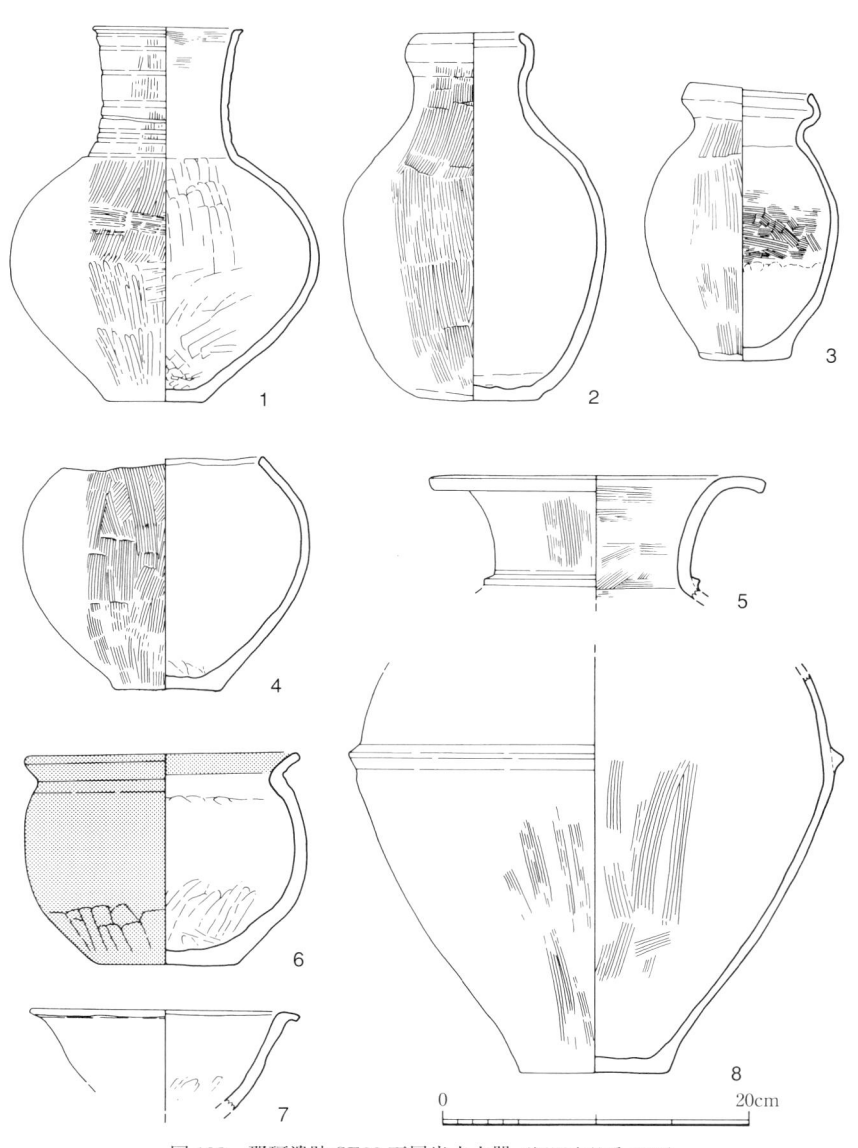

炭素14年代測定法による弥生時代の年代論に関連して　243

図 102　那珂遺跡 SE03 下層出土土器（福岡市教委 1993）

もなくあるいは流通中に日本にもたらされたならば弥生時代の年代決定の一つの決め手になるものである。瀬戸内・畿内のⅤ様式初頭から前半の土器に伴って貨泉が出土することおよび先述の池上曽根遺跡の大形掘立柱建物の柱根の一つの伐採年が紀元前52年でⅣ－3様式の土器が伴うとされたことと連動して，Ⅴ様式の開始を紀元1世紀初頭から前半とし，北部九州の後期の開始とほぼ同時だとする主張が瀬戸内・畿内の多くの研究者から出されている[77]。前節で述べたように土器の併行関係からいってこのような見解は成り立たないと考える。著者は貨泉などを年代決定の根拠とすることに危惧を抱いている。如何なる理由によるのか若干意見を述べてみたい。

　北部九州において，貨泉が鋳造直後あるいは流通中にもたらされた可能性のあるものとして長崎県対馬豊玉村シゲノダン遺跡出土例があげられる[78]。貨泉のほかに変形細形銅剣，中広銅矛，双獣付十字形把頭金具，鞘先状金具，粟粒文十字形把頭金具2，銅鈴（馬鐸），鍔形金具，鉄剣5，矛状鉄器，鉄鏃3，鈎状鉄器，鉇2，刀子などが出土している。不時発見であるが直後に調査が行なわれ，埋葬遺跡ではなく二次的な埋蔵遺跡の可能性があるとされたが，一括遺物であることは間違いない。韓国金海市酒村面良洞里遺跡では1969年に土壙墓から獣形把頭飾，鉄剣2，鉄矛2などとともに径20.5cmの大形の流雲文縁方格規矩四神鏡が出土している[79]。これらは把頭飾・鉄剣などの遺物のシゲノダンとの共通性および貨泉とほぼ同時期の鏡からいって紀元1世紀初頭から前半のものと考えられる。その後金海良洞里遺跡は1984年，1990年から1996年にかけて発掘調査が行なわれ大きな成果を上げているが，427号墓からシゲノダン遺跡のものにきわめて類似した変形細形銅剣と鉄鎌，鉄鏃，鉄斧，鉄製タビ，ガラス小玉からなる頸飾などとともに日光鏡系の仿製鏡2，縁だけで文様不明の内行花文系と考えられる仿製鏡1が出土しており[80]注目される。報告ではこの時期を紀元2世紀前半の早い頃としているが，これらの鏡は前漢鏡を仿製したものでありここまで下げる必要はなく，紀元1世紀の初頭から前半に位置付けてよい。これらのことからシゲノダンの一括遺物の時期は紀元1世紀初頭から前半すなわち北部九州の後期初頭から前半に位置付けられる。先に述べたように貨泉が鋳造後直ちにあるいは流通中にもたらされたと考えられるものはシゲノダン例のほか類例が少なく，多くは壺・甕の底部に丸底化の傾向が

生じる北部九州の後期中頃から後半以後の土器に伴うといってよい。

　中山平次郎が採集・紹介した福岡県志摩町御床松原出土の貨泉は弥生時代の年代が漢代に前後するものとされた学史的なものであるが，その後御床松原遺跡で半両銭1枚，貨泉2枚，隣接した新町遺跡からは半両銭1枚，貨泉1枚が出土している[81]。これらの貨幣は北部九州の後期後半の土器に共伴するものである。御床松原出土の半両銭は半分弱の破片で現存長は23.69mmで復原径は25mmほどのものである。両の字の5画〜8画は人の字をなし人字半両と通称されるものでその大きさ，字体などからして漢文帝5（紀元前175）年以降に鋳造され，漢武帝元狩5（紀元前120）年まで通行したとされる四銖半両としてよい。新町出土の半両銭は径24.00〜24.03mm，重さは1.25gで，本来の四銖の重さの半分をやや上回る程度のものである。貨泉の径は23mm前後で重さ2.65〜2.85gのものと，径22.06〜22.08mmとやや小さく，重さは1.30gと半分ほどの重さのものがある。この貨泉あるいは新町出土の半両銭のように重量を単位とする貨幣が鋳造時にいくらか出来損ないが生じるとはいえ，あまりにも単位の重さより軽すぎる。著者はこのような貨幣は後漢後半の経済混乱期に私鋳されたものであろうと考えている。光武帝，明帝，章帝と後漢の隆盛は続いたが，章帝が若死にしその子和帝が紀元89年に10歳で即位して以後，後漢は衰退し始め内政は疲弊し，経済は混乱をきたしていく。北部九州の後期後半の始まりもほぼこの頃に考えられる。つまり経済の混乱に乗じて通貨である五銖銭に混じて過去に通行した半両銭や貨泉などの王莽銭を持ち出したり，五銖銭を内外に断ち切って外郭部分と穿部分の両者を用いるすなわち一文を二文として使ったり，私鋳銭も横行した後漢後半代のものが流入した可能性が最も高い。

　長崎県壱岐原の辻遺跡では五銖銭および貨泉・大泉五十などの王莽銭が出土している。五銖銭は2号濠から出土している。この濠は下層からは弥生時代後期の土器が，中層から上は古墳時代前期の土器が出土しており，濠は後期に掘削され，古墳時代前期に埋没したと考えられている。五銖銭は前漢代のもので，後期の層に伴っている[82]。大泉五十は近世〜近代の水田攪乱層からの出土である[83]。SD5と命名された濠からは不明銭1と貨泉3が出土している。この濠の下層から出土した土器は中期末のものが多く，後期初頭から前半のもの少量に一部後期中頃から後半のものがある。中層は後期中頃から後半のものが多く，

後期初頭から前半のものおよび布留式土器が少量出土している。上層は後期中頃から後半のものが多く，中期末から後期初頭のものおよび布留式土器が少量出土している。貨泉は上層から出土しており，後期中頃から後半に伴う可能性が最も大きいが濠が最終的に埋没した古墳前期まで下る可能性もある[84]。福岡県大野城市仲島遺跡の溝 SD12 から王莽銭である貨布が出土している。溝の時期は出土須恵器などから 6 世紀後半から末とされている。溝の埋土中には弥生土器も若干あり，貨布の近くで口縁外側に稜を持つ大形の袋状口縁壺の口縁片が出土しており，あえていえばこの壺の時期すなわち後期中頃から後半に伴う可能性もある[85]。福岡市鴻臚館跡の土壙 SK01 から大泉五十が出土している。伴出の土器は 10 世紀後半に位置付けられている[86]。福岡市西新町遺跡 96 号住居跡からは外郭を切り落とした剪輪五銖が出土している。伴出の土器は布留式土器である[87]。

　以上いくらかの王莽銭などの出土例をあげたが，シゲノダン例を除き北部九州の後期初頭から前半に伴うものはなく，後期中頃から後半頃の土器に伴うものが多く，古墳時代前期，6 世紀後半，10 世紀後半あるいは近世・近代の攪乱層からの出土である。古墳時代前期のものは時期的にはまだ連続しているが，それ以後のものは後に混入したものか，当時中国で通行していたものが持ち込まれたものなのかはにわかには判断できない。しかし多くが後期中頃から後半の土器に伴い，半両銭などの古い貨幣があるとか，私鋳銭と考えられるものがあるとか剪輪五銖があることなどをみると，後漢後半の経済混乱期の現象そのままに北部九州にこれらの貨幣がもたらされたと考えられるのである。

　瀬戸内・畿内では，例えば岡山市高塚遺跡で 18 号袋状土壙から 18 枚の貨泉が出土している[88]。伴出の土器は鬼川市Ⅰ式新段階で畿内のⅤ－0 期に併行するとされる[89]。貨泉の径・重量，字体などが異なっており，径が 22mm 前後のものがいくらかあり，重量が 1g 台のものが半数近くあり，これには私鋳銭も混じっていると考えられる。大阪府亀井遺跡[90]，巨摩廃寺[91]などでもⅤ－0 期にともなって貨泉が出土している。亀井遺跡では 3 枚の貨泉が出土しており，径は各々 21.95mm，22.6mm，23.1mm，重量は 1.85g，2.10g，2.30g である。径が 23mm 前後で重量が 2g 以上のものは別として，径が 21.95mm と小さく重量が 1.85g のものはやはり私鋳銭であると考えてよかろう。

瀬戸内・畿内のⅤ様式の開始期が北部九州の後期初頭から前半ではなく後期中頃から後半に併行することは前節で述べたところである。北部九州の後期と瀬戸内・畿内の後期の開始期が貨泉の出土を根拠として同時期であると論じられることが近年流行しているが，以上述べてきたように貨泉そのものからいっても，土器との共伴関係からいってもそれは難しく，瀬戸内・畿内の後期の開始期は後漢の後半代に入った紀元1世紀末頃に求めるのが最も妥当である。貨泉を年代論の根拠として用いる際は，径，重量特に重さを単位とする貨幣であることから重量について検討を加えた上で，新・王莽代にもたらされたことを検証すべきである。

3）まとめ

　国立歴史民俗博物館がAMS法（加速器質量分析法）による高精度炭素14年代測定法の結果から提起した弥生時代早・前期の年代が紀元前1000年から紀元前400年頃までの間にあるとした問題について，曲り田遺跡出土の鉄器からみた早期の年代，遼寧式銅剣と早・前期の年代，燕下都辛庄頭30号墓から出土した朝鮮式銅戈などから見た前期末の年代，前期と中期の境を紀元前400年とすることなどに年輪年代の成果を援用していることなどから年輪年代の問題と，今回の提起と直接的には関係はないが連動した問題としてⅤ様式の開始期を新代の貨泉を根拠に紀元1世紀の初頭から前半とすることの危険性などについて論じてきた。いずれの問題を取り上げても国立歴史民俗博物館が提起した年代観には無理な点がある。例えば甕棺と漢代の鏡などとの関係から導き出されている中期後半，後期前半の年代については基本的には手のつけようがなく，弥生時代の開始の時期を大きく遡らせたために早・前・中期前半については一型式を80年であったり，100年であったり，城ノ越式土器については200年近い時間幅を与えざるを得ない状態になっている。土器編年は討論の共通の基準にするために考古学研究者が土器の形態差，成形法，調整法などから，わずかな差を見いだして分類しているものであって，甕棺の各型式と漢代の鏡などとの関係から著者は一型式を30年ほどと設定した。微妙な差しかない連続した一型式が80年，100年あるいは200年近く間延びすること自体がおかしい。一型式が一律に30年ではなく，この型式の場合はこういう理由によって25年，

この型式は 35 年あるいは 40 年ほどであるとか，根拠を持って示された場合，中国系遺物との関係が直接的に把握できない早・前期あるいは中期前半に関しては微調整はあり得るが，いままで論じてきたことからいって著者がいままでに作り上げてきた弥生時代の年代論は大筋では間違っていないと考えている。

註
(1) 国立歴史民俗博物館「弥生時代の開始年代について」記者発表資料，2003 年
(2) 橋口達也「甕棺の編年的研究」福岡県教育委員会『九州縦貫道関係埋蔵文化財調査報告』ⅩⅩⅩⅠ―中巻―，1979 年
(3) 橋口達也「日本における稲作の開始と発展」福岡県教育委員会『石崎曲り田遺跡』Ⅲ　今宿バイパス関係埋蔵文化財調査報告書第 11 集，1985 年
(4) 福岡県教育委員会『石崎曲り田遺跡』Ⅰ　今宿バイパス関係埋蔵文化財調査報告第 8 集，1983 年
 福岡県教育委員会『石崎曲り田遺跡』Ⅱ　今宿バイパス関係埋蔵文化財調査報告第 9 集，1984 年
 橋口達也「日本における稲作の開始と発展」福岡県教育委員会『石崎曲り田遺跡』Ⅲ　今宿バイパス関係埋蔵文化財調査報告書第 11 集，1985 年
(5) 福岡県教育委員会『石崎曲り田遺跡』Ⅱ中巻　今宿バイパス関係埋蔵文化財調査報告第 9 集，1984 年
(6) 佐々木稔ほか「Ⅲ－1　出土鉄片の金属学的調査」福岡県教育委員会『石崎曲り田遺跡』中巻，1984 年
 佐々木稔ほか「4　出土鉄片の金属学的調査Ⅱ」『石崎曲り田遺跡』Ⅲ，1985 年
(7) 韓汝玢「中国における早期鉄器の冶金学的特徴」たたら研究会『東アジアの古代鉄文化―その起源と伝播―』1993 年たたら研究会国際シンポジウム予稿集，1993 年
 韓汝玢「中国早期鉄器（公元前 5 世紀以前）的金相学研究」『文物』1998－2
(8) 河北省博物館・文物管理処「河北藁城台西村的商代遺址」『考古』1973－5
 李衆「関於藁城商代銅鉞鉄刃的分析」『考古学報』1976－2
(9) 北京市文物管理処「北京市平谷県発現商代墓葬」『文物』1977－2
 張先得・張先禄「北京平谷劉家河商代銅鉞鉄刃的分析鑑定」『文物』1990－7
(10) 佐々木正治「殷周鉄刃利器の再検討」たたら研究会『たたら研究会創立 40 周年記念製鉄史論文集』2000 年では殷代中期から後期初めのものとしている。また，この両者のような小形鉞については戚としている。
(11) 梅原末治「中国出土の一群の銅利器に就いて」『東方学報京都二五　京都大学人文科学研究所創立二十五年記念論文集』1954 年
(12) 韓汝玢「中国早期鉄器（公元前 5 世紀以前）的金相学研究」『文物』1998－2

(13) 河南省文物研究所・三門峡市文物工作隊「三門峡上村嶺虢国墓地 M2001 発掘簡報」『華夏考古』1992 － 3
韓汝玢「中国早期鉄器（公元前 5 世紀以前）的金相学研究」『文物』1998 － 2
(14) 韓汝玢「中国早期鉄器（公元前 5 世紀以前）的金相学研究」『文物』1998 － 2
(15) 韓汝玢「中国早期鉄器（公元前 5 世紀以前）的金相学研究」『文物』1998 － 2
(16) 李京華「試談日本九州早期鉄器来源問題」『華夏考古』1992 － 4
李京華「秦漢時代の冶鉄技術と周辺地域との関係」たたら研究会『東アジアの古代鉄文化—その起源と伝播—』1993 年たたら研究会国際シンポジウム予稿集，1993 年
(17) 大澤正己「春日市の鉄の歴史」『春日市史』上，1995 年
(18) 潮見　浩『東アジアの初期鉄器文化』吉川弘文館，1982 年
李京華「秦漢時代の冶鉄技術と周辺地域との関係」たたら研究会『東アジアの古代鉄文化—その起源と伝播—』1993 年たたら研究会国際シンポジウム予稿集，1993 年
韓汝玢「中国における早期鉄器の冶金学的特徴」たたら研究会『東アジアの古代鉄文化—その起源と伝播—』1993 年たたら研究会国際シンポジウム予稿集，1993 年
韓汝玢「中国早期鉄器（公元前 5 世紀以前）的金相学研究」『文物』1998 － 2
大澤正己「弥生時代の初期鉄器〈可鍛鋳鉄製品〉—金属学的調査からのアプローチ—」たたら研究会『たたら研究会創立 40 周年記念　製鉄史論文集』2000 年
(19) 津屋崎町教育委員会『今川遺跡』津屋崎町文化財調査報告書第 4 集，1981 年
(20) 国立中央博物館『松菊里』Ⅰ　国立博物館古蹟調査報告第 11 冊，1979 年
(21) 橋口達也「弥生文化成立期の日本と韓国」福岡県教育委員会『第 4 回国際シンポジウム　東アジアから見た日本稲作の起源』1990 年
橋口達也「弥生文化開始期における東アジアの動向」金関　恕・大阪府立弥生文化博物館編『弥生文化の成立—大変革の主体は「縄文人」だった—』角川選書 265，1995 年
(22) 遼寧省昭烏達盟文物工作站・中国科学院考古研究所東北工作隊「寧城県南山根的石槨墓」『考古学報』1973 － 2
(23) 錦州市博物館「遼寧錦西県烏金塘東周墓調査記」『考古』1960 － 5
(24) 鄭紹宗「河北省発現的青銅短剣」『考古』1975 － 4
烏恩「関于我国北方的青銅短剣」『考古』1978 － 5
林澐「中国東北系銅剣初論」『考古学報』1980 － 2
鄭紹宗「中国北方青銅短剣的分期及形成研究」『文物』1984 － 2
(25) 秋山進午「中国東北地方の初期金属器文化の様相（下）—考古資料，とくに青銅短剣を中心として—」『考古学雑誌』53 － 4，1968 年
(26) 宮本一夫「遼寧式銅剣文化圏とその社会」『中国古代北疆史の考古学的研究』中国書店，2000 年

（27）　宮本一夫「朝鮮半島における遼寧式銅剣の展開」西谷　正編『韓半島考古学論叢』すずさわ書店，2002年
（28）　岡内三眞「朝鮮における銅剣の始源と終焉」『小林行雄博士古稀記念論文集　考古学論考』1982年
（29）　岡内三眞「朝鮮における銅剣の始源と終焉」『小林行雄博士古稀記念論文集　考古学論考』1982年
（30）　後藤　直「韓半島の青銅器副葬墓―銅剣とその社会―」尹武炳博士回甲紀念論叢刊行委員会『尹武炳博士回甲紀念論叢』1984年
（31）　宮本一夫「朝鮮半島における遼寧式銅剣の展開」西谷　正編『韓半島考古学論叢』すずさわ書店，2002年
（32）　旅順市博物館「旅順口区後牧城駅戦国墓清理」『考古』1960－8
（33）　林澐「中国東北系銅剣初論」『考古学報』1980－2
（34）　李亨求「旅順後牧城駅楼上3号墓出土琵琶形青銅短剣的年代商確」『考古』2002－10
（35）　鄭紹宗「河北省発現的青銅短剣」『考古』1975－4
（36）　秋山進午「中国東北地方の初期金属器文化の様相（下）―考古資料，とくに青銅短剣を中心として―」『考古学雑誌』53－4，1968年
　　　李亨求「旅順後牧城駅楼上3号墓出土琵琶形青銅短剣的年代商確」『考古』2002－10
（37）　烏恩「関于我国北方的青銅短剣」『考古』1978－5
（38）　河北省文物研究所『燕下都』文物出版社，1996年
（39）　李康承「扶餘九鳳里出土青銅器一括遺物」『三佛金元龍教授停年退任紀念論叢』考古編，一志社，1987年
（40）　国立光州博物館・全羅南道・咸平郡『咸平草浦里遺蹟』国立光州博物館学術叢書第14冊，1988年
（41）　李健茂「扶餘合松里遺蹟出土一括遺物」『考古学誌』第2輯，1990年
（42）　福岡市教育委員会『吉武遺跡群』Ⅷ　飯盛・吉武圃場整備事業関係調査報告書2　福岡市埋蔵文化財調査報告書第461集，1996年
（43）　古賀市教育委員会『馬渡・束ヶ浦遺跡―古賀グリーンパーク造成工事に伴う埋蔵文化財調査概要報告―』古賀市文化財調査報告書，2003年
（44）　吉田　広編『弥生時代の武器形青銅器』考古学資料集21，2001年
（45）　李健茂「唐津素里遺蹟出土一括遺物」『考古学誌』第3輯，1991年
（46）　福岡市教育委員会『吉武遺跡群』Ⅷ　飯盛・吉武圃場整備事業関係調査報告書2　福岡市埋蔵文化財調査報告書第461集，1996年
（47）　日本住宅公団『鹿部山遺跡』1973年
（48）　橋口達也「甕棺の編年的研究」福岡県教育委員会『九州縦貫道関係埋蔵文化財調査報告』ⅩⅩⅠ―中巻―，1979年
（49）　李殷昌「大田槐亭洞青銅器文化의研究」『亜細亜研究』30，1968年

(50) 福岡県教育委員会『石崎曲り田遺跡』Ⅰ　今宿バイパス関係埋蔵文化財調査報告第8集，1983年
(51) 国立歴史民俗博物館「弥生時代の開始年代について」記者発表資料，2003年
(52) 藤尾慎一郎・坂本　稔・今村峯雄「福岡市雀居遺跡出土土器に付着したススの炭素年代測定」福岡市教育委員会『雀居』9（別冊）雀居遺跡第13次調査報告　福岡市埋蔵文化財調査報告書第748集，2003年
(53) 今村峯雄・坂本　稔「AMS^{14}Cと暦年較正の現況─弥生開始期の暦年代結果─」国立歴史民俗博物館『国立歴史民俗博物館国際研究集会2003　弥生時代の実年代』2003年
　　春成秀爾「（コメント）弥生時代の実年代について」国立歴史民俗博物館『国立歴史民俗博物館国際研究集会2003　弥生時代の実年代』2003年
(54) 光谷拓実編「年輪年代法の最新情報─弥生時代〜飛鳥時代─」奈良国立文化財研究所埋蔵文化財センター『埋蔵文化財ニュース』99，2000年
　　光谷拓実「年輪年代からみた古墳時代の始まり─勝山古墳出土木材の分析から─」独立行政法人文化財研究所奈良文化財研究所『奈良文化財研究所紀要』2002年
(55) 光谷拓実「池上曽根遺跡の大型掘立柱建物の年輪年代」奈良国立文化財研究所『奈良国立文化財研究所年報』1997－Ⅰ
(56) 秋山浩三「B.C.52年の弥生土器─池上曽根遺跡の大形建物・井戸出土資料と年輪年代─」大阪府文化財調査研究センター『大阪文化財研究』11，1996年
(57) 光谷拓実編「年輪年代法の最新情報─弥生時代〜飛鳥時代─」奈良国立文化財研究所埋蔵文化財センター『埋蔵文化財ニュース』99，2000年
(58) 藤尾慎一郎「弥生開始期の土器編年と資料解説」国立歴史民俗博物館『国立歴史民俗博物館国際研究集会2003　弥生時代の実年代』2003年
(59) 国立光州博物館・全羅南道・咸平郡『咸平草浦里遺蹟』国立光州博物館学術叢書第14冊，1988年
(60) 全栄来「完州上林里出土中国式銅剣에関하여─春秋末戦国初，中国青銅器文化의南韓流入問題─」全州市立博物館『全北遺蹟調査報告』6，1976年
(61) 柳田康雄「第二編　原始　第二章　弥生時代の甘木」甘木市史編纂委員会『甘木市史』1982年
(62) 高倉洋彰「弥生時代副葬遺物の性格」『九州歴史資料館論集』2，1976年
(63) 橋口達也「甕棺の編年的研究」福岡県教育委員会『九州縦貫道関係埋蔵文化財調査報告』ⅩⅩⅩⅠ─中巻─，1979年
(64) 原の辻遺跡調査事務所長の高野晋司氏の御教示を得た。
(65) 中村友博「柳井田式の壺形土器」『古文化談叢』30 上，1993年
(66) 桒畑光博「中溝式系土器の検討─宮崎県における弥生時代中期後半から後期後半にかけての土器編年に向けて─」『古文化談叢』45 上，2000年
(67) 西谷　彰「弥生時代後半期における土器編年の併行関係」『古文化談叢』45，2002年

(68) 橋口達也「九州の弥生土器」世界陶磁全集Ⅰ，1979 年
(69) 福岡県教育委員会『椎田バイパス関係埋蔵文化財調査報告』4 上巻，1991 年
(70) 北九州市教育文化事業団埋蔵文化財調査室『守恒遺跡』北九州市埋蔵文化財調査報告書第 50 集，1986 年
(71) 平井典子「中・四国から見た併行関係と実年代資料」日本考古学協会 2002 年度橿原大会実行委員会『日本考古学協会 2002 年度橿原大会研究発表資料集』2002 年
(72) 豊岡卓之「「畿内」第五様式暦年代の試み（上）」『古代学研究』108，1985 年
(73) 橋口達也「対馬における弥生土器の変遷」長崎県教育委員会『対馬—浅茅湾とその周辺の考古学調査—』長崎県文化財調査報告書第 17 集，1974 年
(74) 福岡市教育委員会『板付周辺遺跡調査報告書』11　福岡市埋蔵文化財調査報告書第 135 集，1986 年
(75) 福岡市教育委員会『那珂遺跡 8—那珂遺跡群第 20 次調査の報告—』福岡市埋蔵文化財調査報告書第 324 集，1993 年
(76) 中園　聡「弥生時代中期土器様式の併行関係—須玖Ⅱ式期の九州・瀬戸内—」『史淵』133，1996 年
　　　 西谷　彰「弥生時代後半期における土器編年の併行関係」『古文化談叢』45，2002 年
　　　 平井典子「中・四国から見た併行関係と実年代資料」日本考古学協会 2002 年度橿原大会実行委員会『日本考古学協会 2002 年度橿原大会研究発表資料集』2002 年
(77) 平井　勝「理化学的年代測定からみた暦年代—中・四国地方—」埋蔵文化財研究会『第 40 回埋蔵文化財研究集会　考古学と実年代』第 1 分冊　発表要旨集，1996 年
　　　 秋山浩三「B.C.52 年の弥生土器—池上曽根遺跡の大形建物・井戸出土資料と年輪年代—」大阪府文化財調査研究センター『大阪文化財研究』11，1996 年
　　　 平井典子「中・四国から見た併行関係と実年代資料」日本考古学協会 2002 年度橿原大会実行委員会『日本考古学協会 2002 年度橿原大会研究発表資料集』2002 年
　　　 森岡秀人「近畿から見た併行関係と実年代資料」日本考古学協会 2002 年度橿原大会実行委員会『日本考古学協会 2002 年度橿原大会研究発表資料集』2002 年
(78) 対馬遺跡調査委員会「豊玉村佐保村シゲノダンと唐崎の青銅器を出土した遺跡の調査報告」長崎県教育委員会『対馬—浅茅湾とその周辺の考古学的調査—』長崎県文化財調査報告書第 17 集，1974 年
(79) 朴敬源「金海地方出土의青銅遺物」『考古美術』106・107，1970 年
(80) 東義大学校博物館『金海良洞里古墳文化』東義大学校博物館学術叢書 7，2000 年
(81) 橋口達也「御床松原，新町出土の半両銭，貨泉」志摩町教育委員会『新町遺跡』Ⅱ，1988 年
(82) 長崎県教育委員会『原の辻遺跡』原の辻遺跡特定調査事業発掘調査報告Ⅰ　原の辻遺跡調査事務所調査報告書第 16 集，1999 年
(83) 長崎県教育委員会『原の辻遺跡』原の辻遺跡特定調査事業発掘調査報告Ⅲ　原の

辻遺跡調査事務所調査報告書第21集，2001年
(84) 原の辻遺跡保存等協議会『原の辻遺跡』長崎県緊急雇用対策事業に伴う埋蔵文化財発掘調査報告書　原の辻遺跡保存等協議会調査報告書第3集，2002年
(85) 大野城市教育委員会『仲島遺跡』Ⅲ　大野城市文化財調査報告書第10集，1983年
(86) 福岡市教育委員会『鴻臚館跡』Ⅰ　福岡市埋蔵文化財調査報告書第270集，1991年
(87) 福岡県教育委員会『西新町遺跡 』Ⅱ　福岡県文化財調査報告書第154集，2000年
(88) 岡山県文化財保護協会『高塚遺跡・三手遺跡』2　山陽自動車道建設に伴う発掘調査18　岡山県埋蔵文化財発掘調査報告150，2000年
(89) 平井典子「中・四国から見た併行関係と実年代資料」日本考古学協会2002年度橿原大会実行委員会『日本考古学協会2002年度橿原大会研究発表資料集』2002年
(90) 大阪府教育委員会・財団法人大阪文化財センター『亀井』近畿自動車道天理―吹田線建設に伴う埋蔵文化財概要報告，1983年
(91) 大阪府教育委員会・財団法人大阪文化財センター『巨摩・瓜生堂』1981年

あ と が き

　国立歴史民俗博物館の春成、今村、藤尾らのグループはAMS法による高精度炭素14年代測定法により、弥生時代の開始は紀元前1000年、前期初頭の年代は紀元前800年、前期と中期の境は紀元前400年頃にあると問題提起を行なった。考古学者の中には積極的に賛意を表するものも一部にあり、また従来の考古学的方法から反対意見を発表したものも若干はあるが、多くの考古学者は成り行きを見守っている様に窺える。

　著者は北部九州を主要なフィールドとして、主に弥生時代を対象に考古学的研究を行なってきた。北部九州には福岡県、佐賀県の一部を中心にして甕棺が分布している。甕棺はいままで述べてきたように土器を埋葬用の棺として使用したものであり、棺そのものが日常容器と同様に編年が可能である。加えて北部九州は地理的条件もあり中国、朝鮮半島との交流も密接なところである。この二つのことから甕棺の相対的編年に、中国などで製作、使用の年代が判明している文物から絶対年代を推定し得るという有利な条件を持っている。著者はたまたま多くの甕棺墓群を発掘し、多くの甕棺に接する機会をもったことからいままで甕棺についての諸々の問題に強い関心を持って取り組んできた。その一つは甕棺の編年的研究であり、形態、製作技術などからみた甕棺の地域性の問題などである。

　甕棺の編年的研究は単に甕棺の相対年代を作成するだけではなく、当然先ほど述べたように中国漢代の鏡をはじめとする文物などとの関連から絶対年代を付与するところまで進まねばならない。今回は甕棺を中心としているので年代を求めるための中国などにおける実態を部分的には省略したところもあるが、以上のようなやり方で絶対年代を求めることが考古学的方法であることはいうまでもない。

　『甕棺と弥生時代年代論』と題して本書をまとめるにあたり、以下に示す既発表の論文をもって構成した。

　Ⅱ-1　「支石墓と大形甕棺の登場」金関　恕・大阪府立弥生文化博物館編
　　　『弥生文化の成立—大変革の主体は「縄紋人」だった—』角川選書265,
　　　1995年

2　「大形棺成立以前の甕棺の編年」『九州歴史資料館研究論集』17，
　　　1992年
　　3　「甕棺の編年的研究」福岡県教育委員会『九州縦貫自動車道関係埋
　　　蔵文化財調査報告』ＸＸＸⅠ　中巻，1979年
　　4　「甕棺埋葬の傾斜角について」福岡県教育委員会『九州縦貫自動車
　　　道関係埋蔵文化財調査報告』ＸＸＸⅠ　中巻，1979年
　　5　「甕棺―製作技術を中心としてみた諸問題―」『考古学研究』40－3，
　　　1993年
　　6　「甕棺のタタキ痕」森貞次郎博士古稀記念『古文化論集』1982年
　　7　「小児骨に伴ったゴホウラ製貝輪―福岡市金隈出土146号甕棺の調
　　　査―」『九州考古学』47，1973年
　　8　「甘木朝倉地方甕棺についての若干の所見―とくに栗山遺跡出土甕
　　　棺を中心として―」甘木市教育委員会『栗山遺跡』甘木市文化財調査
　　　報告第12集，1982年
　　9　「南筑後における甕棺の編年」瀬高町教育委員会『権現塚北遺跡』
　　　瀬高町文化財調査報告書第3集，1985年
　　10　「永岡遺跡出土の甕棺および甕棺墓」筑紫野市教育委員会『永岡遺
　　　跡』Ⅱ，1990年
　Ⅲ－1　「弥生文化開始期における東アジアの動向」金関　恕・大阪府立弥
　　　生文化博物館編『弥生文化の成立―大変革の主体は「縄紋人」だった
　　　―』角川選書265，1995年
　　2　「弥生時代の年代論―甕棺と副葬品―」春日市奴国の丘歴史資料館
　　　『奴国王の出現と北部九州のクニグニ～2000年の時を越えて～』須玖
　　　岡本遺跡発見100周年記念展図録，2000年
　　3　「炭素14年代測定法による弥生時代の年代論に関連して」日本考古
　　　学協会『日本考古学』16，2003年
　このように長い期間にわたって発表されたものであるが，読み返してみると
基本的な点では大きな訂正を加える必要はないと判断した。明らかな文章の誤
り，誤植などについての訂正，単行本としての体裁を保つために若干手を入れ
たほかはほとんど手を加えていない。しかしながら各論文によって一部に齟齬

を来しているものがあるかもしれないが、それについては基本的には発表の時期が新しいものが新しい認識をあらわしているものとご理解いただきたい。

　著者はいま AMS 法による高精度炭素 14 年代測定法により、弥生文化の開始が紀元前 1000 年ほどになるという国立歴史民俗博物館の発表以来、マスコミにも大きくとりあげられ考古学者のみならず国民にも大きな関心を寄せられているこの問題に、従来の考古学的方法で弥生時代の年代論を作り上げてきた者の責任としていままで発表してきたものを「甕棺と弥生時代年代論」と題してまとめることとした。研究の方法、内容などについて多くの方々のご批判を乞うものである。

　最後になりましたが、本書を出版するにあたり仲介の労を執っていただいた東京国立博物館の松浦宥一郎さん、編集にあたられた（株）雄山閣の宮島了誠さんには深く感謝するものである。

　　2005 年 7 月 20 日

　　　　　　　　　　　　　　　　　　　　　　　　　　　　橋口達也

《著者略歴》

橋口達也（はしぐち　たつや）
　1945年　鹿児島県生まれ。
　1971年　九州大学大学院文学研究科博士課程中退。
　　　　　博士（文学）。
　　　　　九州大学医学部解剖学教室，福岡県文化課，
　　　　　九州歴史資料館副館長を経て，
　2005年3月より九州歴史資料館参事補佐。
〈主な著書・論文〉
『弥生文化論―稲作の開始と首長権の展開―』雄山閣，1999年
『護宝螺と直弧文・巴文』学生社，2004年
「弥生時代の戦い」（『考古学研究』第42巻1号），1995年
「炭素14年代測定法による弥生時代の年代論に関連して」
（『日本考古学』第16号），2003年ほか

甕棺と弥生時代年代論
（かめかん と やよい じ だい ねん だい ろん）

2005年9月20日　印刷
2005年10月10日　発行

著　者　橋口達也
発行者　宮田哲男
発行所　株式会社　雄山閣
〒102-0071　東京都千代田区富士見2-6-9
振替 00130-5-1685　電話 03-3262-3231
FAX 03-3262-6938
印　刷　壮光舎印刷株式会社
製　本　協栄製本株式会社

©Tatsuya Hashiguchi 2005 Printed in Japan
ISBN4-639-01903-3